Junghans/Schönitz
Co-Leadership

Co-Leadership

Jobsharing als Antwort auf eine veränderte Arbeitswelt

von

Stefanie Junghans

Janina Schönitz

Verlag Franz Vahlen München

vahlen.de

ISBN Print 978 3 8006 7176 2
ISBN E-Book (ePDF) 978 3 8006 7177 9
ISBN E-Book (ePUB) 978 3 8006 7178 6

Wilhelmstr. 9, 80801 München
info@vahlen.de
Druck und Bindung: Beltz Grafische Betriebe GmbH
Am Fliegerhorst 8, 99947 Bad Langensalza

Satz: Fotosatz Buck
Zweikirchener Str. 7, 84036 Kumhausen
Produktion: Sieveking Agentur, München
Umschlag: elQue.design

vahlen.de/nachhaltig
produktsicherheit.vahlen.de

Gedruckt auf säurefreiem, alterungsbeständigem Papier
(hergestellt aus chlorfrei gebleichtem Zellstoff)

Inhaltsverzeichnis

Geleitwort von Cawa Younosi

It's all about People

Was motiviert Mitarbeitende heute, morgen und in Zukunft gerne zu arbeiten? Wie schaffen wir es, Vereinbarkeit vollumfänglich so zu leben, damit wir als Menschen unsere Arbeit mit unserem Leben und unseren aktuellen Lebensphasen vereinbaren können?

Eine Möglichkeit diese Herausforderungen anzugehen, ist die Veränderung und Flexibilisierung von Arbeit, Rollen und von Führung. Die Bedeutung von Flexibilität erstreckt sich weit über den Arbeitsort und die Arbeitszeiten hinaus. Sie ist ein wesentlicher Treiber bei der Wahl des Arbeitgebers und beeinflusst auch die Zufriedenheit der Arbeitnehmer:innen mit ihrem Arbeitgeber. Entscheidend ist, wie flexibel ein Unternehmen auf die verschiedenen Lebensphasen der Mitarbeitenden reagiert. Die Etablierung von Co-Leadership ist aus meiner Sicht hier ein wichtiger Meilenstein.

Die Option des Jobsharing wird immer beliebter. Kein Wunder, da sie beispielsweise für junge Eltern, Menschen, die nebenbei ein Studium oder eine Weiterbildung absolvieren, in verschiedene Projekte parallel eingebunden sind oder ältere Arbeitnehmer:innen eine hilfreiche Option darstellen. Bei SAP sehen wir die Personen in einem Jobsharing-Tandem als Einheit. Wie sie ihre Arbeit organisieren, regeln sie untereinander. Dadurch wird die Produktivität erhöht, Motivation gestärkt und bei Abwesenheit können dennoch Entscheidungen getroffen werden. Gemeinsam können zwei Bewerbende mit unterschiedlichen Fähigkeiten tatsächlich die perfekte Lösung sein, die oft in Stellenanzeigen gesucht wird. Wir schreiben daher bereits seit 2018 jede Führungsrolle so aus, dass sie von zwei Mitarbeitenden besetzt werden kann und haben damit gute Erfahrungen gemacht.

Gleichzeitig erlebe ich immer wieder, dass es viele Fragen rund um diese veränderte Art der Führung gibt. Damit Co-Leadership aus seiner Nische kommt, brauchen wir Beispiele, um zu zeigen, was mit diesem Modell möglich ist und welche Vorteile es für Unternehmen hat. Es benötigt Hilfestellungen, damit jede:r es umsetzen kann. Vor allem für Personalverantwortliche sehe ich in diesem Modell einen großen Hebel, um unsere Rolle als Enabler der neuen Arbeitswelt wahrzunehmen.

Das Buch von Stefanie Junghans und Janina Schönitz trifft den aktuellen Puls der Zeit. Mit „Co-Leadership" haben beide ein Buch geschaffen, das anspricht, was Mitarbeitende fühlen und was Unternehmen wissen wollen. Es gibt konkrete Hinweise, wie die Umsetzung gelingen kann und wie man ins „Doing“ kommt. So haben die beiden für dieses Buch konkrete Handlungsempfehlungen zusammengestellt, um als Tandem durchzustarten und ganz konkrete Ideen, wie Unternehmen Co-Leadership etablieren können. Beide sprechen aus eigener Erfahrung und ergänzen diese mit inspirierenden Praxisbeispielen. Für mich steht fest: Es braucht Mut, neue Wege zu gehen – ich bin dabei!

Viel Spaß beim Lesen und vor allem beim Umsetzen.

Euer

Cawa Younosi

Global Head of People Experience
Head of People Germany und Mitglied der
Geschäftsleitung SAP Deutschland

Vorwort

Wir – das sind Janina Schönitz und Stefanie Junghans – starteten Anfang 2022 mit einem gemeinsamen Traum: Wir wollen ein Buch über Co-Leadership schreiben – natürlich im Tandem! Und warum? Einfach weil es an der Zeit ist.

Hauptberuflich sind wir beide seit einiger Zeit als Führungskräfte in unterschiedlichen Tandems unterwegs. Wir trafen uns das erste Mal Ende 2021 virtuell auf einem Panel über Jobsharing. Schnell wurde uns klar, dass wir beide leidenschaftlich gerne über Co-Leadership sprechen und andere dazu motivieren wollen, dieses Modell für sich und ihre Unternehmen auszuprobieren.

Wir sind in unterschiedlichen Unternehmen und Branchen unterwegs, wir agieren in verschiedenen Tandemmodellen, haben unterschiedliche Ausbildungen, leben und arbeiten in verschiedenen Ecken Deutschlands. Trotzdem oder vielleicht gerade deshalb haben wir uns zusammengetan, um das Thema Co-Leadership und Jobsharing bekannter zu machen und als Führungsmodell von morgen in Unternehmen zu etablieren.

Uns eint die Überzeugung, dass unsere Arbeitswelt neue Modelle benötigt und dass Jobsharing eine Antwort auf diese sich verändernden Anforderungen sein kann. In unserer eigenen Co-Leadership Praxis und unserer jeweiligen Coaching-Tätigkeit sehen wir aber auch, dass die Umsetzung oft herausfordernd ist. Es gibt keinen „one size fits all"-Ansatz. Vielmehr liegt das Geheimnis darin, das eigene Modell für persönliche Bedürfnisse und unternehmerische Realität zu finden. Und doch muss niemand mehr bei dieser Gestaltung bei Null anfangen: Wir und andere haben in den letzten Jahren viel gesehen, erfahren und gelernt. Diese Erfahrung wollen wir weitergeben.

Begonnen haben wir damit März 2022 auf LinkedIn, wo wir wöchentlich über unser Herzensthema unter dem Hashtag #welovecoleadership schreiben. Dort haben wir gemerkt, wie groß das Interesse ist. Wir fühlten uns ermutigt, auch den nächsten Schritt zu wagen. Und nun geht mit dem vorliegenden Buch unsere Vision in Erfüllung.

„Co-Leadership" ist ein Buch über geteilte Führung, randvoll mit unseren Erkenntnissen aus der Praxis und den Insights vieler weiterer Tandems.

Wir möchten mit diesem Buch den Weg bereiten für viele weitere Tandems, weil wir glauben, dass Co-Leadership ein wesentlicher Hebel für die Gestaltung der Zukunft der Arbeitswelt ist.

Wir wünschen euch viel Freude damit und Inspiration für euren eigenen Weg!

Janina und Stefanie

START
01
VON DER THEORIE IN DIE PRAXIS
02
CO
LEADERSHIP
INTERVIEWS
03
MIT VORURTEILEN UMGEHEN
04
CO-LEADERSHIP FÜR UNTERNEHMEN
05

01 START

„Viele Ideen wachsen besser, wenn man sie in ein anderes Hirn umpflanzt, anstatt sie in dem zu belassen, aus welchem sie stammen."

Oliver Wendell Holmes
US-amerikanischer Schriftsteller und Arzt

1 Einführung

1.1 Was braucht die Arbeitswelt im Wandel?

Unsere Welt befindet sich im Umbruch. Das Jahr 2022 wird für immer mit dem Begriff der Zeitenwende in Zusammenhang gebracht werden – die Rede ist von „Stapelkrisen“. Und nicht nur die Welt im Allgemeinen wird durch diese Veränderungen erschüttert und auf den Kopf gestellt, auch in der Arbeitswelt erleben wir in den letzten Jahren einen gewaltigen Veränderungsdruck.

Die Digitalisierung, „The Great Resignation”, „Quiet Quitting”, Fach- und Führungskräftemangel, die „neue” Generation Z (geboren 1997–2012) – die Arbeitswelt steht vor nie da gewesenen Herausforderungen.[1]

All diese Umbrüche bewirken, dass Arbeit grundsätzlich neu gedacht werden muss: Menschen suchen neue Wege, wie sie selbst zu mehr Zufriedenheit, Balance zwischen Arbeit und Leben sowie zu mehr Selbstbestimmung kommen können. Im Alltag sprechen wir inzwischen von „New Work“.

Ursprünglich von Frithjof Bergmann in den 1970ern geprägt, beschreibt der Begriff heute unter anderem die Arbeitswelt, wie sie sich aufgrund von Digitalisierung und Globalisierung gewandelt hat[2]. All diese Veränderungen haben zu einem neuen Verständnis von Leben und Arbeit geführt, bei dem die Menschen mit ihren Potenzialen und Bedürfnissen im Mittelpunkt stehen.[3]

So mancher Parole zum Trotz belegen Studien[4], dass Menschen weit mehr sind als ein „homo oeconomicus”, der/die das eigene Interesse maximieren möchte. Die Menschen möchten von sich aus arbeiten und einen Beitrag leisten – aber eben zeitgemäß. Sie suchen deshalb intensiv nach Dingen wie einem Sinn in der Arbeit, nach einer besseren Vereinbarkeit privater und beruflicher Interessen, nach einem Weg aus der steigenden Arbeitsbelastung hin zu einer verbesserten Lebensqualität.

Eine Antwort auf den Wandel in der Arbeitswelt ist die Flexibilisierung der Arbeits- und vor allem der Führungsmodelle.

---

1 Block 2023
2 Wörwag, Cloots 2019
3 Bergmann 2019
4 Konzeptwerk Neue Ökonomie e.V.; Fairbindung e.V. (Hrsg.) 2016

Diese Flexibilisierung nimmt deshalb eine wichtige Rolle bei der Gestaltung der zukünftigen Arbeitswelt ein. Dabei verändern sich Verantwortlichkeiten, Rollen, Arbeitszeiten und -orte. Und die Flexibilisierung in Form von Jobsharing kann hier einen wertvollen Beitrag leisten, indem eine Rolle auf zwei Köpfe aufgeteilt wird.

Einen Job aufzuteilen, ist als Konzept nicht neu, wie wir in den nachfolgenden Kapiteln aufzeigen werden. Etwas neuer dagegen ist die Idee, sich auch eine Führungsposition zu teilen und die Verantwortungsverteilung neu zu denken – also ein Co-Leadership anzustreben. Vor allem im höheren und Top-Management kann diese Flexibilisierung die Position attraktiv(er) machen: Denn Co-Leadership ist einerseits ein Führungsmodell, das auf den Prinzipien Partnerschaft, Gleichberechtigung und Zusammenhalt fußt. Andererseits bietet es die nötige Flexibilität, um die Work-Life-Balance zu verbessern und die Zufriedenheit der Mitarbeitenden zu steigern.

Co-Leadership ist deshalb eine adäquate Lösung für die veränderte Arbeitswelt von Führungskräften.

1.2 Wer braucht dieses Buch?

Die globale Arbeiterlosigkeit kommt – das ist Fakt. Die deutsche Erwerbsbevölkerung schrumpft – rund 16 % bis zum Jahr 2050. Das sind etwa acht Millionen Menschen, die dem Arbeitsmarkt fehlen werden.

Doch diesen Fakt will niemand wahrhaben. Zumindest haben wir diesen Eindruck, wenn wir uns ansehen, wie wenig Unternehmen diese Herausforderung proaktiv angehen.

Dabei sind die Wege, wie die Herausforderung zu meistern ist, durchaus bekannt: Laut einer globalen Studie von StepStone sind 71 % der Befragten der Überzeugung, dass unter anderem Arbeit so flexibel wie möglich gestaltet werden muss.[5] Diese Flexibilität bezieht sich auf die Rahmenbedingungen, wie zum Beispiel Arbeitszeit, genauso wie auf die Gestaltung von Rollen und Funktionen.

Wir sind der Überzeugung, dass das Teilen von Verantwortung, von Rollen und von Aufgaben einen wesentlichen Beitrag zu dieser Flexibilisierung leisten kann.

Was positiv zu vermerken ist, ist, dass das Interesse an und die Auseinandersetzung mit geteilten Rollen und geteilter Führung in den letzten Jahren stetig gewachsen ist. Das lässt sich an einer zunehmenden Anzahl von Ver-

[5] StepStone (Hrsg.) 2022

öffentlichungen und wissenschaftlichen Studien ablesen. Es liegen inzwischen zahlreiche Forschungsergebnisse vor, die die Vorteile von Co-Leadership nachweisen sowie nötige Kriterien zur Umsetzung darlegen.[6]

Es gibt allerdings nur wenige Bücher, die Einblick in die Praxiserfahrungen von Tandems geben: wie die Führungskräfte in solche Rollen gelangt sind, wie sie ihr Co-Leadership gestalten, vor welchem spezifischen Herausforderungen sie stehen und wie sie sie bewältigen. Gleichwohl sehen wir hier den Bedarf.

Co-Leadership bedarf aus unserer Sicht stets einer individuellen Gestaltung, so dass das Modell sich sowohl in den unternehmerischen Rahmen einfügt als auch an die individuellen Bedürfnisse anpasst. Der Blick auf erfolgreiche Vorreiter:innen hilft daher enorm weiter. Er gibt Inspiration und hilft, nicht in die immer gleichen Fallen zu geraten. Auch wir als erfahrene Co-Leaderinnen profitieren von unserem kontinuierlichen Austausch mit anderen Praktiker:innen.

Das vorliegende Buch gibt neben einer theoretischen Einordnung von Co-Leadership vor allem einen Rahmen, wie ihr ganz konkret in die Welt der Tandems eintauchen könnt. Ihr erfahrt aus erster Hand, wie sich ein Tandem findet und wie sich die Zusammenarbeit gestalten lässt. Außerdem macht unser Werk euch auf Hindernisse, Stolpersteine und Mythen rund um Jobsharing und Co-Leadership aufmerksam.

Neben dem Teilen der Erfahrungsberichte von Anwender:innen und Praxisbeispielen aus verschiedenen Branchen und Unternehmen, möchten wir euch durch diese Einblicke Mut machen, den Schritt hin zu einer Führung im Tandem zu gehen. Nutzt die Checklisten, Tipps und Beispiele als Handwerkszeug für eine erfolgreiche Umsetzung.

☞ **Dieses Buch ist vor allem für euch Praktiker:innen.**

Das heißt, es richtet sich an …

… Führungskräfte, die Führung neu denken möchten.

… Fachkräfte, die den Schritt in die Führung wagen wollen, diesen Schritt allein aber nicht gehen möchten.

… Teilzeitkräfte, die weiterkommen wollen in ihrer Karriere, ohne Abstand zu nehmen von ihrem aktuellen Zeitmodell.

… Frauen und Männer, die Vereinbarkeit suchen.

… Die Generation Z (und alle, die sich ihr zugehörig fühlen), die wissen, dass Arbeit nicht alles im Leben ist.

[6] Zum Beispiel Simon Werther/Thomas Wilhelm 2023

☞ **Dieses Buch ist aber auch gedacht für Unternehmen, besonders für Personalverantwortliche und Personalabteilungen.**

Denn dieses Buch zeigt, dass es möglich ist, neue Modelle zu etablieren – egal ob in Start-Ups, im Mittelstand oder in Großkonzernen mit jahrhundertelanger Tradition. Co-Leadership ist ein flexibles Arbeitsmodell, das auf jeder Ebene funktioniert. Es lohnt sich für Unternehmen, diese Modelle nicht nur zu dulden, sondern sie aktiv zu leben und zu fördern. Denn Co-Leadership leistet einen aktiven Beitrag zur Inklusion aller Beschäftigungsgruppen. Und – als kaum zu überschätzender Punkt – steigert es die Attraktivität des Unternehmens als Arbeitgeber um durchschnittlich 33 %![7]

1.3 Wie nutzt ihr dieses Buch?

Ihr könnt dieses Buch klassisch von vorne bis hinten lesen. Dann erhaltet ihr einen guten Rundumblick zu Co-Leadership.

Das Buch funktioniert für euch aber auch, wenn ihr euch gezielt nur einzelne Etappen und Stationen herauspickt. Ihr könnt also auch blättern, schmökern und punktuell eintauchen. Um euch die Nutzung des Buches als Nachschlagewerk zu erleichtern, findet ihr hier eine Orientierung.

- In den **Kapiteln** findet ihr geballt unsere Erfahrung und Expertise, ergänzt und angereichert um Grundlagen der Wissenschaft und aktuellen Forschungsergebnissen.
- Am Ende jedes Kapitels findet ihr im **Take Away** die wichtigsten Informationen auf einen Blick.
- Da uns der Transfer in die Praxis besonders wichtig ist, gibt es dazu gleich drei wiederkehrende Elemente:
  - Die **Schulterblicke** geben konkrete Beispiele wieder und stellen Szenarien bildlich dar.
  - **Checklisten** vermitteln euch konkrete To-Dos.
  - In den **Tipps** findet ihr nützliche Hinweise für die Umsetzung.
- **Interviews.** Wir haben sie mit zehn Tandems aus unterschiedlichen Branchen geführt. Sie führen euch mit ihren Modellen vor Augen, wie individuell Co-Leadership gelebt werden kann. Vor jedem Interview gibt euch eine Tafel eine Kurz-Info zu diesem Tandem und den Eckdaten ihres Modells.

☞ **Start frei in ein Führungsmodell der Zukunft. Let's do this!**

---

[7] Arouri,Aichinger, Baumgartner, Koidl 2022

CO-LEADERSHIP ÜBERSICHT

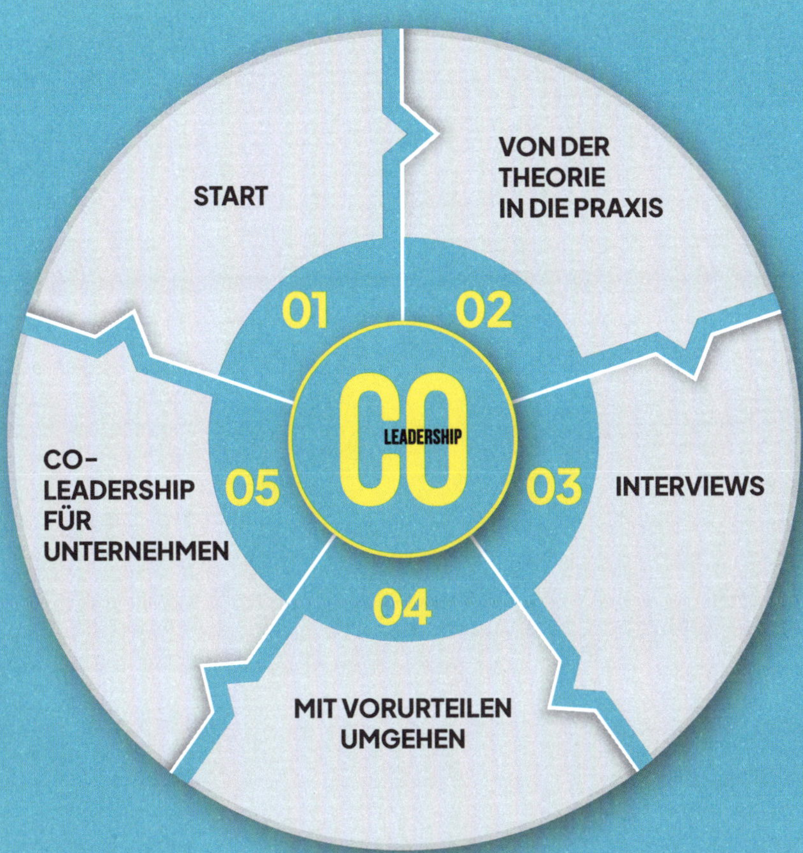

01 START

02 VON DER THEORIE IN DIE PRAXIS

- **Take Away:** Begriffe & Modelle (S. 27)
- **Schulterblick:** Anwesenheit (S. 37)
- **Checkliste** Eine:n Co-Leader:in finden und ein Tandem formen (S. 38)
- **Schulterblick:** Operating Model A (S. 53)
- **Schulterblick:** Operating Model B (S. 54)
- **Schulterblick:** Operating Model C (S. 55)
- **Schulterblick:** Beispiel geteilter Notizen (S. 57)
- **Take Away:** Erarbeitung einer Struktur (S. 60)

03 INTERVIEWS – GELEBTES CO-LEADERSHIP

Einblick und Überblick der verschiedenen Tandems vor den Interviews

04 MIT VORURTEILEN UMGEHEN

- **Tipps** zur virtuellen und hybriden Zusammenarbeit im Co-Leadership (S. 157)
- **Tipps** für die professionelle Beziehung im Co-Leadership (S. 160)
- **Take Away:** Mit Vorbehalten erfolgreich umgehen (S. 170)

05 CO-LEADERSHIP FÜR UNTERNEHMEN

- **Take Away:** Bedarf der Unternehmen an Co-Leadership (S. 177)
- **Take Away:** Vorteile von Co-Leadership für Unternehmen (S. 183)
- **Schulterblick:** Beispiele prozentualer Arbeitsverteilung (S. 195)
- **Checkliste** für Unternehmen: Erfolgskriterien für die Etablierung von Co-Leadership Modellen (S. 197)

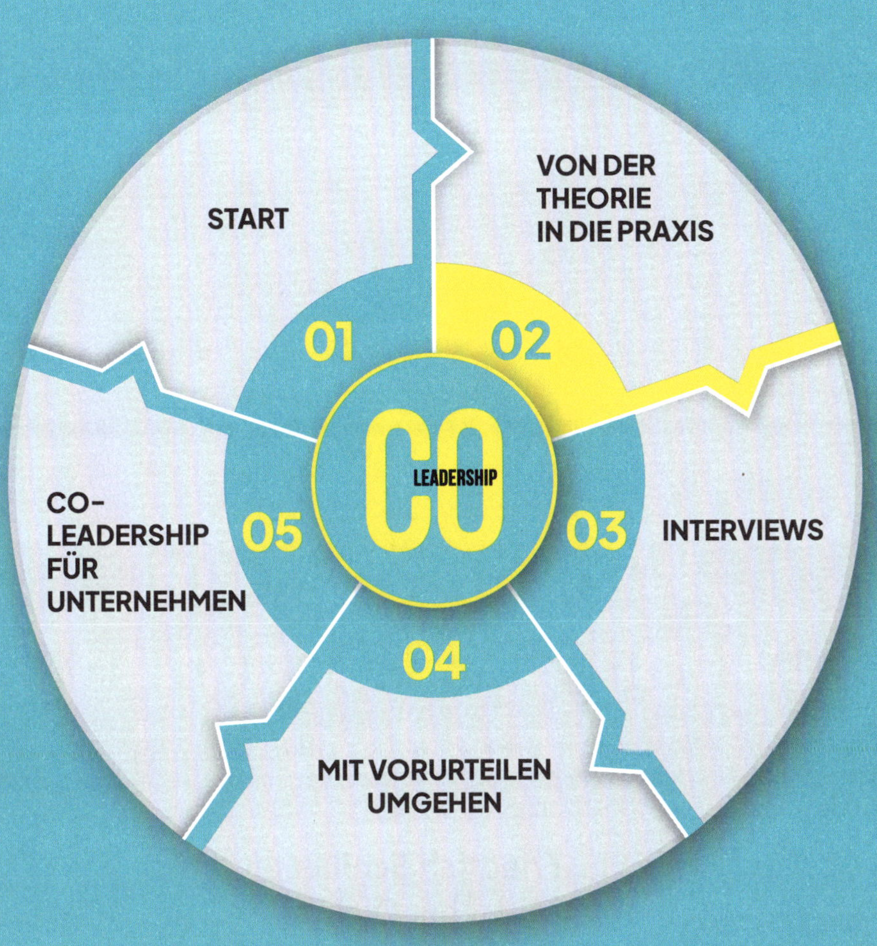

02 VON DER THEORIE IN DIE PRAXIS

„Wir könnten viel, wenn wir zusammen stünden.“

Friedrich Schiller
Deutscher Dichter

2 Von der Theorie in die Praxis

Die neue Arbeitswelt ist voll von neuen Begriffen, gerne auch Anglizismen, die schnell zu Buzzwords verkommen. Doch die Begriffe „Jobsharing" und „Co-Leadership" haben diese Ebene längst verlassen. Sie verändern unsere Arbeitswelt heute schon nachhaltig und werden es in Zukunft (hoffentlich) noch wesentlich mehr tun.

Der Ursprung der Begriffe und der Modelle liegt im US-amerikanischen Raum.[8] Dort wurde bereits in den 1980er Jahren der Wunsch laut, trotz Teilzeitarbeit anspruchsvollere Arbeit auszuüben. Aus diesen Diskussionen rund um den Ruf nach flexibleren Arbeitszeiten bei gleichbleibenden Qualifikationen, entstand das Modell des Jobsharings.

Dieses Modell sorgte dafür, dass Teilzeitbeschäftigung sowohl in niedrig- als auch in hochqualifizierten Positionen möglich wurde.

Futterknecht[9] definiert es 1985 so: „Job Sharing ist eine Form der Arbeitsorganisation, bei der sich ein aus mindestens zwei Arbeitnehmern bestehendes Team freiwillig, autonom und unter gemeinsamer Übernahme der Verantwortung für die Erfüllung der Arbeitspflicht einen oder mehrere Vollzeitarbeitsplätze zeitlich und unter Umständen auch funktional dergestalt untereinander aufteilt, dass die Zahl der beteiligten Job Sharer stets größer ist als die Zahl der geteilten Vollzeitarbeitsplätze, wobei sich die Job Sharer im Verhinderungsfalle gegenseitig zu vertreten haben."

Das Thema ist heute noch genauso aktuell wie vor über 40 Jahren. Doch wo Jobsharing in den Anfängen nur auf die Arbeit von Facharbeiter:innen abzielte, richtet sich die heutige Aufmerksamkeit zunehmend auf die geteilte Führungsverantwortung in leitenden Funktionen – also Co-Leadership.

Gleichzeitig ist das Thema noch zu neu, als dass schon völlige Übereinkunft und Klarheit über alle Begrifflichkeiten und Definitionen herrscht. So gehen in den Diskussionen die Meinungen unnötig oft auseinander, nur weil Äpfel mit Birnen verwechselt werden.

Daher starten wir in dieses Kapitel mit einem Blick auf die Theorie und unser Verständnis von der Arbeit im Tandem, bevor wir uns der Praxis des Co-Leadership-Modells zuwenden.

---

8 Baillod 2001

9 Futterknecht 1985

2.1 Die verschiedenen Co-Leadership-Modelle

Begriffe und Definitionen

Die Arbeit als Tandem steht als Begriff dafür, dass zwei Menschen zusammenarbeiten. Abbildung 1 zeigt zudem, welche Zuordnung der Begriffe Jobsharing, Co-Leadership und ihrer Ausprägungen uns aus der praktischen Arbeit heraus sinnvoll erscheint.

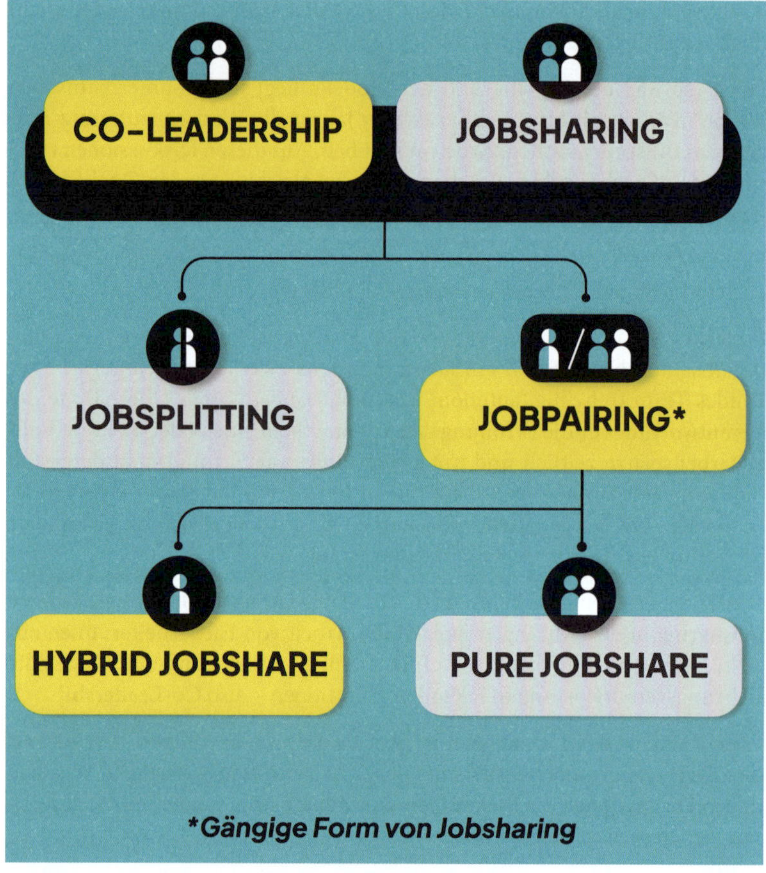

Abb. 1: *Ausprägungen von Arbeit im Tandem (eigene Abbildung basierend auf Wildhaber und Geiser 2016).*

Wir definieren die beiden grundlegenden Begriffe Jobsharing und Co-Leadership so:

- **Jobsharing:**
  Jeder Job kann „geteilt" werden. Das muss keine Führungsposition sein. Jobsharing bedeutet einfach nur, dass sich zwei oder mehr Menschen eine Rolle teilen. Geprägt wurde dieser Begriff vom Amerikaner Barney Olmsted, der Jobsharing beschreibt als eine gemeinsame Bearbeitung von Aufgaben, die vorher von einer Person ausgeführt wurde.[10] Das kann eine Führungsrolle sein, es kann aber auch eine Projektleitung oder eine Aufgabe bzw. ein Themengebiet sein. Voraussetzung für Jobsharing ist nur, dass die Beteiligten sich die Verantwortlichkeiten teilen. Beispiele hier können geteilte Projekte sein oder Aufgaben, die im Tandem über verschiedene Teams hinweg bearbeitet werden.
- **Co-Leadership:**
  Der Begriff steht ebenfalls für das Teilen einer Position auf (mindestens) zwei Personen, bezieht sich aber vor allem auf eine gemeinsame Führungsverantwortung.

Im Kontext von Co-Leadership werden folgende weitere Begriffe teilweise synonym genutzt:

- **Duale Führung:** Meint die Aufteilung der Führungsverantwortung auf zwei Führungskräfte.[11]
- **Topsharing**: Der Begriff wurde von Kuark[12] in der Schweiz geprägt und hat sowohl in der Forschung als auch in der Praxis Eingang gefunden. Gemeint ist das Teilen einer Führungsaufgabe in verschiedenen Konstellationen. „Topsharing" betont die partnerschaftliche Ausführung auf Augenhöhe zwischen beiden Parteien.
- **Doppelspitze:** Wird ebenfalls als Begriff für Tandemarbeit mit Führungsaufgaben verwendet. Hier können auch zwei Menschen in Vollzeit als eine „Spitze" arbeiten. Der Begriff wird gerade in der Unternehmensleitung (Co-CEO) genutzt.

Aus unserer Perspektive gehört Co-Leadership darüber hinaus in den Kontext von „Shared Leadership", wie von Pearce und Conger definiert: „Shared leadership is a dynamic, interactive influence process among individuals in groups for which the objective is to lead one another to the achievement of group or organizational goals or both. This influence process often involves peer, or lateral, influence and at other times involves upward or downward hierarchical influence".[13] Somit beinhaltet auch Co-Leadership als Teilbereich von Shared Leadership (s. Definition von Endres/Weibler unten) einen

[10] Olmsted 1977
[11] Schallert, Vollmann, Arouri, Prieller 2022
[12] Kuark 2003
[13] Pearce & Conger (2003)

modernen Blick auf Führung, der sich von der klassischen Pyramide der hierarchischen Führung abgrenzt.

 **Zusammenfassend verstehen wir Co-Leadership als eine Form der geteilten Führung, bei der zwei Menschen Verantwortung im Jobsharing teilen.**

Unter gemeinsamer oder geteilter Verantwortlichkeit leiten sie Mitarbeitende an und schaffen Rahmenbedingungen, um die Bearbeitung einer gemeinsamen Aufgabe zu ermöglichen und ein gemeinsames Ziel zu erreichen. Dabei ist Co-Leadership nach unserem Verständnis weder auf eine zeitliche Aufteilung noch auf eine bestimmte Hierarchieebene beschränkt.

Im weiteren Verlauf dieses Buches meinen wir, wenn wir von Jobsharing oder Tandem schreiben, immer Jobsharing oder Tandem im Sinne von Co-Leadership.

Unsere Definition stimmt im Übrigen mit der von Endres und Weibler überein, in der sie die unterschiedlichen Formen von geteilter Führung aufzeigen (Abb. 2): Die Beiden unterscheiden das Ausmaß an gemeinsamer Ausübung von Führung (y-Achse) sowie das Ausmaß an der Führungsbeteiligung (x-Achse).

Co-Leadership ist demnach definiert als eine geteilte Führung, bei der sich die Führungsaufgaben auf zwei Personen aufteilen und beide gemeinsam eine Rolle bekleiden (Feld 1). Nimmt das Maß der gemeinsamen Ausübung ab und wird die Verantwortung aber weiter von beiden getragen, so sprechen Endres und Weibler von einem Führungsdual (Feld 2). Nimmt wiederum das Ausmaß der Führungsbeteiligung zu, so sprechen sie von verteilter Führung (Feld 3) oder kollektiv geteilter Führung, zum Beispiel in einem agil organisierten Team (Feld 4).[14]

[14] Endres, Weibler 2019

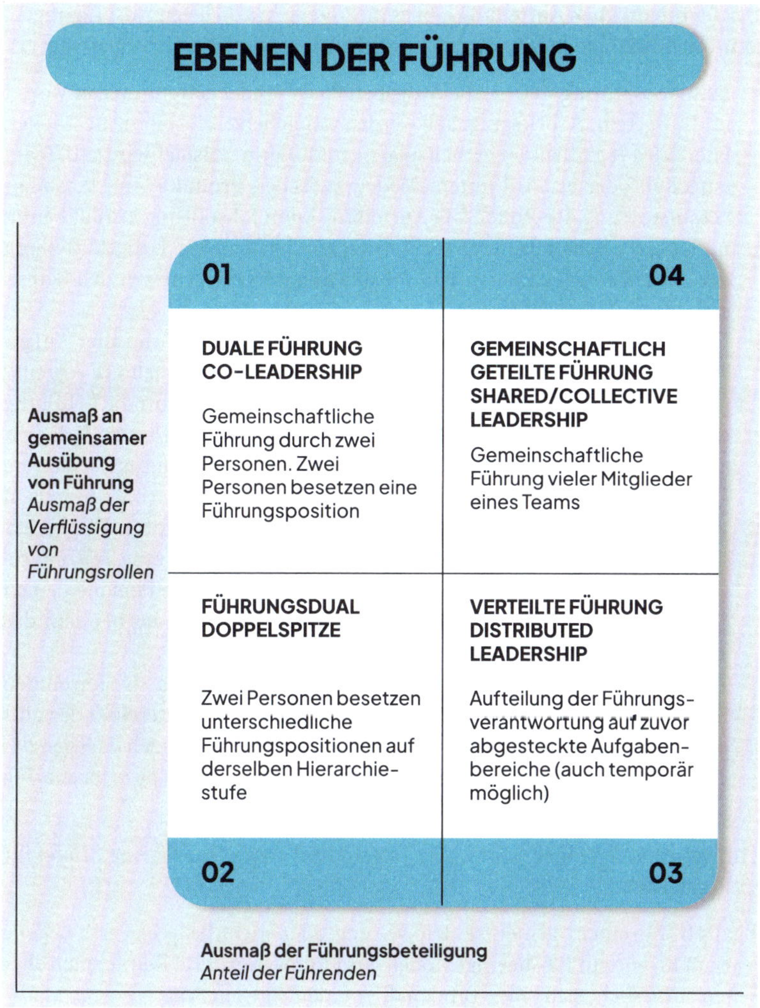

Abb. 2: *Ebenen der Führung nach Endres, Weibler.*

Differenzierungen

Alle Modelle von Co-Leadership können sowohl zeitlich, inhaltlich und zweckmäßig differenziert und angepasst werden.

Bei der **zeitlichen Aufteilung** steht meist die Arbeitszeit der Tandempartner:innen im Fokus. Diese kann von 50/50 bis 100/100 gestaltet sein (dazu mehr im Kap. 2.2).

Bei der **inhaltlichen Aufteilung** gibt es die unterschiedlichsten Ausprägungen. Wir unterscheiden hier vorrangig zwischen Jobsplitting und Jobpairing:

- Beim Jobsplitting werden die Aufgaben voneinander getrennt verantwortet und aufgeteilt. Arbeitsaufgaben werden weitgehend selbständig bearbeitet. Hier wird lediglich der Arbeitsplatz geteilt (zum Beispiel wird ein Team aufgeteilt oder es wird unterschieden zwischen Produkt- und Personalverantwortung der Rolle). Die Aufteilung beim Jobsplitting erfolgt häufig nach persönlichen Präferenzen und Eigenschaften. Durch die Aufteilung der Arbeitsaufgaben entspricht Jobsplitting noch am ehesten den bereits etablierten Teilzeitmodellen.
- Jobpairing wiederum meint die gemeinsame Verantwortung aller Aufgaben der ausgeführten Rolle. Auch hier werden ein oder mehrere Arbeitsplätze geteilt, allerdings ist das Tandem gemeinschaftlich für die Erfüllung der Arbeitsaufgaben verantwortlich, inklusive gemeinsamer Zielerreichung. Hier können sich die Personen optimal vertreten und ggfs. ersetzen. Das Jobpairing lässt sich nach Wildhaber und Geiser[15] darüber hinaus in zwei Unterkategorien teilen: Die hybride und die pure Form. Die Unterscheidung liegt hier zum einen im Arbeitsvertrag: Gibt es zwei Teilzeitverträge, spricht man von hybridem Jobpairing, haben beide Personen einen gemeinsamen Arbeitsvertrag, ist pures Jobpairing gemeint, bei dem das Tandem eine Gemeinschaft eingeht.
  Zum anderen ergänzen sich beim hybriden Jobpairing die jeweiligen Kompetenzen des Tandems, die Aufgaben informell untereinander aufgeteilt werden. Beim puren Jobpairing sind die Kompetenzen dagegen deckungsgleich, sodass die Aufgaben austauschbar sind. Das pure Jobsharing kommt allerdings in der Realität äußerst selten vor.[16]

Hinweise zu Verträgen sowie Arbeitsrecht im Kontext Jobsharing, findet ihr in Kapitel 5.3.

Egal ob mit einem gemeinsamen Vertrag oder nicht, es gibt verschiedene Varianten, wie ein Jobsharing-Modell ausgestaltet wird. Da Reinformen eher selten sind, sucht sich jedes Tandem hier einen eigenen Weg.

Neben der zeitlichen und inhaltlichen Aufteilung gibt es noch Modelle, die an **weitere Differenzierungen** angepasst sind. Diese beziehen neben der Unterschiedlichkeit der Rahmenbedingungen (z.B. der beschriebenen Arbeitszeit) Unterschiede in Beweggrund, Kenntnissen und Eigenschaften ein:

- Diversity Tandem: Bei einem Diversity Tandem werden bewusst unterschiedliche Menschen als Tandem zusammengebracht, damit sie als Einheit von ihren unterschiedlichen Erfahrungen profitieren können. Hier ist alles möglich: generationenübergreifend, geschlechtsdivers, ausbildungs-

[15] Wildhaber, Geiser 2016
[16] WEsharel 2023

und kompetenzdivers, Menschen mit und ohne Migrationshintergrund, Menschen mit verschiedenen Sprachkenntnissen und vieles mehr.
- Das Legacy Tandem[17] findet Gebrauch als eine Form der Nachfolgeplanung. Hier wird der Nachfolger langsam und mit einer Übergangsphase in die neue Position befördert. Ein solches Nachfolgetandem ist zeitlich meist begrenzt und von kürzerer Dauer. Ziel ist, als alleinige:r Nachfolger:in die Rolle zu übernehmen, während die andere Person in Rente oder Ruhestand geht. Ein Legacy Tandem kann sehr gut mit einem Altersteilzeitmodell kombiniert werden.
- Ein cross-funktionales Tandem eignet sich besonders dafür, Synergien zu schaffen, Silodenken aufzubrechen und Schnittstellenfunktionen sinnvoll zu besetzen. In cross-funktionalen Tandems arbeiten Mitarbeitende zweier Unternehmensbereiche zusammen. Das Tandem profitiert so von bereichsübergreifendem Wissen und einem holistischen Blick. Eine Variante des cross-funktionalen Tandems stellt die unternehmensübergreifende Tandembesetzung dar,[18] zum Beispiel von Start-up und Konzern sowie Unternehmen im Zuge eines Mergers.
- In Peertandems arbeiten zwei Fachkräfte gemeinsam auf einer Stelle. Besonders sinnvoll ist dieses Modell zur Talentbindung, bei schwer zu besetzenden Schlüsselpositionen und bei Stellen mit vielfältigen Kompetenzanforderungen oder hohem Arbeitsvolumen.[19]

Die Bandbreite der möglichen Co-Leadership-Modelle ist also schon in der Theorie groß – und in der Praxis noch größer.

Diese Diversität werdet ihr in den nachfolgenden Kapiteln noch näher kennenlernen. Da drängt sich natürlich die Frage auf: Wie finden sich die passenden Tandempartner:innen überhaupt zusammen?

Take Away: Begriffe und Modelle

- *Die Arbeit als Tandem steht als Begriff dafür, dass zwei Menschen zusammenarbeiten.*
- *Jobsharing bedeutet, dass zwei Personen sich eine Rolle teilen, die ursprünglich für eine gedacht war.*
- *Co-Leadership ist eine Form der geteilten Führung, bei der sich zwei Menschen Verantwortung im Jobsharing teilen. Unter gemeinsamer oder geteilter Verantwortlichkeit leiten sie Mitarbeitende an und schaffen Rahmenbedingungen.*

---

17 Einige Unternehmen sprechen hier stattdessen von **Succession Tandems**
18 Haufe Online Redaktion (Hrsg.) 2022
19 Haufe Online Redaktion (Hrsg.) 2022

- *Topsharing, Doppelspitze oder Duale Führung werden synonym für Co-Leadership verwendet.*
- *Unterscheidungsmerkmal von Sharing-Modellen ist meist – wenn auch nicht ausschließlich – die Arbeitszeit der Sharing-Partner:innen: Von 50/50 bis 100/100 sind alle Varianten möglich.*
- *Die gängigste Form von Co-Leadership in Deutschland ist Jobpairing in der Ausprägung des hybriden Jobpairings, bei der sich die Kompetenzen im Tandem ergänzen und Aufgaben informell aufgeteilt werden.*
- *Für die Zusammensetzung eines Tandems kann es je nach Ziel die unterschiedlichsten Ausprägungen geben: Es gibt Legacy Tandems, Peer Tandems, Diversity Tandems, etc.*

2.2 Eine:n Co-Leader:in finden

Sowohl die Arten von Tandems sind vielfältig, als auch die Ausprägungen, wie und auf welcher Ebene ein Tandem aufgestellt sein kann. Der Möglichkeitsraum ist groß – nun stellt sich die Frage, wie es losgehen kann. Der Weg zum Tandem ist dabei ebenso individuell wie das Tandem selbst. Vier Möglichkeiten zeigen wir euch exemplarisch auf.

Persönliche Kontakte und Netzwerk

Der beste Weg zum Tandem führt über das persönliche Netzwerk. Aktuelle oder ehemalige Kolleg:innen sowie interessante Partner:innen können in Frage kommen.

Wichtig ist: Euer Netzwerk muss wissen, dass ihr euch für Jobsharing und eine:n Tandempartner:in interessiert. Teilt und erzählt daher von euren Vorhaben und bittet um Vernetzung sowie „Verkupplung".

Vermittlung über das Unternehmen

Die Personalbereiche vieler Firmen sind mittlerweile für das Thema Jobsharing sensibilisiert und verfügen über Informationen hierzu. Recruiter:innen und Personaler:innen können daher gut als Vermittler:innen wirken. Bei ihnen laufen Interessenten zusammen und teilweise gibt es Matching-Formate (z.B. Speed-Dating-Events).

Auch eine Bewerbung auf eine interessante Stelle ohne Partner:in verbunden mit dem Hinweis, dass ihr Interesse an Jobsharing habt, kann funktionieren. Melden sich mehrere:n Bewerber:innen mit demselben Interesse, kann dann ein Match angestoßen werden.

Jobsharing-Börse/Plattform

Das Matching von Tandems funktioniert natürlich auch über digitale Kanäle und Plattformen, wie zum Beispiel teamup.rocks[20] oder Pairtoshare[21]. Hier können sich Interessierte auf Jobs bewerben, die explizit im Tandem angeboten werden.

Auch bei TWISE[22] ist die Suche nach einer Position im Tandem möglich. Hier werden Interessierte anhand eines Persönlichkeitstests bspw. anonym gematcht und können sich so eine:n Tandempartner suchen, bevor sie sich auf einen neuen Job im Tandem bewerben.

Ähnliches gilt für Österreich bei der Plattform JobTwins[23]: Hier werden dediziert Stellen für Expert:innen im Jobsharing ausgeschrieben.

Einige Unternehmen setzen auch firmeninterne Matching-Plattformen auf, wie zum Beispiel mit Tandemploy[24].

Aus bestehenden Konstellationen

Auch ist es möglich eine:n Tandempartner:in zu finden, der/die bereits in der Funktion ist und Interesse an der Veränderung des eigenen Arbeitsmodells in Richtung Jobsharing hat. In vielen Unternehmen wird dieser Weg auch genutzt, um Nachfolgemanagement und Generationenmanagement zu unterstützen.

Möglicherweise will sich auch ein bestehendes Tandem auflösen, weil sich ein:e Partner:in zum Beispiel anders entwickeln möchte. Ein „offenes Ohr" in das eigene Netzwerk und/oder Kontakt zur Personalabteilung sowie ein Blick auf die (internen) Stellenausschreibungen können auch hier weiterhelfen.

☞ **Bei der Suche nach eine:r Co-Leader:in sind in jedem Fall Mut, offene Kommunikation und Engagement gefragt.**

Auch Durchhaltevermögen ist empfehlenswert, denn es kann gut sein, dass nicht sofort der „perfekte Match" an der Tür klopft. Die steigende Zahl von Tandems und deren Empfehlungen sowie Learnings sollten aber Inspiration sein, um es auszuprobieren.

---

20 Teamup.rocks: https://teamup.rocks/
21 http://www.pairtoshare.com/
22 https://www.twise.eu/
23 https://www.jobtwins.work/
24 https://www.tandemploy.com/de/

2.3 Das Tandem formen

Eine:n mögliche:n Tandempartner:in zu identifizieren, ist die eine Sache – zu klären, ob ihr wirklich zusammen passt, ist die andere.

Diese Prüfung muss erfahrungsgemäß in kurzer Zeit stattfinden, denn wir empfehlen dringend, eine solche Prüfung vor einer gemeinsamen Bewerbung oder zumindest vor dem gemeinsamen Start in eine neue Rolle vorzunehmen.

Alle Studien, sowohl quantitativer als auch qualitativer Natur, zeigen, dass eine gemeinsame Wertebasis und ein gleiches Verständnis von Führung den Erfolg eines Tandems maßgeblich beeinflussen. Sind Werte und Führungsverständnis nicht gleich, kommt es unweigerlich zu Konflikten. Das führt häufig zur (frühzeitigen) Beendigung der Zusammenarbeit. Deshalb ist es wichtig, sich um das gemeinsame Fundament zu kümmern, bevor man sich als Tandem bewirbt.

Wir haben darüber hinaus die Erfahrung gemacht, dass der gemeinsame Bewerbungsprozess selbst bereits eine gute Prüfung darstellt. Im Zuge dessen wird schon deutlich, ob die Kommunikation gelingt, die Partner:innen in die gleiche Richtung denken sowie Abstimmungen und Vereinbarungen miteinander funktionieren. Auf das eigene Bauchgefühl zu achten, ist dabei ebenso ratsam wie Reibungspunkte direkt anzusprechen. Wenn das Tandem bereits bei der Bewerbung nicht funktioniert, wird es anschließend in der Zusammenarbeit vermutlich schwierig.

Folgende drei Ebenen solltet ihr dabei genauer betrachten:

- die Ebene des Grundsätzlichen: Werte und der Blick auf Führung
- die Ebene der Ausprägung: Kompetenzen und Stärken
- die Ebene der praktischen Rahmenbedingungen, insbesondere der Arbeitszeit

Auf alle drei gehen wir nachfolgend genauer ein.

Werte und der Blick auf Führung

Werte

Werte sind tiefverwurzelte, bedeutsame und grundsätzliche Überzeugungen, Haltungen und Ideale einer Person. Eine gemeinsame Wertebasis ist Kern einer erfolgreichen Tandembeziehung.

Folgende Fragen sollten dabei auf den Tisch kommen und miteinander besprochen werden:

- Was sind meine fundamentalen Werte?
- Welche Art der Zusammenarbeit ist für mich nicht verhandelbar?

Vor allem die Grundeinstellung zu Vertrauen, Transparenz und Zuverlässigkeit ist relevant und sollte in einem Tandem früh, klar und konkret diskutiert werden: Wie stellt sich die Umsetzung der Grundwerte für die einzelne Person dar, wie fühlt sie sich an? Je konkreter, anlassbezogen und mehr anhand von Beispielen ihr hier sprecht, desto eindeutiger, klarer und nachvollziehbarer wird die Entscheidung ausfallen (vgl. zusätzlich Kap. 2.5).

Der Blick auf Führung

Die Grundeinstellung zu Führung und Team ist eine wichtige Basis für ein Führungstandem. Als Führungskräfte werden allgemein Personen bezeichnet, die Führungsaufgaben in einem Unternehmen wahrnehmen.[25] Abbildung 3 zeigt die drei Dimensionen der Führungsaufgaben und nötiger Kompetenzen erfolgreicher Führung[26]:

- Selbstführung: Die Fähigkeit, sich selbst zu führen, zu reflektieren und zu steuern, ist die Basis. Dazu gehören insbesondere auch das Wissen um Stärken und Kompetenzen (s. voriger Abschnitt) sowie die Fähigkeit des lebenslangen Lernens („leading self").
- Mitarbeitendenführung: Die Mitarbeitenden- oder Menschenführung wird meist als disziplinarische Führung bezeichnet („leading others"). Nach Selinger bedeutet Menschenführung „die Bedürfnisse der Menschen und die Ziele der Organisation zu koppeln".[27]
- Unternehmensführung wird auch als fachliche Führung bezeichnet und beschäftigt sich mit der inhaltlichen Ausrichtung sowie der Ausrichtung auf die Unternehmensziele („leading system").

---

25 Tölle 2021
26 Baggio, Budinich, Gardner 2019
27 Selinger 2021

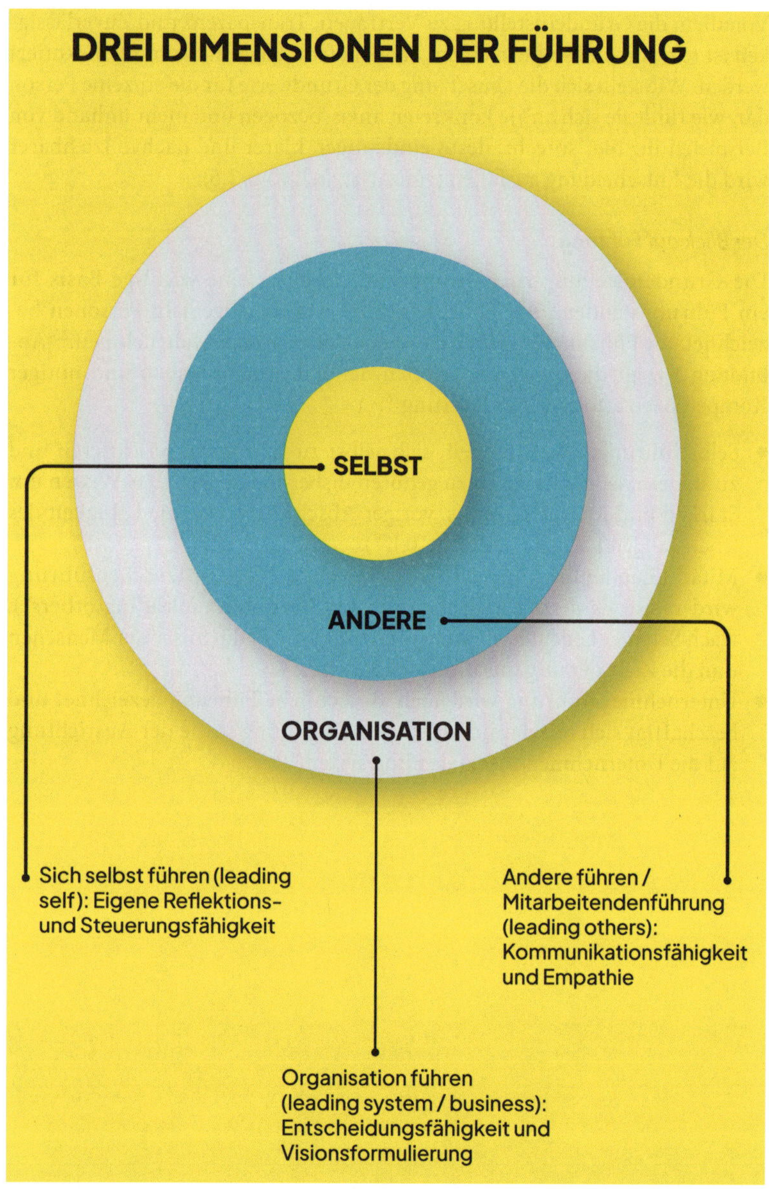

Abb. 3: *Die drei Dimensionen der Führung nach McKinsey und Ashoka Research.*

Im Kontext von Co-Leadership erhält die mittlere Dimension eine besondere Bedeutung, da zusätzlich zu „leading others" hier auch „leading with others" hinzu kommt. Die Aspekte der Tandembeziehung, zum Beispiel gemeinsame Ziele und relevante Kompetenzen wie Konfliktfähigkeit, lassen sich hier verorten.[28]

Jedes einzelne dieser Themen rund um Führung, Führungstheorien und Führungskonzepte füllt eine Vielzahl von Büchern. Wir nähern uns dem Thema an dieser Stelle jedoch von einer praktischen Seite.

Dabei stehen folgende Fragen im Mittelpunkt:

- Für welches Führungsverständnis stehe ich?
- Woran mache ich für mich fest, dass ich wirksam führe?

Bei der Beantwortung kann das Kontinuummodell nach Tannenbaum und Schmidt[29] helfen, um die Ausprägung der Führung anhand der Allokation und Verteilung von Entscheidungen kenntlich zu machen.

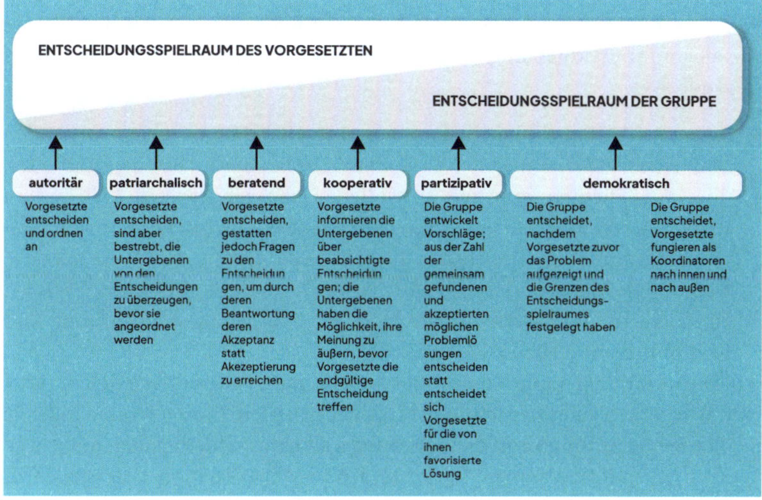

Abb. 4: *Kontinuummodell nach Tannenbaum und Schmidt.*

Werte und Führungsverständnis können sehr persönliche Themen sein. Auch deshalb lebt Co-Leadership als Modell der Zusammenarbeit von Offenheit und Ehrlichkeit.

Ein Gespräch über Prägung in der Kindheit und Jugend sowie ein Blick auf eigene Führungskräfte, die den Weg und das eigene Führungsverständnis geprägt haben, helfen, um diesen Themen auf die Spur zu kommen.

[28] Denzin 2023
[29] Tannenbaum, Schmidt 1985

Kompetenzen und Stärken

Die beiden zentralen Fragen dieser Ebene sind:

- Welche Kompetenzen bringe ich mit?
- Welche Kompetenzen können meine Kompetenzen komplementär ergänzen?

Unter Kompetenz verstehen wir die Verbindung von Wissen und Können in der Bewältigung von Handlungsanforderungen.[30] Kompetenzen fußen auf Fertigkeiten sowie Qualifikationen. Wir unterscheiden dabei vier Kompetenzfelder: Fachkompetenz, Methodenkompetenz, Sozial- und Individualkompetenz. [31]

Für die Arbeit als Tandem braucht es eine gemeinsame Kompetenzbasis, die sich besonders auf die Zusammenarbeit miteinander bezieht.

Für diese Zusammenarbeit benötigen die Tandempartner:innen ausgeprägte **soziale und Individualkompetenzen**. Von der größten Bedeutung sind dabei folgende drei:

- Kommunikationsfähigkeit: Es muss eine große Bereitschaft vorhanden sein, sich mit seinem/seiner Tandempartner:in auszutauschen und offen über alle Themen sprechen zu wollen. Dazu gehört auch, sich gut zu strukturieren und Prozesse zu etablieren, die eine offene und stringente Kommunikation erleichtern. Es geht auch darum, über verschiedene Kanäle zu dokumentieren, Informationen auszutauschen und Wissen zu teilen. In einer Doppelspitze kann es nicht genug Abstimmung und Kommunikation geben.
- Konfliktfähigkeit und Kompromissbereitschaft: Perspektivenvielfalt führt unweigerlich auch zu Meinungsverschiedenheiten. Eine gewinnbringende Tandembeziehung kann diese Reibung und Unterschiedlichkeit nutzen. In Konflikten Kompromisse finden und Win-Win-Situationen herstellen zu wollen, ist daher eine Grundvoraussetzung.
- Reflektionsfähigkeit: Co-Leadership kommt mit einem eingebauten Sounding-Board. Das ist wunderbar, da dieses Feedback auf Augenhöhe zur Persönlichkeitsentwicklung beiträgt. Man muss bereit sein, die eigenen Themen, Einstellungen und Ideen auszudiskutieren und sich hinterfragen zu lassen.

In **fachlich geprägten Kompetenzfeldern**, insbesondere Fach- und Methodenkompetenz, braucht es dabei weniger Einheitlichkeit. Diversität ist hier hilfreich und erfolgversprechend, weil die Kompetenzen der Partner:innen sich ergänzen und gegenseitig Schwächen oder Lernfelder kompensieren können.

---

[30] Linten, Prüstel 2015

[31] Albert-Ludwigs-Universität Freiburg (Hrsg.) 2023

Wer mehr über seine Stärken, Fähigkeiten und Potenziale herausfinden möchte, um sich erstens selbst besser kennen und reflektieren zu lernen sowie zweitens in den Austausch mit möglichen Tandempartner:innen gehen zu können, dem seien Stärkentests empfohlen, wie zum Beispiel den Gallup Strengths Finder[32] oder die Arbeit mit einem Business Coach.

☞ **Co-Leader:innen sollten gleich genug, aber auch unterschiedlich genug sein.**

Sie sollten gleich in Werten, Überzeugung und Führungsverständnis sein, denn das ist die Basis für die gemeinsame Arbeit. Sie sollten unterschiedlich in Kompetenzen, Netzwerk und Erfahrung sein. Hier hilft Komplementarität und macht das Tandem vielfältiger und stärker.

Ein Tandem zu formen ist ein spannendes Unterfangen, bei dem die Perspektive eines Coaches von Anfang an hilfreich sein kann. Er/sie kann unterstützen, um den Aufsatz zu gestalten, Unterschiedlichkeiten gewinnbringend zu nutzen und Konflikten zu begegnen.

Praktische Rahmenbedingungen

Zu wichtigen Rahmenbedingungen der Tandemarbeit gehören die zeitliche Einteilung und die Arbeitszeitverteilung. Dafür braucht es ausreichend Transparenz innerhalb des Tandems sowie eine klare Kommunikation an Führungskraft, Personalbereich, Team und weitere relevante Stakeholder:innen.

Ihr solltet offen über Wünsche und Verpflichtungen sprechen, damit ein gutes Modell gewählt werden kann.

Folgende erprobte Arbeitsmodelle sollen aufzeigen, was alles möglich ist. Ihr könnt mit diesen unterschiedlichen Modellen auch spielen, bis das beste Set-Up gefunden ist – jedoch stets unter der Gewähr, die Leistung und Passfähigkeit des Tandems zum System hochzuhalten.

Die beiden entscheidenden Fragen hier sind:

- Wer möchte wie viel Prozent arbeiten?
- Wie ist die Aufteilung innerhalb einer Woche?

Arbeitszeit in Prozent

Generell ist bei Co-Leadership zwischen 50 und 100 % alles möglich. Manche Unternehmen haben die Regelung, dass eine Co-Leadership-Stelle nur mit einer definierten Arbeitszeit belegt werden kann (z.B. maximal 120 %), aber grundsätzlich sollte das Tandem besprechen, wie viel jeder arbeiten möchte

[32] Gallup Clifton Strength Finder 2023

beziehungsweise kann. Ziel ist, diesen Wunsch mit den gegebenen Rahmenbedingungen des Unternehmens zusammenzubringen (s.a. Kap. 5).

Ein Tipp aus der Praxis: Viele Tandems berichten, dass ein 50/50-Modell sehr herausfordernd sein kann. Entweder handelt es sich um Jobsplitting, bei dem die Themen überschneidungsfrei aufgeteilt werden – dann haben die Partner:innen keine Berührungspunkte für Übergaben oder gegenseitiges Sparring. Wenn jedoch Überschneidungszeit eingeplant wird (Jobsharing), kommt es im 50/50-Modell zu unabgedeckten Zeiten. Damit sind die Vorteile der Tandemarbeit nicht voll ausgeschöpft. Ab der Verteilung 60/60 tun sich viele Tandems leichter und heben die entsprechenden Potenziale.

Aufteilung der Arbeitszeit

Nachdem die prozentuale Aufteilung geklärt ist, solltet ihr besprechen, wie ihr euch in der Woche einteilt. Verschiedene Beispiele findet ihr im Schulterblick 1 skizziert und nachfolgend erläutert.

Beispiel 1: Zwei Führungskräfte arbeiten zu jeweils 50 % und teilen sich die Woche untereinander auf. In diesem spezifischen Beispiel wechseln sich die beiden Führungskräfte in der Hälfte des Tages ab. Übergaben sollten schriftlich (z.B. über Notizen, Akten), über Sprachnachrichten oder kurz persönlich stattfinden. Je nach Umfang der Übergaben, Überschneidungszeit für ausgewählte Abstimmungen (z.B. Strategietermine) und gemeinsamer Verantwortungsübergabe, kann dieses Beispiel als Jobsharing oder Jobsplitting verstanden werden.

Beispiel 2: Die beiden Tandempartner:innen arbeiten weiterhin 50 %, planen jedoch auch explizit gemeinsame Zeit für Übergaben oder gemeinsame Termine (z.B. Teammeeting) ein. So kommt es in der Konsequenz dazu, dass es Zeiten gibt, bei der weder der Eine noch die Andere arbeiten (s. dazu das Beispiel von Dr. Janina Messerschmidt und Mathias Püschel im Interview, Kap. 3.6).

Beispiel 3: Die beiden Führungskräfte arbeiten jeweils 60 %, also drei Tage in der Woche. Am gemeinsamen Tag planen sie ein größeres Übergabemeeting ein und/oder nehmen gemeinsame Termine (z.B. Teammeeting) wahr.

Beispiel 4: Zwei Führungskräfte arbeiten jeweils 80 % und bringen gemeinsam 160 % an Arbeitskraft ein. Die Führungskräfte arbeiten an drei Tagen parallel und an zwei Tagen ist jeweils eine Person anwesend und somit Ansprechpartner:in. So machen es beispielsweise Tanja Frankewitz und Markus Gratzfeld von der TÜV Nord (s. Interview, Kap. 3.8).

ANWESENHEITEN: MÖGLICHE AUFTEILUNG IN EINER WOCHE

Beispiel 1
MA A: 50%, MA B: 50%

Mo	Di	Mi	Do	Fr
A	A	B	A	B
B	B	A	B	A

Beispiel 2
MA A: 50%, MA B: 50%

Mo	Di	Mi	Do	Fr
A+B	A	B	A	B
	B	A	B	A

Beispiel 3
MA A: 60%, MA B: 60%

Mo	Di	Mi	Do	Fr
A	A	A+B	B	B

Beispiel 4
MA A: 80%, MA B: 80%

Mo	Di	Mi	Do	Fr
A	A+B	A+B	B	A+B

Schulterblick 1: *Mögliche Anwesenheit eines Co-Leadership Paars während der Woche*

Beispiel 5 (Schulterblick 2): Bewegen sich die Arbeitszeiten bei (weit) über 60 % pro Tandempartner:in, gibt es in den Unternehmen unterschiedliche Modelle: So kann die Führung einer Abteilung bzw. eines Teams mit einer Doppelspitze (bis zu 200 %) besetzt werden, um doppelte Kompetenzen und Erfahrung für die Rolle sicherzustellen, sowie Risikominimierung bei kritischen Stellen zu betreiben. Alternativ kann die Führungsaufgabe mit 50 % oder 60 % bemessen werden und die Tandempartner:innen können neben der Führungsaufgabe weitere Aufgaben/Projekte übernehmen. Teilweise spricht man hier dann von einer funktionalen Erweiterung. Diese Zusatzaufgaben kommen mit einer Arbeitszeit von 10–40 % hinzu und können unbefristet sowie befristet gestaltet werden. Beispiel 5 zeigt diesen Fall mit 20 % Arbeitszeit eine:r Tandempartner:in für ein Projekt zusätzlich zur Führungsaufgabe mit 60 %.

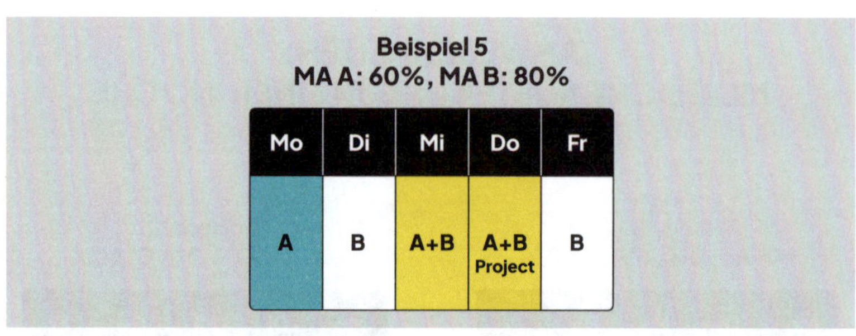

Schulterblick 2: *Mögliche Aufteilung eines Tandems, bei dem ein:e Partner:in eine zusätzliche Projektaufgabe übernimmt.*

 **Allein diese fünf Beispiele zeigen, dass es diverse Modelle für Arbeitszeitgestaltung gibt.**

Mit dieser Flexibilität sowohl den Bedürfnissen der Tandempartner:innen als auch den Anforderungen des Unternehmens gerecht werden zu können, ist ein Vorteil von Co-Leadership.

Es bleibt die Herausforderung, die vereinbarte Arbeitszeit einzuhalten, Auslastung und Überstunden zu managen. Die Arbeit im Tandem kann hier helfen, sich gegenseitig zu unterstützen.

Sich als Tandem erfolgreich zu finden und dann eine gute Einheit zu formen, ist von entscheidender Bedeutung für den gemeinsamen Erfolg. Daher haben wir die wichtigsten Punkte in einer Checkliste zusammengefasst.

Unser Tipp: Besonders für das Formen eines Tandems solltet ihr euch Zeit lassen.

 **Checkliste:** Eine:n Co-Leader:in finden und ein Tandem formen

Finden

- In persönlichen Netzwerken und über Kontakte
- Durch die Personalabteilung des Unternehmens
- Durch die Nutzung von Jobsharing-Börsen und Plattformen
- Aus bestehenden Konstellationen

Formen

- Das gemeinsame Fundament legen
- Werte, Blick auf Führung miteinander abgleichen
- Individuelle Kompetenzen transparent machen und Passfähigkeit untereinander sowie zu möglichen Stellen prüfen
- Vereinbarung zum Treffen von Entscheidungen vornehmen

- Rahmenbedingungen, insbesondere Arbeitszeitmodell klären und festlegen:
  - Wie viel Prozent möchte jeder einbringen?
  - Wie soll sich die Arbeitszeit innerhalb einer Woche verteilen?
  - Wie können wir bestmöglich sichergehen, dass Arbeitsbelastung sowie -verteilung und Übergaben so geregelt sind, dass die vertragliche Arbeitszeit eingehalten werden kann? (vgl. Kap. 4.2)

2.4 Als Tandem erfolgreich bewerben

Die vorangegangenen Kapitel haben gezeigt, dass sich ein Tandem auf verschiedene Weisen finden kann – auch im Zuge eines Bewerbungsprozesses oder aus bestehenden Konstellationen. Der häufigste Fall in der Praxis ist jedoch, dass sich ein Tandem erst findet und anschließend gemeinsam bewirbt.

Lasst euch dabei nicht von bestehenden Kanälen, Prozessschritten oder Formaten verunsichern oder einschränken. Bewerbungen in Co-Leadership sind für viele Unternehmen und Personalabteilungen noch neu.

Nachfolgend stellen wir euch vor, wie ihr eure Bewerbung gestalten könnt – und mit welchen Argumenten ihr die Führungskraft und den Personalbereich von euch und eurer Tandemlösung überzeugt.

Der Bewerbungsprozess

Bewerbungsunterlagen

Bewerbungs- und Auswahlprozesse sind in Unternehmen sehr unterschiedlich organisiert. Meist gibt es ein erstes Einfallstor über einen digitalen Kanal, z.B. die Karriereseite der Organisation.

Wir empfehlen euch auf jeden Fall, als Tandem EINE gemeinsame Unterlage als PDF einzureichen, bestehend aus:

- Deckblatt: Weist aus, dass es sich um eine Tandembewerbung handelt
- Gemeinsames Anschreiben oder Motivationsschreiben: Erläutert, warum ihr als Tandem gemeinsam geeignet seid und gegebenenfalls welche Vorteile gegenüber einer einzelnen Besetzung ihr als Tandem mitbringt
- Zwei Lebensläufe: Zeigt damit auf, was ihr als Einzelperson für Stationen durchlaufen habt und welche Erfahrungen ihr mitbringt (Empfehlung: kurze Lebensläufe, die einen Überblick geben statt seitenlanger Aufzählungen)
- Weitere Informationen: Hinweise zum „Operating Model", der Tandemstruktur usw., die erste Fragen beantworten und einen guten Überblick geben (Was passiert, wenn ...?)

Die Unterlage kann oft an die Personal- bzw. Recruitingabteilung gesendet werden. Einige – gerade größere – Unternehmen nehmen Bewerbungsunterlagen allerdings auch nur über ihre Karriereseite entgegen. Ein Blick in die Praxis zeigt, dass noch nicht alle diese Portale für Jobsharing-Bewerbungen geeignet sind, wenn zum Beispiel Name, Geburtsdatum usw. in einzelne Masken eingetragen werden müssen und es keine Möglichkeit gibt, mehr als eine Person zu benennen.

Wir raten, hier pragmatisch und kreativ vorzugehen: Ein Anruf bei der jeweiligen Abteilung mit der Frage zum Vorgehen kann helfen. Genauso das Eintragen einer/eines Tandempartner:in in die jeweiligen Masken und der Hinweis, dass es sich um eine Tandembewerbung handelt und die Daten der zweiten Person dem Anhang entnommen werden können. Oder das Kreieren einer fiktiven Persona, die Informationen beider Tandempartner:innen kombiniert. Entscheidend ist dabei das Unternehmen, bei dem ihr euch bewerbt. Bewerbung, Tonalität und „kreativer Grad" sollten passen.

Bewerbungsgespräch

Es folgt meist ein erstes Gespräch, teilweise auch als Telefoninterview, sowie weitere Gespräche. Wir empfehlen, dass ihr fachliche Gespräche gemeinsam als Tandem absolviert. So könnt ihr euer Zusammenspiel und die gegenseitige Ergänzung deutlich machen.

Persönliche, virtuelle oder telefonische Gespräche gilt es, wie immer, gut vorzubereiten. Neben der Auseinandersetzung mit dem Unternehmen, der Rolle sowie den fachlichen Themen, solltet ihr als Tandem zusätzlich klären:

- Wie teilen wir uns im Gespräch auf?
- Wer startet ins Gespräch?
- Wie spielen wir uns die Bälle zu?

Bewerbungsgespräche sind sowohl für den einstellenden Bereich als auch die Jobsharing-Partner:innen eine wichtige Bewährungsprobe, ob und wie die gemeinsame Arbeit funktioniert und überzeugen kann.

Diagnostische Verfahren

Zusätzlich zu fachlichen Gesprächen nutzen einige Unternehmen diagnostische Verfahren, Assessment Center oder digitale Tests, um die Eignung von Bewerber:innen zu prüfen. Hier ist es in Rücksprache mit den verantwortlichen Recruiting-Mitarbeitenden möglich, diese sowohl einzeln als auch zusammen zu absolvieren.

Wir empfehlen, dass beide Partner:innen und möglichst unabhängig voneinander diese Eignungsprüfung durchlaufen. Damit ist gewährleistet, dass jede:r einzeln für die Stelle geeignet ist. So lässt sich spätere Probleme vorbeugen, zum Beispiel wenn ein:e Tandempartner:in kündigt.

Verhandlungen

Zuletzt folgt meist die Verhandlung zu Vertrag, Gehalt und Zusatzleistungen. Da das Tandem ein Gesamtpaket anbietet, empfehlen wir auch über diese Themen gemeinsam zu sprechen und gemeinsam zu verhandeln. Dabei kann es sein, dass beide Partner:innen das gleiche Entgelt erhalten – es ist auch möglich, dass bei unterschiedlicher Erfahrung und Qualifikation Unterschiede gemacht werden.

Die gemeinsame Verhandlung und der transparente Umgang damit fördern die Vertrauensbeziehung im Tandem und zeigen dem Umfeld, dass beide klar miteinander sind und nicht „ausgespielt“ werden können.

Führungskraft und Personalbereich überzeugen

Die Überzeugung, dass das Tandem die beste Besetzung für eine vakante Stelle ist, folgt den gleichen Kriterien wie bei einer Einzelbewerbung: Relevant sind die Passfähigkeit zu Inhalten, Team, Kultur sowie die nötigen Kompetenzen, Qualifikationen und Eignung für die Aufgaben. Im Bewerbungsprozess als Tandem gilt es darüber hinaus, alle offenen Fragen und Bedenken gegenüber dem Co-Leadership-Modell auszuräumen sowie die Vertreter des Unternehmens von den Vorteilen zu überzeugen.

Die Übermittlung des „Operating Models“ bereits in den Bewerbungsunterlagen kann helfen, häufige Fragen schon im Vorfeld zu klären und Sicherheit zu vermitteln bezüglich Aufteilung, Erreichbarkeit, Arbeitszeit, Kommunikation usw. (s.a. Kap. 5.3).

Um im Bewerbungsprozess zu überzeugen, ist es naturgemäß wenig hilfreich, wenn sich die Tandempartner:innen in spe bei Themen der Zusammenarbeit widersprechen oder zumindest sehr gegensätzlich antworten. Daher solltet ihr alle wesentlichen Eckpunkte des Modells vorher miteinander abgeklärt haben. Ein Beispiel ist die Entscheidungsmacht bei der Urlaubsvertretung: Wie wollt ihr damit umgehen, wenn nicht beide bei Meetings oder Entscheidungen anwesend sind? Zum einen ist das ein wichtiger Aspekt in der Tandemarbeit, denn ohne gegenseitiges Vertrauen kann es nicht funktionieren. Zum anderen sollte das Tandem gegenüber dem Unternehmen, der Führungskraft und nicht zuletzt dem Team als Einheit auftreten, die allen Stakeholder:innen Sicherheit im Umgang mit dem Tandem gibt.

☞ **Grundsätzlich gilt im Bewerbungsprozess und in Bewerbungsgesprächen: Relevante Themen solltet ihr vorbesprechen und somit einen abgestimmten Stand präsentieren.**

Bei neuen oder unabgestimmten Fragen habt ihr zwei Möglichkeiten: Entweder ihr improvisiert gemeinsam und es gelingt euch, ad hoc zusammen Antworten zu finden. So überzeugt das Tandem auch in kritischen (Gesprächs-) Situationen. Es kann allerdings im Gespräch genauso gut funktionieren, wenn ihr zugebt, dass ihr für diese Frage noch keine Antwort habt und ihr die Frage als Tandem gern im Nachgang beantwortet oder zusammen mit dem Team erarbeitet.

Zusätzlich ist es ratsam, in Erfahrung zu bringen, ob das jeweilige Unternehmen bereits Erfahrung mit Jobsharing hat. Falls nicht, solltet ihr vorbereitet sein, grundlegend zu dem Thema zu informieren.

Studien zeigen, dass Bewerbungen von Jobsharing-Tandems dann erfolgreicher sind, wenn sie den Mehrwert für das Unternehmen und die Stelle erläutern. Die Arbeit als Co-Leadership wird danach als erfolgreich eingeschätzt – unabhängig davon, ob die Partner:innen bereits vorab zusammen gearbeitet haben, beziehungsweise ein oder beide Jobsharer:innen von außerhalb der Organisation stammen.[33]

Es gibt eine ganze Reihe von Vorteilen, die ihr in solch einer Situation ins Feld führen könnt: Innovationskraft und Belastbarkeit liegen nach aktuellen Forschungsergebnissen[34] deutlich über der von Einzelpersonen. Befragungen von Führungskräften, die Tandems führen/geführt haben, zeigen, dass 92 % Tandems als produktiver einschätzen und 90 % der Vorgesetzten wieder ein Tandem führen möchten.[35] Darüber hinaus profitieren auch Mitarbeitende von Co-Leadership aufgrund einer erhöhten Erreichbarkeit der Führungskraft, breiterer individueller Entwicklungsmöglichkeiten durch diverse Role-Models und einer erhöhten Vielfalt an Meinungen und Perspektiven.[36]

Was ihr bei eurer Bewerbung als Tandem berücksichtigen solltet, haben wir in der folgenden Checkliste nochmal zusammengefasst.

Checkliste: Als Tandem erfolgreich bewerben

Eine gemeinsame Bewerbungsunterlage

- Gemeinsames Anschreiben oder gemeinsames Motivationsschreiben
- Lebensläufe (zu jeder Person)
- Übersicht Operating Model mit Kerninfos zu
  - Arbeitsumfang (Prozent) und Arbeitszeiten
  - Erreichbarkeit und Kommunikation
  - Struktur und Aufteilung
  - Regeln und Prozesse (z.B. Vertretungsregeln)
- Bonus: eine Übersicht mit gemeinsamen Werten und Führungsverständnis

[33] Daniels 2011
[34] Daniels 2011
[35] Reinfuss 2022
[36] Arouri,Aichinger, Baumgartner, Koidl 2022

Gemeinsame Vorbereitung auf Interviews

- Wie teilen wir uns im Gespräch auf?
- Wer startet ins Gespräch?
- Stellt sich jeder selbst vor?
- Wie spielen wir uns die Bälle zu?
- Wie gehen wir mit kritischen Fragen um?

Überzeugen der Führungskraft und des Personalbereichs durch

- Transparente Kommunikation des Operating Models (der Tandemstruktur)
- Ausräumung von Bedenken, z.B. durch Vorbereitung von FAQs, die typische Fragen beantworten
- Abgestimmtes Auftreten und ungefähr gleiche Redeanteile planen

2.5 Individuelles Co-Leadership gestalten

Die Zusammenarbeit als Tandem ist kein Hexenwerk – vieles gelingt intuitiv und kann iterativ angepasst werden. Dennoch ist zu empfehlen, der Tandemarbeit ausreichend Raum und Zeit zuzumessen. Diese so erarbeitete Struktur ist später nicht nur dem Tandem und der täglichen Arbeit selbst dienlich, sondern kann bereits im Bewerbungsgespräch viele Fragen beantworten. Genauso hilft sie, den Kolleg:innen und Teammitgliedern verständlich zu machen, wie die Zusammenarbeit im Tandem strukturiert ist und wen man wann und zu welchem Thema ansprechen sollte.

Wir unterscheiden in der Strukturarbeit zwei wesentliche Modi:

- die Arbeit IM Modell
- die Arbeit AM Modell

Mit der **Arbeit IM Modell** ist das tägliche Doing des jeweiligen Jobs gemeint: Strategien entwickeln, Themen aufsetzen, Termine planen, Aufgaben abarbeiten, Budgets zuweisen, Entscheidungen treffen und vieles mehr.

Mit der **Arbeit AM Modell** ist gemeint, unabhängig von täglichen Aufgaben und Entscheidungen das Rahmenwerk des Tandemmodells zu kreieren und zu gestalten. Diese Gestaltung beginnt meist schon beim Finden des Sharing-Partners und der gemeinsamen Bewerbung.

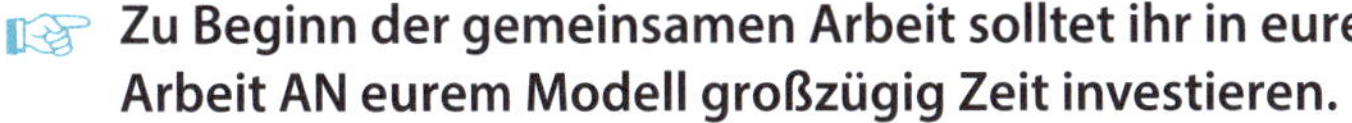

Zu Beginn der gemeinsamen Arbeit solltet ihr in eure Arbeit AN eurem Modell großzügig Zeit investieren.

Wird die Struktur gleich zu Anfang gut genug durchdacht und effizient aufgestellt, wird das Modell im weiteren Verlauf gut funktionieren und nur leicht iteriert und angepasst werden müssen. Auch die Kommunikation und Klarheit des Modells werden dadurch erleichtert.

Als methodologische Grundlage empfehlen wir unser Modell der Tandemarbeit. Nachfolgend gehen wir mit euch Schritt für Schritt dessen sechs Felder durch.

Die sechs Felder der Tandemarbeit

Unser Modell deckt alle unterschiedlichen Aspekte der Tandemarbeit ab (Abb. 5). Daraus ergeben sich die sechs Felder der Tandemarbeit. Ihr solltet alle sechs abdecken, um eure Arbeit im Co-Leadership funktional, effizient und mit hoher Zufriedenheit zu gestalten.

In Form einer ersten „Feldbegehung" könnt ihr die Felder miteinander besprechen und gemeinsam bewerten. Eine Begleitung eines Coaches kann hier empfehlenswert sein, um die Diskussion zu moderieren, unterschiedliche Sichtweisen zusammenzuführen und die Reflektion nötiger Facetten anzuregen.

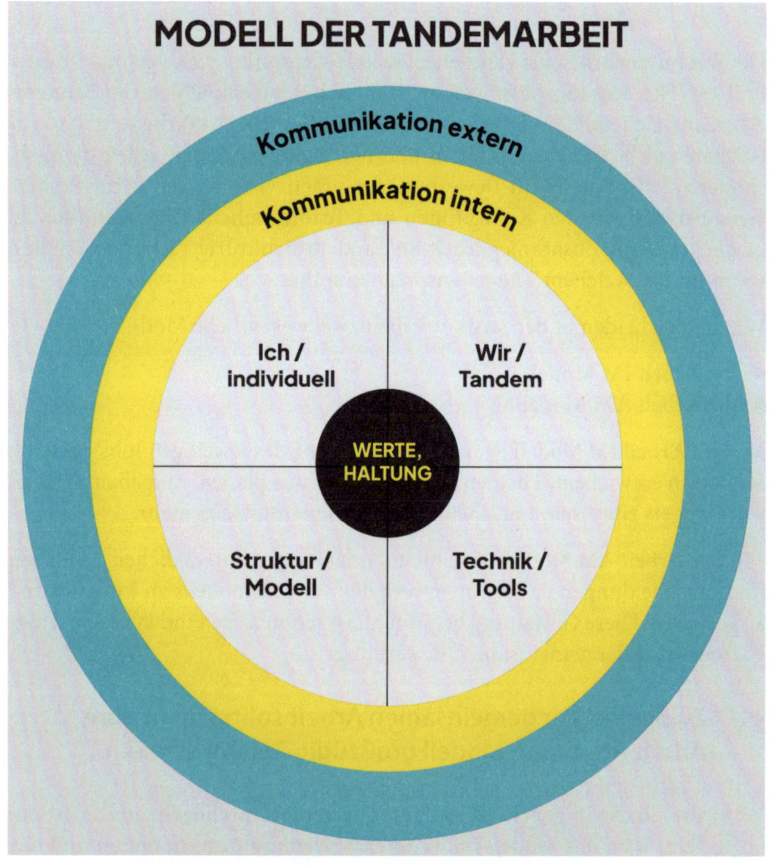

Abb. 5: *Modell der Tandemarbeit, Junghans/Schönitz 2023.*

Feld 1: Werte und Haltung

Die Basis für die erfolgreiche Tandemarbeit bieten Werte und Haltung. Deshalb raten wir dazu, diese bereits vor dem Start in die Co-Leadership-Reise genauer unter den Prüfstand zu stellen (vgl. Kap. 2.3).

Diese Basis solltet ihr für euer Tandemmodell immer wieder gemeinsam reflektieren. Hinzu kommt in der Co-Leadership-Rolle die Beantwortung folgender Fragen:

- Wie können wir unsere Werte in der Rolle leben? Woran erkennen wir das?
- Welche Haltung prägt unseren Blick auf die Menschen im Umfeld?
- Welchen Anspruch haben wir an unsere Arbeit?

Erfahrungsgemäß gibt es für diese Fragen keine ultimative Antwort. Vielmehr trägt die Diskussion und das Gespräch dazu bei, einen gemeinsamen Blick als Tandem zu entwickeln. Dies ist zentral für Vertrauen und Verständnis, welche den Kern der Tandemarbeit ausmachen.

Feld 2: Ich/individuell

Wer sich selbst gut kennt, kann auch in Zusammenarbeit mit anderen besser wirken. Für die Arbeit im Co-Leadership bedeutet es, dass ich Klarheit zu mir, meiner Person und dem, was mir wichtig ist, mit meiner:m Partner:in besprechen kann. Dazu empfehlen wir, dass jeder für sich Antworten auf folgende Fragen findet und ihr sie anschließend miteinander besprecht:

- Welche Stärken bringe ich mit?
- Welche Fähigkeiten und Skills habe ich und möchte ich einbringen?
- Über welche besonderen Qualifikationen verfüge ich?
- Welches Netzwerk bringe ich mit?
- Was liegt mir nicht, kann ich nicht gut oder was möchte ich gern abgeben?
- Welche Ambitionen, zum Beispiel Karriereambitionen, habe ich?
- Was will ich wann erreicht haben?
- Welche Rahmenbedingungen, zum Beispiel zeitliche Verfügbarkeit, Erreichbarkeit o.ä. sind für mich wichtig?

Wo ergeben sich **Überschneidungen** und Kriterien, die beide Partner:innen mitbringen? In welchen Punkten gibt es ein gleiches Verständnis, spricht das Tandem „eine Sprache“ und kann sich die Bälle gut zuspielen?

Um aussagekräftige Antworten zu finden, empfehlen wir euch nachfolgende **Übung.**

Übung Vorbild

Ihr nehmt euch zehn Minuten Zeit für die Stillarbeit und notiert, was euch zu diesen Fragen einfällt:

- Wer ist für mich ein Vorbild und warum?

- Was macht diesen Menschen aus, über welche Eigenschaften verfügt er/sie?
- Was bewundere ich an der Person?

Das Vorbild kann dabei aus dem persönlichen Umfeld (z.B. die eigene Großmutter), aus dem beruflichen Umfeld (z.B. ein:e ehemalige:r Chef:in) oder aus sonstigen Lebensbereichen kommen (z.B. Berühmtheiten wie Rockstars).

Tauscht euch nach den zehn Minuten zu euren Notizen aus und berichtet einander. Geht gern ins Gespräch, fragt nach und steigt tief ein. Im nächsten Schritt reflektiert ihr, über welche dieser Eigenschaften ihr selbst verfügt.

Die Übung folgt der Überzeugung, dass Menschen bewundern, was ihnen wichtig ist und dass sie über diese Eigenschaften und Kompetenzen selbst verfügen – wenn auch vielleicht noch nicht so ausgeprägt wie beim Vorbild. Wenn ihr euch bereits länger kennt, kann der/die andere spiegeln und macht meist die Beobachtung, dass der/die Partner:in über die bewundernden Eigenschaften selbst verfügt.

Doch ihr werdet nicht nur Übereinstimmungen finden. In welchen Bereichen seid ihr komplementär aufgestellt? Was dem Einen schwer fällt, fällt der Anderen leicht. Was die Eine gern tut, möchte der Andere abgeben. Hier ergeben sich Synergien und Potenziale, die die Tandemarbeit sinnvoll und gewinnbringend machen. Diese Eigenschaften sollten gegensätzlich sein und sich gleichzeitig ergänzen (s. Abb. 5).

Das Tandem wird diese Vorteile besonders gut nutzen können, wenn …

1. jeder das Wissen über die Stärken und Vorlieben des Anderen hat,
2. die Wertschätzung der Stärken der oder des Anderen gegeben ist und
3. eine klare Kommunikation darüber stattgefunden hat, wer welche Aufgaben übernimmt und warum.

Teilweise kann es auch hilfreich sein, dass der/die Tandempartner:in eine Aufgabe übernimmt, die eigentlich nicht in seiner/ihrer Komfortzone liegt. Mit dem/der Partner:in an der Seite, die unterstützendes Feedback gibt, kann es hier zu einer Kompetenzen-Weitergabe, Lernen und Weiterentwicklung kommen.

Neben den individuell ausgeprägten Kompetenzen ist es notwendig, dass beide Tandempartner:innen die notwendigen Kompetenzen für eine Arbeit im Co-Leadership mitbringen, zum Beispiel Konfliktfähigkeit (vgl. Kapitel 2.3).

Abb. 6: *Arbeit im Tandem: Gleiche (grau) und komplementäre (gelb und blau) Eigenschaften.*

Feld 3: Wir/Tandem

Aus zwei Individuen wird im Co-Leadership ein Tandem. Dabei bleiben beide jeweils einzeln als Person sichtbar. Bei der Tandemarbeit geht es nicht darum, seine Individualität aufzugeben. Gleichwohl ist es wichtig, die gemeinsame Rolle zusammen auszufüllen und das Optimum für beide zu finden. Dabei gilt es manchmal auch, eigene Interessen zurückzustellen, wenn das Tandem, das Team oder die Aufgabe davon profitiert.

Drei wichtige Facetten des „Wir“ in der Tandemarbeit sind:

- Die gemeinsame Vision
- Das gemeinsame Führungsverständnis
- Die Beziehung miteinander, inklusive Konfliktfähigkeit

Um als „Wir“ und als Einheit wahrgenommen zu werden, ist es wichtig, dass das Tandem in wesentlichen Grundsätzen, Entscheidungen und Weisungen eine gemeinsame Linie vertritt. Mögliche Risiken liegen in widersprüchlichen Aussagen, unterschiedlicher fachlicher Einschätzung und konkurrierender Priorisierung durch das Co-Leadership-Tandem.

Wir empfehlen daher, als Tandem eine gemeinsame **Vision** zu formulieren. Diese sollte insbesondere das „Why“ – also den Existenzgrund des Teams und/oder des Produkts – beschreiben. Von dieser durch beide Co-Leadership-Partner:innen getragenen grundsätzlichen Vision können alle folgenden

Strategien und Aufgaben abgeleitet werden (s. Abb. 7, nach Simon Sinek).[37] Sinek bietet für den Golden Circle mit „Finde dein Warum“ auch einen eigenen Ratgeber an.[38]

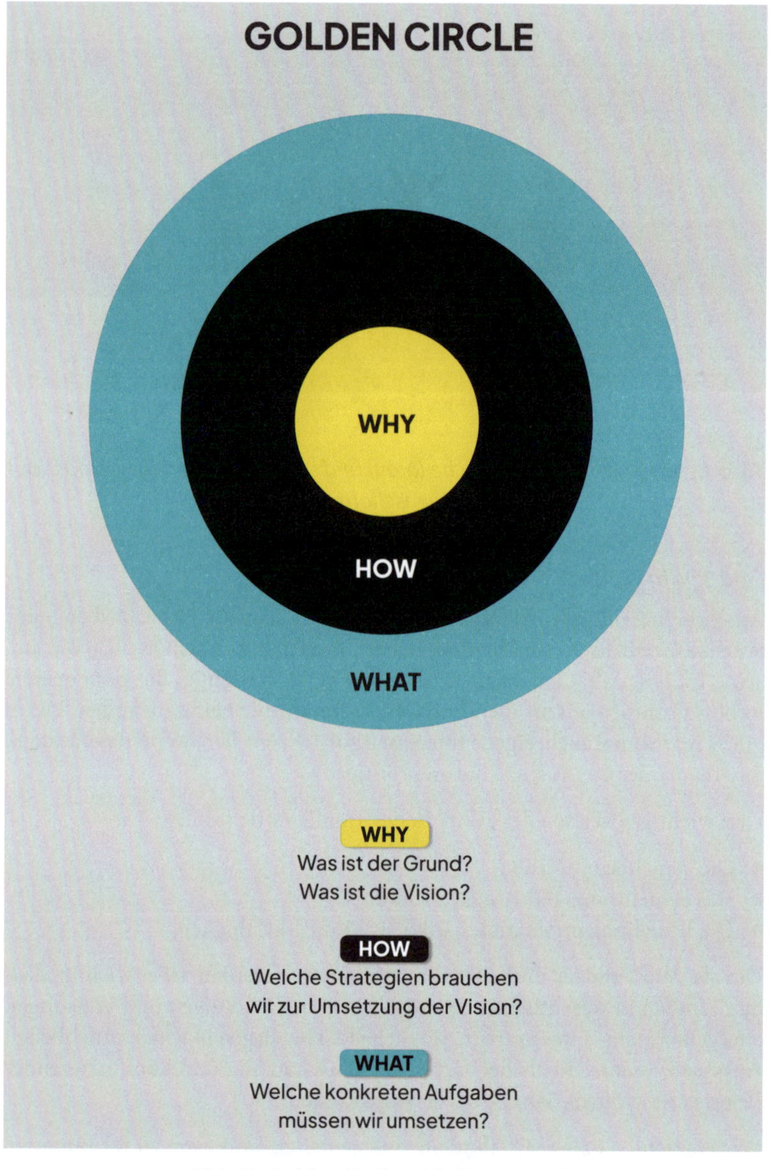

Abb. 7: *Golden Circle nach Simon Sinek.*

[37] Sinek 2009

[38] Sinek, Mead, Docker 2019

In der operativen Tandemarbeit empfehlen wir die Formulierung der gemeinsamen Vision sowie die Ableitung konkreter Ziele im Monats-, Quartals- und/oder Jahresblick. Wenn es dem Tandem gelingt, hier gut abgestimmte Grundlagen zu erarbeiten, so sinkt die Gefahr, dass es im Alltag zu grundsätzlich unterschiedlichen Anweisungen oder uneindeutiger fachlicher Führung kommt.

Neben der fachlichen Führung ist die disziplinarische Mitarbeiterführung relevant. Co-Leadership in einer Führungsrolle bedeutet auch, dass das Tandem ein **gemeinsames Führungsverständnis** entwickeln sollte. Je nach Unternehmen gibt es im organisatorischen Kontext Vorgaben oder definierte Rollen der Führung. Wichtig ist, dass das Tandem in den Austausch zum Führungsverständnis kommt und bleibt.

Folgende Übung aus der Coachingpraxis kann helfen, ein gemeinsames Führungsverständnis zu fördern.

Übung Führungsverständnis

Ihr könnt diese Übung allein, zum Beispiel in Form eines Journalings (Aufschreiben der eigenen Gedanken mit Stift und Papier) machen, oder im Gespräch mit dem/der Partner:in. Beantwortet dafür folgende Fragen:

- Welche Führungskräfte haben dich in der Vergangenheit geprägt?
- Wie und warum?

Nennt mindestens drei Beispiele (positiver und auch negativer Natur) und beschreibt die Person und eine typische Situation in der Führungsbeziehung. Geht auf eure Gefühle, eure Stimmung und die Wirkung der Situationen auf euch ein.

Aus der eigenen, vergangenen Erfahrung wird der aktuelle Blick auf Führung geformt. Ein Austausch darüber ist daher hilfreich.

Im nächsten Schritt kann das Tandem die Leitplanken des gemeinsamen Führungsstils definieren. Diese können im Team geteilt werden. Auch als Startpunkt einer Teamentwicklung mit dem Team/dem Bereich des Tandems können sie fungieren.

In der Arbeit als Co-Leadership-Tandem ist die **Beziehung miteinander und der Umgang mit Konflikten** zwischen den Partner:innen zentral. Wie in jeder intensiven oder engen Beziehung, gilt es, diese gut zu gestalten. In regelmäßigen Abständen sollte sich das Tandem gemeinsam Zeit nehmen, zum Beispiel in Form von Retrospektiven. Wenn diese Termine, zum Beispiel alle sechs Wochen, im Kalender eingeplant sind, gibt es klare Anker, wann Zeit und Raum entsteht, über die Beziehung zu sprechen. Wir empfehlen dabei das spannungsbasierte Arbeiten.[39]

Eine **Spannung** ist dabei eine Differenz zwischen dem, was ist, und dem, was sein könnte. Angelehnt an die physikalische Spannung handelt es sich um ein Energiepotenzial.[40] Sie hat daher per se nichts Negatives, sondern ist ein positiver Impuls zur Veränderung. Spannungen entstehen dabei immer in einer Person, die diese spürt. Spannungen werden gefühlsmäßig wahrgenommen und Gefühle sind eine höchst individuelle Angelegenheit.

Die Arbeit mit Spannungen hilft in der Tandemarbeit bei der Beziehungsgestaltung und dem Konfliktmanagement. Es muss kein riesiger Konflikt vorliegen, es muss nicht „knallen" oder eskalieren. Wenn es dem Tandem gelingt, kontinuierlich über Spannungen zu sprechen, dann kann das Potenzial der Zusammenarbeit entdeckt und realisiert werden. Zudem übt sich das Tandem in Offenheit und Klartext. So werden größere Konflikte vermieden.

Es ist ratsam, Spannungen aufzuschreiben, sobald sie aufkommen, zum Beispiel im Meeting oder in der Situation. Anschließend sollte diese Spannung „geparkt" werden und in der dedizierten Rücksprache oder der Retrospektive in Ruhe zur Sprache kommen.

Zur Lösung der Spannung gilt es, gemeinsam zu arbeiten. Dabei kann es hilfreich sein, die Spannung nur zu benennen („Ich muss das jetzt mal loswerden…") sowie konkrete Lösungsideen zu besprechen („Welche Infos brauche ich oder welche Aufteilung würde mir besser passen?").

Die Arbeit mit Spannungen, der Umgang mit Konflikten sowie das gemeinsame Reflektieren von Situationen, Erfolgen und Misserfolgen ist Grundbestandteil der Arbeit im Co-Leadership. Für die Kommunikation zu diesen Themen legen wir euch die gängigen Feedback-Regeln in folgenden Tipps ans Herz.

Tipps zum Thema Feedback:

- Guten Zeitpunkt wählen, zum Beispiel in einer gemeinsamen Retro
- Klare Aussagen formulieren, kein „in Watte packen" sondern Klartext
- Konkrete Aussagen, die sich auf eine konkrete Situation beziehen und eine Spannung in der eigenen Person ausgelöst haben
- Ich Botschaften
  - Welche Beobachtungen konnte ich vornehmen? (Wahrnehmung)
  - Wie hat das Verhalten auf mich gewirkt? Welche Spannung ist aufgekommen? (Wirkung)
  - Eigene Bedürfnisse und wünschenswerten Zustand formulieren. (Wunsch)

39 Neue Narrative (Hrsg.) 2023

40 Klein, Hughes, 2019

 **Die Arbeit am Tandemmodell ist Übungssache.**

All die Kompetenzen, die nötig sind für die Formulierung von Vision sowie Führungsverständnis, für das Besprechen von Spannungen und für den Umgang mit möglichen Konflikten müssen nicht über Nacht vorhanden sein. Es ist in Ordnung, in kleinen, aber kontinuierlichen Schritten daran zu arbeiten. Ein Coach kann hier unterstützen, indem er/sie ein allparteilicher Moderator oder bei bereits sichtbaren Konflikten Mediator:in sowie Gestalter:in von Gesprächen und gemeinsamen Arbeitssessions ist.

Feld 4: Struktur und Modell

Das ausgearbeitete Tandemmodell bildet das Zentrum der Co-Leadership-Arbeit. Wir nennen es auch „Operating Model", es bildet quasi den Maschinenraum der Tandemarbeit. Dabei gibt es kein „one-fits-all"-Vorlage, denn die Struktur ist so individuell wie das Tandem selbst.

Gleichwohl geben folgende Faktoren Hinweise, welche Eckdaten ein Tandemmodell beinhalten sollte:

- Erreichbarkeit: Schafft Transparenz zur Erreichbarkeit der Co-Leader:innen für Mitarbeitende, Führungskräfte und Partner:innen (z.B. Tage, Uhrzeiten, Person)
- Aufteilung: Erläutert, welche:r Tandempartner:in welches Thema übernimmt oder dass alle Themen von beiden bearbeitet werden
- Kommunikation und Kanäle: Weist aus, über welchen Kanal (E-Mail, Telefon, Kollaborations-Tools wie z.B. MS-Teams) das Tandem zu welchem Anlass oder Thema erreichbar ist
- Regeln und Prozesse: Beschreibt relevante Abläufe, wie beispielsweise die Freigabe von Urlauben, Budgets oder Rechnungen ebenso wie Unterschriften

Wir empfehlen, das Modell des Tandems für die Außenstehenden kurz zusammenzufassen und damit einen Überblick und Orientierung zu geben. Diese Übersicht kann einfach geteilt, versendet oder präsentiert werden (Beispiele s. Schulterblick 3–5).

Tandemmodelle sind erfahrungsgemäß besonders erfolgreich, wenn sie gut und einfach beschreibbar und erklärbar sind. Für die Erreichbarkeit des Tandems nutzen einige Co-Leader:innen gemeinsame E-Mail-Adressen und Postfächer, die sich meist aus der Kombination der Namen der Partner:innen zusammensetzen (z.B. MiJa für Miriam und Janina), oder eine neutrale Abteilungsbeschreibung (z.B. AbteilungRechnungswesen@…) nutzen.

Für weitere Details kann eine „frequently asked questions – FAQ"-Liste sinnvoll sein. Diese kann sich über den Zeitablauf füllen sowie ergänzt werden und zum Beispiel an einem gemeinsamen Speicherort mit dem Team abgelegt werden (Sharepoint, internes Social Intranet o.ä.).

Unserer Überzeugung nach sollte das Tandemmodell „nach außen“ so einfach wie möglich sein und für Mitarbeitende oder weitere Stakeholder:innen keinen Mehraufwand beinhalten. Dies führt erfahrungsgemäß dazu, dass die Komplexität „nach innen“ steigt. Für diese Selbstorganisation zu zweit ist eine klare Struktur wichtig.

Entsprechend des Operating Models sollte diese innere Struktur weitere Details beantworten und zwischen den Tandempartner:innen unter anderem folgende Punkte klären:

- Erreichbarkeit:
    - Wer übernimmt wann und was?
    - Wie erreichen wir uns gegenseitig im Notfall? Wie definieren wir einen Notfall?
- Aufteilung:
    - Wie teilen wir uns auf und wer übernimmt welche Aufgaben oder Termine?
    - Wie weisen wir uns Aufgaben zu (z.B. über einen Farbcode)?
    - Wie sorgen wir dafür, dass keine Aufgabe doppelt oder nicht bearbeitet wird? (z.B. Markierung erledigter Aufgaben mit einem Haken)
- Übergaben:
    - Wie und wann gestalten wir reibungslose Übergaben?
    - Was besprechen wir (synchron) und was übergeben wir asynchron?
- Entscheidungen:
    - Welche Entscheidungen treffen wir gemeinsam?
    - Welche Entscheidungen trifft eine:r individuell und wie informiert er/sie darüber?
- Kanäle:
    - Über welche Kanäle informieren wir uns, wie und zu welchen Themen (z.B. Notizen, Chat Nachrichten, Sprachnachrichten)?
- Regeln und Prozesse:
    - Wer übernimmt welche Prozessschritte, Freigaben und Unterschriften?
    - Gibt es Prozesse, in die beide eingebunden sein müssen, oder reicht immer eine:r von beiden (z.B. Zeugnisse von Mitarbeitern)?
- Dokumentation:
    - Wie dokumentieren wir einzelne Stände, Entscheidungen und Informationen?

☞ **Die Struktur und das Modell wächst mit der Tandemerfahrung.**

Zu Beginn kann mit Hypothesen und typischen Anfragen ein Gerüst erarbeitet werden. Dieses Gerüst lässt sich dann mit steigender Erfahrung, Nutzung und Anwendungsfällen weiter ausbauen und verfeinern.

Diese Arbeit ist eine typische Arbeit AM System und kann zum Beispiel in Form von Retrospektiven behandelt werden. Ein gemeinsamer Blick zurück, z.B. auf die letzten sechs Wochen, kann zeigen, wo das Modell und die Abstimmungen untereinander gut funktioniert haben und wo nicht. Aus jedem Learning kann ein neuer Baustein für das Tandemmodell ergänzt werden.

Regelmäßiges Feedback von außen, zum Beispiel von Kolleg:innen oder Mitarbeitenden, hilft zudem, auf Knackpunkte, Hindernisse oder Spannungen aufmerksam zu werden und die Selbstorganisation stetig zu verbessern.

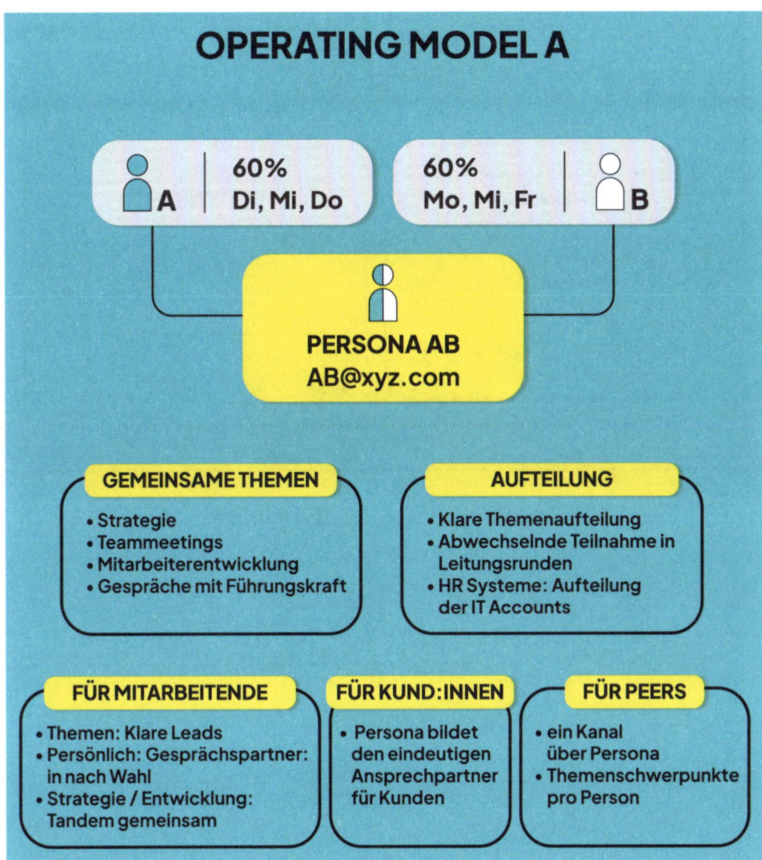

Schulterblick 3: *Operating Model A.*

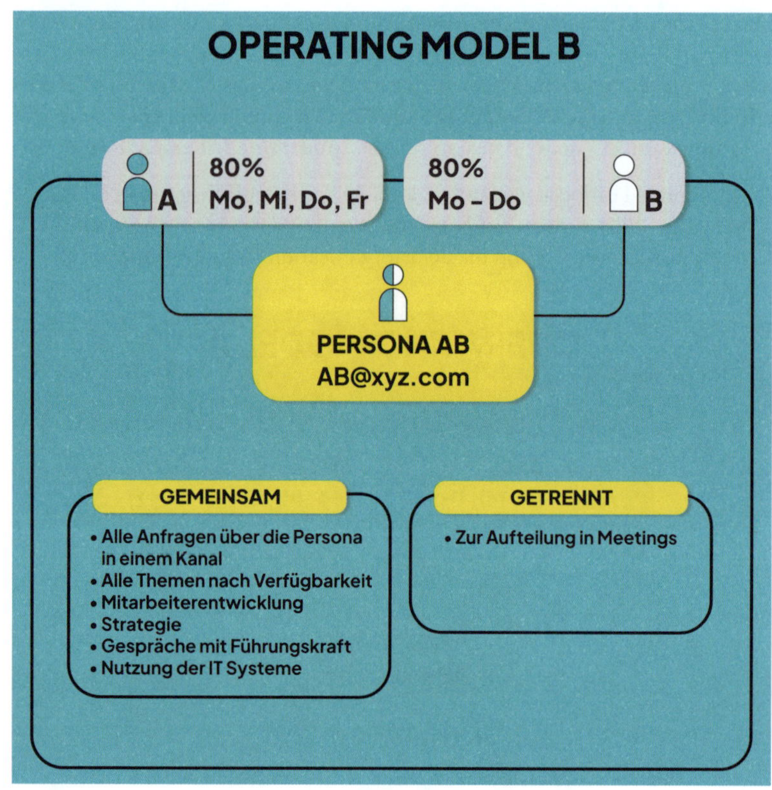

Schulterblick 4: *Operating Model B.*

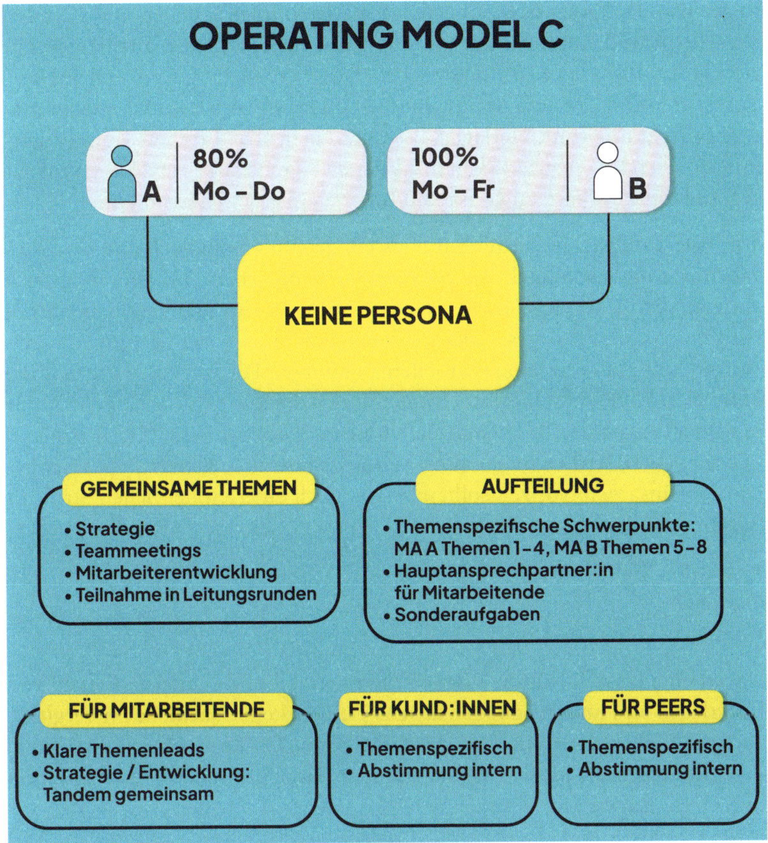

Schulterblick 5: *Operating Model C.*

Noch ein wichtiger Punkt, der zwar nicht zu eurem Operating Model gehört, aber doch eure Zusammenarbeit prägt: In einer Doppelspitze solltet ihr unbedingt **einheitliche, also gemeinsame Ziele** mit dem/der Vorgesetzten vereinbaren. Manchen mag das im ersten Moment komisch erscheinen, aber als Tandem nehmt ihr eine gemeinsame Rolle wahr, bei der klar sein muss, dass ihr gemeinsam bewertet werdet.

Feld 5: Technik und Tools

Durch die hohe Komplexität in der Abstimmung zwischen den Tandempartner:innen sind digitale Tools und technische Lösungen sehr hilfreich. So erlauben **cloudbasierte Speicherlösungen** meist die parallele Bearbeitung von Dokumenten. Durch digitale Technologie wird eine gemeinsame Ablage, Archiv oder gemeinsame Aktenführung möglich. Eine gemeinsame E-Mail-Adresse und Postfach lässt das gemeinsame Lesen und Bearbeiten von Korrespondenz zu.

In **geteilten Dokumenten** können beide Partner:innen arbeiten und stets den aktuellen Stand einsehen. Die meisten Dokumente erlauben auch die Nachverfolgung, also das Kenntlichmachen, was wer zuletzt geändert hat. Diese Transparenz hilft in der Zusammenarbeit und beispielsweise in der gemeinsamen Erarbeitung von Unterlagen, Präsentationen oder Tabellen. Kommentarfunktionen oder integrierte Chatfunktionen erlauben den Austausch und das gegenseitige Feedback zu konkreten Inhalten in einem Dokument.

Für viele Tandems ist darüber hinaus ein **geteiltes Notizbuch und eine Aufgabenliste** das Herzstück ihrer Arbeit (s. Schulterblick 6). Dies zeigt sich auch in allen Interviews dieses Buches. Ausnahmslos alle Tandems nutzen ein gemeinsames Ablagesystem und nennen es als eine der Grundvoraussetzungen, um gut miteinander arbeiten zu können. Für geteilte Notizen (zum Beispiel in Microsoft OneNote) empfiehlt sich die Erarbeitung einer Struktur aus Oberkategorie (z.B. Thema/Ziel), Kategorie oder Abschnitt (z.B. Projekt) und fortlaufender Dokumentation beispielsweise auf Seiten (z.B. je Termin). Die gemeinsamen Notizen sollten bestmöglich einer einheitlichen Struktur folgen, zum Beispiel

- Datum, Teilnehmende
- Inhalt
- Entscheidung, To-Do

Durch eine klare Struktur, Wiedererkennbarkeit und schnelles Finden von Unterlagen und Entscheidungen hat das Tandem keine Nachteile im Vergleich zu einer Einzelperson. Im Gegenteil: Erfahrene Co-Leader:innen berichten, dass die Arbeit im Jobsharing sie zu mehr Disziplin in der Dokumentation und Organisation antreibt.

Viele Menschen arbeiten mit **digitalen Boards** (z.B. Mural, Miro, Kanban). Auch diese können zur Kommunikation und gemeinsamen Erarbeitung und Bearbeitung genutzt werden. Neben einer Dokumentation stehen hier insbesondere die Kreativität und das gemeinsame Erschaffen von Ideen, Konzepten und Projekten im Vordergrund. Digitale Boards sind ebenfalls durch die cloudbasierte Lösung jederzeit und von überall einseh- und bearbeitbar. Gleiches gilt für weitere **digitale Apps**, die zum Beispiel auch gemeinsame Bearbeitung, Transparenz und Zuweisung von Aufgaben und To-Dos genutzt werden (z.B. Wonderlist, Microsoft to do).

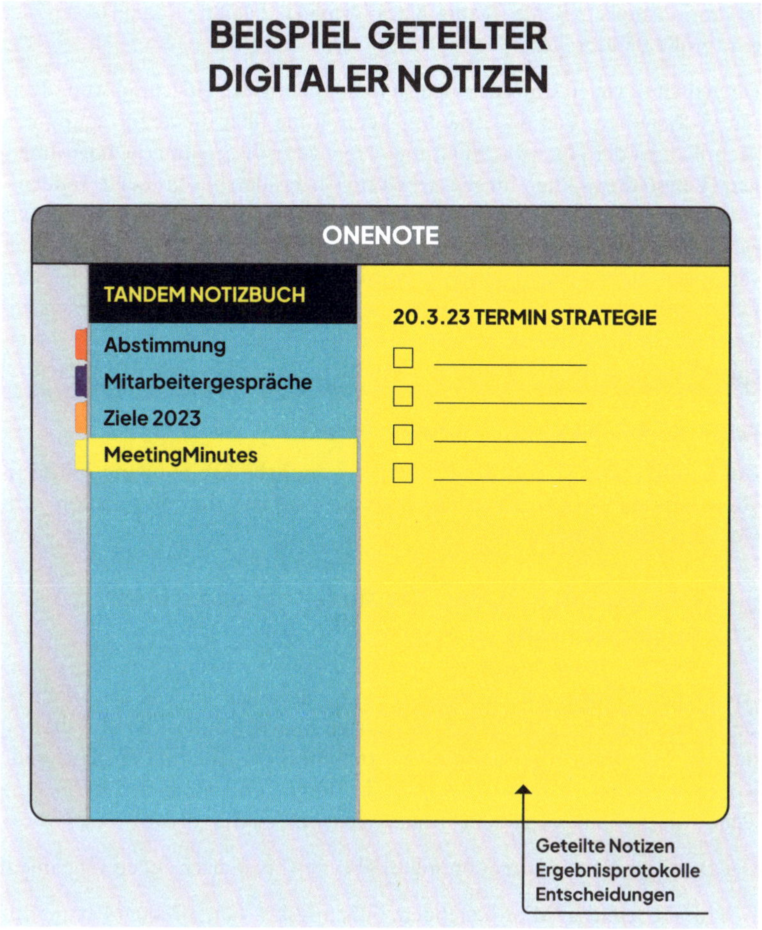

Schulterblick 6: *Beispiel geteilter digitaler Notizen*

Digitale Technologien unterstützen darüber hinaus insbesondere auch die **reibungslose Kommunikation** über digitale Kanäle. Kommunikation kann grundsätzlich in synchrone und asynchrone Kommunikation unterteilt werden. Synchrone Kommunikation findet in einem persönlichen Gespräch oder Telefonat statt – beide Gesprächsteilnehmer:innen sind gleichzeitig involviert. Asynchrone Kommunikation ist im Unterschied dazu nicht gleichzeitig. Sie erlaubt, dass jede:r Partner:in zu einer Zeit ergänzt, kommentiert, antwortet o.ä., zu der es ihm/ihr am besten passt. Asynchrone Kommunikation hilft entsprechend bei flexiblen Modellen den Informationsfluss aufrechtzuerhalten, auch wenn beide Kommunikationspartner:innen nicht parallel arbeiten. Asynchrone Kommunikation kann über geteilte Dokumente, Kommentare, Text- und Sprachnachrichten in Chats, Kurznachrichtendiensten oder Kollaborationstools (z.B. MS-Teams, Slack) erfolgen. Digitale Kanäle bieten hier eine große Bandbreite.

Die Arbeit in vielen Unternehmen ist in der heutigen Zeit geprägt von diversen IT-Systemen. Von der Urlaubsgenehmigung über die Beantragung von Technik oder der Finanzbuchhaltung. Zugänge zu diesen **unternehmensinternen IT-Systemen** sollten für die Arbeit im Co-Leadership für beide Tandempartner:innen beantragt werden und verfügbar sein. Ein Blick in die Praxis zeigt jedoch oft, dass einige dieser Systeme nicht über diese nötige Flexibilität verfügen und zum Beispiel das Stammdatensystem nur von einer Person/Führungskraft verwaltet werden können. Wir empfehlen ein Gespräch mit der internen IT-Abteilung, um Möglichkeiten, Zugangskonzepte, Sicherheitseinstellungen usw. zu besprechen und differenzierte Lösungen zu suchen.

Feld 6: Kommunikation – intern und extern

Kommunikation ist eine kontinuierliche Aufgabe für Führungskräfte in Unternehmen. Wir konzentrieren uns hier auf die Kommunikation zum Co-Leadership-Modell.

☞ **Erfolgskritisch ist, dass das Modell gut und schnell verstanden wird.**

Anfängliche Skepsis und Fragezeichen im relevanten Umfeld des Tandems sind dabei ganz normal, da für die meisten Menschen diese Art Jobsharing neu ist. Eine eindeutige, unkomplizierte, übersichtliche und ansprechende Kommunikation ist hier der Schlüssel. Einige Tandems bauen dafür eine eigene Marke – auch „personal brand" genannt – auf.

Der Detailgrad der Information sollte dabei von innen nach außen abnehmen:

Der innere Kreis an Mitarbeitenden, Führungskräften, direkten Partner:innen usw. sollte relativ viele Details zum Tandemmodell erhalten. So sind hier alle Facetten des Operating Modell relevant: Erreichbarkeit, Aufteilung, Kanäle usw.

Ein persönliches Onboarding ist empfehlenswert, zum Beispiel bei der Übernahme einer neuen Rolle, dem Kennenlernen eines neuen Teams oder dem Kontakt zu neuen Partner:innen. Das Tandemmodell kann entsprechend Teil des Onboardings neuer Kolleg:innen sein. Wenn die Informationen zum Operating Model an einer zentralen Stelle (digital) liegen, kann per Link schnell und einfach darauf verwiesen werden.

Für den äußeren Kreis an Kontakten dagegen ist ein allgemeiner Überblick zum Co-Leadership-Modell ausreichend, zum Beispiel ein Hinweis auf die gemeinsame E-Mail-Adresse.

Einige Tandems machen gute Erfahrungen mit Terminen, die sie im Unternehmen anbieten, um über das Modell zu berichten. Dafür können teilweise bestehende Formate (z.B. Wissensformate, Austausch-Termine, Lerncafés) genutzt werden sowie gesonderte Angebote (z.B. Kennenlerntermin Tandem; „meet us…“, Jobsharing-Sprechstunde) ausgesprochen werden, bei denen relevante und interessierte Kolleg:innen mit ihren Fragen kommen können.

Für die Kommunikation, Bekanntheit und Zuordnung des Tandems sind außerdem sichtbare Zeichen relevant. In vielen Unternehmen ist dies beispielsweise das interne Organigramm, Managementportal, Adressbuch, einem internen Social Intranet oder die Signatur. Es ist relevant, dass beide Tandempartner:innen hier sichtbar sind sowie zusätzlich aufeinander referenzieren, zum Beispiel durch die Ergänzung im Jobtitel „Head of xy in Co-Leadership mit xy“. Auch ein gemeinsames Foto in gängigen unternehmensinternen (HR-)Systemen kann für die Kommunikation hilfreich sein. Solche Zeichen tragen zur Sichtbarkeit und Wahrnehmung des Tandems als Einheit bei.

Gerade weil Co-Leadership in vielen Unternehmen noch neu ist, gibt es Interesse von Personalabteilung, Betriebsräten oder potenziellen Co-Leader:innen. Wir empfehlen daher, sehr offen Informationen zu teilen, dem Modell „zwei Gesichter“ zu geben und für Rückfragen zur Verfügung zu stehen. Je mehr über neue flexible Modelle gesprochen wird, desto mehr Sorgen und Skepsis können genommen werden. Eine offene und transparente Kommunikation ist der Schlüssel dazu.

Weitere Tipps für die Gestaltung von Co-Leadership:

- Gemeinsame Ziele vereinbaren
  In einer Doppelspitze solltet ihr unbedingt einheitliche, also gemeinsame Ziele mit dem/der Vorgesetzten vereinbaren. Manchen mag das im ersten Moment komisch erscheinen, aber als Tandem nehmt ihr eine gemeinsame Rolle wahr, bei der klar sein muss, dass ihr gemeinsam bewertet werdet.
- Coaching einplanen
  Egal, ob ihr euch als Tandem bereits kennt oder neu als Tandem zusammenkommt, solltet ihr euch unbedingt von einem/einer Coach begleiten lassen! Ein Coach wird das Tandem unterstützen, die jeweiligen Stärken herauszuarbeiten und Themen zu besprechen, bevor sie zu Problemen werden. Vor allem bei der Reflektion auf Metaebene und in der Kommunikation miteinander kann der Coach helfen, besser zu werden.
- Das Operating Model öffentlich machen
  Überlegt euch als Team klare Regeln für das Setup! Im besten Fall hat das neue Tandem die Regeln schon vor der Übernahme der neuen Rolle festgelegt. Wenn nicht, sollte das eines der ersten

Dinge sein, die ihr in der neuen Rolle angeht. Klare Regeln braucht ihr als Tandem sowohl für euch selbst als auch für das Umfeld. Eine klare Struktur mit Verantwortungsbereichen, Erreichbarkeit etc. ist essentiell für einen erfolgreichen Start im Co-Leadership. Deshalb empfehlen wir die stringente und offene Kommunikation des Operating Models über gängige Kanäle und Formate, z.B. eine Standard-Präsentation, die immer wieder geteilt werden kann. Gerne kann die Transparenz auch mit einem teamübergreifenden „Kennenlernen" des Tandems verbunden werden.

Im nächsten Kapitel geben 10 Tandems im Interview Auskunft, wie sie ihr Co-Leadership in der Praxis für sich gestaltet haben.

Take Away: Erarbeitung einer Struktur nach den sechs Feldern der Tandemarbeit

- *Feld 1 Werte und Mindset:*
  Die Basis einer funktionierenden Tandemstruktur sind gemeinsam getragene Werte und ein ähnliches Mindset. Offenheit, sich zu diesen – teilweise persönlichen – Themen auszutauschen und sich als Tandem gut kennenzulernen, sind Grundvoraussetzungen.
- *Feld 2 Ich/individuell:*
  Das Wissen um die eigenen Stärken und Kompetenzen hilft, das Tandem erfolgreich aufzustellen, voneinander zu lernen und sich aufzuteilen. Dabei sollten die Stärken nicht zu stark überlappen sondern komplementär sein, also sich ergänzen, ohne sich zu widersprechen.
- *Feld 3 Wir/Tandem:*
  Damit aus zwei Individuen ein leistungsstarkes Tandem wird, gilt es, das „Wir" zu formen. Dabei stehen eine gemeinsame Vision, ein gemeinsames Führungsverständnis, sowie die Bearbeitung der Beziehung untereinander, inklusive Konfliktbearbeitung, im Zentrum.
- *Feld 4 Struktur und Modell:*
  Die Struktur oder das Operating Model sind das Herzstück der Tandemarbeit. Es lohnt sich, Zeit und Energie in die Startkonfiguration zu investieren. Gleichzeitig wird sich das Modell im Laufe der Tandemarbeit weiterentwickeln und sollte anpassungsfähig sein. Eckdaten sind die Erreichbarkeit, die Aufteilung untereinander, die Kommunikation miteinander einschließlich Übergaben sowie Regeln und Prozesse für relevante Abläufe und Aufgaben.
- *Feld 5 Technik und Tools:*
  Digitale Tools sind für die Tandemarbeit sehr hilfreich, weil sie paralleles Arbeiten und eine stetige Synchronisation von Informationen ermögli-

chen. Zu klären sind: IT-System/Tool, Speicherort, Kanal (Kollaborationstool, Chat, Board, E-Mail usw.) sowie Modus (Text, Sprachnachricht usw.).

- *Feld 6 Kommunikation – intern und extern:*
  Informationen zum Co-Leadership-Modell sind essentiell, um Akzeptanz und Orientierung zu schaffen. Dabei benötigt der innere Kreis (Führungskraft, Mitarbeitende) mehr Detailinformationen als das entferntere Umfeld (weitere Stakeholder:innen). Das Modell sollte nach außen möglichst einfach und klar kommuniziert werden, die Komplexität (Kommunikation, Übergaben) liegt allein beim Tandem.

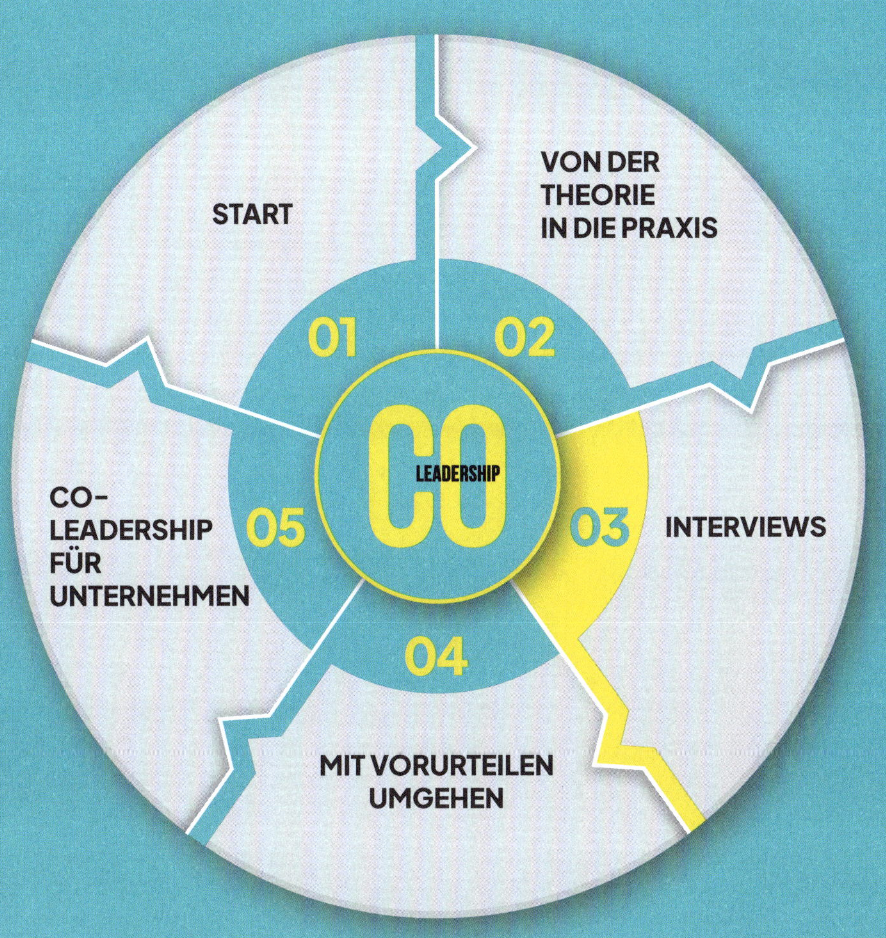

03 **INTERVIEWS** – GELEBTES CO-LEADERSHIP

Einblick und Überblick der verschiedenen Tandems vor den Interviews

„Die gemeinsamen Werte müssen stimmen, aber man sollte stärkenorientiert agieren […] zusammen ist man immer stärker als alleine."

Lars Bohlmann

Lars Bohlmann & André Eckholt

Tandem 2020–2022

Wissen-Retention-Tandem

50 % & 50 %

mit Personalverantwortung

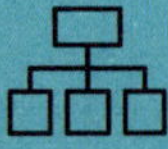

Möbelindustrie

Geschäftsführung

Co-Geschäftsführer über Grenzen hinweg:

Lars und André kamen beide aus verantwortlichen Bereichen bei Hettich – Lars als Leiter HR, Andre als Co-Geschäftsführer des Produktionswerks in Tschechien. Als sich 2019 die Möglichkeit ergab, die Geschäftsführung der Hettich Management Services GmbH zu übernehmen, saßen die beiden bei Pizza und Bier zusammen und beschlossen, sich gemeinsam auf die Rolle des Geschäftsführers zu bewerben. Nicht nur, dass die beiden sich in Co-Leadership beworben haben, diese Rolle wurde darüber hinaus öffentlich in der Gruppe vergeben und von den Kolleg:innen gewählt.
Lars und André haben ihre alten Rollen behalten und führten die Geschäftsführerrolle von Anfang 2020 bis Mitte 2022 mit jeweils 50 % im Tandem aus – und das erfolgreich über Ländergrenzen hinweg und mitten durch die Corona Pandemie.

Co-Geschäftsführer
Hettich Management Services GmbH

Vorstellung Lars

Lars Bohlmann hat bereits seine Ausbildung zum Industriekaufmann bei Hettich absolviert. Nach seinem Wirtschaftsrecht-Studium und einer Zeit bei Bertelsmann ist er 2012 wieder in die Hettich Gruppe zurückgekehrt. Die Hettich Gruppe mit über 8000 Kolleg:innen ist einer der größten Hersteller von Möbelbeschlägen weltweit. Im Rahmen seiner heutigen Rolle als Geschäftsführer für zwei Servicegesellschaften in der Hettich Gruppe verantwortet er verschiedene Bereiche wie zum Beispiel HR, IT, Buchhaltung, Facility Management, Musterbau, Aus- und Weiterbildung. Diese Rolle als Geschäftsführer nimmt er in geteilter Führung war. Zu Beginn seiner beruflichen Laufbahn hat er vielfältige Erfahrungen in operativen und strategischen Personalthemen sammeln können. In den letzten Jahren konnte er seine Begeisterung für New Work und Netzwerkorganisation entfalten und gemeinsam mit seinen Teams die Hettich Organisation strukturell und kulturell weiterentwickeln.

Vorstellung André

André Eckholt hat Maschinenbau studiert und ist nun seit mehr als 13 Jahren in der Hettich Gruppe tätig. Nach einem Einstieg als Trainee war er als Projektmanager und Produktcenterleiter für verschiedene Bereiche in der Fertigung verantwortlich. Seit 2016 ist er in der Hettich Gruppe als Geschäftsführer tätig – im Co-Leadership für den Produktionsstandort in Tschechien und gemeinsam mit Lars in der Verantwortung für die Servicegesellschaft in der Hettich Gruppe. Im Jahr 2022 ist André beruflich nach Indien zurückgekehrt. Dort hat er in 2013/2014 einen Produktionsstandort mit aufgebaut und verantwortet seit 2022 die Länderorganisation mit Vertrieb, Produktion und Verwaltung. Die Zusammenarbeit in Netzwerken, Internationalität sowie die Entwicklung von Organisationsstrukturen und Unternehmenskulturen hat er in seinen verschiedenen Rollen aktiv gestaltet und in den Fokus gestellt.

Co-Geschäftsführer
Hettich Management Services GmbH

3 Interviews – Gelebtes Co-Leadership

3.1 Co-Geschäftsführer über Grenzen hinweg: Lars Bohlmann und André Eckholt (Hettich Management Services)

Wie haben Andre und du Jobsharing gelebt? Wie war euer Modell?

Lars:

Wir haben beide 50 % unserer Zeit in den Geschäftsführertopf geworfen, d.h. wir beide waren zu jeweils 50 % Geschäftsführer der Hettich Group und die anderen 50 % haben wir in einer anderen Rolle verbracht.

Als Co-Geschäftsführer war Anfang 2020 die Idee, dass André alle 4–6 Wochen vor Ort ist, wir gemeinsam an den Themen arbeiten und wir in der Woche, in der er vor Ort ist, wichtige Meetings legen, die wir physisch machen wollen. Ab April 2020 war dank der Pandemie der Plan komplett hinüber, denn man durfte überhaupt nicht mehr von Tschechien nach Deutschland reisen. Die Realität war dann, dass wir uns in diesen zwei Jahren maximal sechs Mal in Deutschland gesehen haben. D.h. Wir haben unser Co-Leadership-Modell komplett virtuell gelebt.

Außerdem haben wir uns stärkenorientiert aufgeteilt, André kommt aus dem Maschinenbau und der Produktion, war also sehr technisch unterwegs, ich als Wirtschaftsjurist bin im HR groß geworden. Das heißt, wir kamen aus komplett unterschiedlichen fachlichen Perspektiven und konnten mit einem gemeinsamen Wertegerüst als Fundament unsere gemeinsame Richtung entwickeln. Für strategische Themen wollten wir beide stehen und zum Beispiel die Themen Führung und Kultur gemeinsam voranbringen. Bei anderen Themen haben wir uns aufgeteilt, allerdings nicht unbedingt fachlich, also Andre macht alles technische, ich alles kaufmännische, sondern wir haben zusätzlich überlegt, zu welcher Stakeholdergruppe und zu welchem Thema welche Persönlichkeit passt. Wir haben bewusst mit unseren Stärken gespielt und uns nicht rein nach fachlicher Expertise aufgeteilt.

Das ist, finde ich, auch ein guter Tipp für andere Führungstandems: Bewusst die Sozialkomponenten nutzen. Was bringst du rein, wie kannst du Stärken gut verzahnen und wie kannst du sie auch gut in deinem Umfeld nutzen? Sich das bewusst zu machen, kann eine tolle Ergänzung neben der fachlichen Expertise sein.

Du bist ja mittlerweile im zweiten Tandem. Gibt es etwas, was du rückblickend anders machen würdest?

Lars:

Am Anfang waren wir in zu vielen Themen gemeinsam. Wir waren am Anfang wenig fokussiert und sind in viele Themen zusammen gegangen. Das hat natürlich viele Ressourcen gekostet. Da hätten wir schneller ein klares Bild für uns entwickeln sollen, wer in welche Themen geht. Wie gesagt, bei den strategischen Themen fand ich es wichtig, dass wir gemeinsam hingehen, aber bei den anderen Themen hätten wir uns schneller fokussieren und uns die Arbeit stärkenorientiert aufteilen können.

Das habe ich mit meinem neuen Co-Lead direkt besprochen, wie wir unsere Persönlichkeiten und Stärken gut einbringen können, ohne unsere Ressourcen zu überlasten. Und trotz aller Aufteilung, sollte man darauf achten, dass beide eine gute Basis mit allen Kolleg:innen haben. Es muss ok sein, wenn man zum Beispiel abwechselnd in einem Thema oder Meeting erscheint – das darf keine Irritationen hervorrufen, sondern muss für die Kolleg:innen einfach normal sein.

Warum hast du dich dafür entschieden, weiter im Tandem zu arbeiten und dir bewusst einen neuen Tandempartner gesucht?

Lars:

Ich habe mich dafür entschieden, weil man sich zu zweit strategisch austauschen kann, man kann seine Stärken nutzen – das fällt weg, wenn du es alleine machst. Auf der anderen Seite kannst du im Co-Leadership auch deinen Stärken und Interessen folgen und in die Organisation einbringen, wo sie benötigt werden. D.h. man kann sich da entwickeln, wo man richtig stark ist. Wenn du alleine bist, schaffst du das ressourcenmäßig gar nicht.

Außerdem glaube ich, dass man gemeinsam die Organisation besser voranbringen und das Paket, das man übernimmt, im Zweifelsfall zu zweit auch etwas größer ausfallen kann. Und es macht viel mehr Spaß, wenn man einen Tandempartner hat, mit dem man die Themen gemeinsam entwickeln kann!

Wie hast du jemanden gesucht und auf was hast du Wert gelegt?

Lars:

Wir haben intern eine Ausschreibung gemacht, weil wir wissen wollten, wer sich bewirbt.

Am Anfang war André ja schon drei Jahre in der Geschäftsführungsrolle und ich kam neu dazu, jetzt war ich zwei Jahre in der Rolle und habe mir jemanden gesucht. Natürlich gab es dann erstmal die offiziellen Interviews und dann war es mir aber auch wichtig, dass man sich nochmal bei einem Kaffee zu zweit zusammensetzt, um sicherzugehen, dass es auf einer persönlichen Ebene und von den Werten her passt. Für mich war es wichtig, dass es nicht nur fachlich passt, sondern dass die Zusammenarbeit funktionieren kann.

Was bedeutet es, sich einen Job zu teilen – aus deiner Perspektive und aus der Perspektive des Arbeitgebers?

Lars:

Aus persönlicher Perspektive glaube ich ganz stark daran, dass man sich so bestmöglich entwickeln kann. Ich habe immer einen Sparringspartner und einen Coach an meiner Seite, und ich glaube, dass man dadurch in einem Co-Leadership immens viel lernen und gemeinsam wachsen kann.

Für die Organisation bzw. das Unternehmen denke ich, dass es ein klarer Vorteil ist, wenn man in einem Co-Leadership die verschiedenen Stärken ineinander verzahnen kann und damit die Führung auf breitere Beine gestellt wird. Das macht ein solches Modell viel attraktiver für Unternehmen, weil man ausgewogene Entscheidungen bekommt, sowohl auf operativer als auch auf strategischer Ebene.

Wie können Unternehmen die Tandems toolseitig und mit ihren Personalabteilungen unterstützen?

Lars:

Erstens durch die Offenheit im Recruiting: Wie geben wir unseren internen Kolleg:innen eine Chance? Man kann zum Beispiel jüngere Kolleg:innen in verantwortungsvolle Positionen ziehen, mit einem Junior-Senior-Tandem oder, wie in meinem Fall, mit einem Wissen-Retention-Tandem, wo eine Person bereits Erfahrung in einer Rolle hat und eine zweite Person nachgezogen wird. Dafür braucht es die Offenheit im Recruiting und generell in den Unternehmen die Stelle mit der Möglichkeit auszuschreiben, sie in Co-Leadership auszuführen.

Zweitens müssen Unternehmen die Tandems dann auch auf ihrer Reise unterstützen. Braucht das Tandem am Anfang noch ein Coaching oder eine Teambuilding-Maßnahme? Was braucht es, um zusammenzuwachsen in den ersten Wochen und Monaten? Da ist es sehr wichtig, dass HR da an der Seite der Tandems ist.

Deshalb sind es für mich die zwei Themen – die Flexibilität und die Offenheit der Unternehmen und dann die Unterstützung der Tandems in ihrem Co-Leadership-Modell.

Welche Stolpersteine gab und gibt es für euch als Tandem und gibt es vielleicht Trade Offs, die ihr in Kauf nehmt?

Lars:

Stolpersteine hast du immer im unternehmerischen Kontext. Ich denke, am Anfang ist es deshalb wichtig, Klarheit und Transparenz zu geben im und über das Tandem. Wie wollen wir führen, wo sind wir gemeinsam, wo gehen wir nicht gemeinsam rein? Wer ist der operative Ansprechpartner, etc.? Diese Transparenz und Klarheit ist wichtig für einen selbst als Tandem, aber auch für die Stakeholder:innen. Ansonsten kann es schnell zu Verwirrungen kommen, die dann zu Stolpersteinen werden können. Deshalb sollte man am Anfang auch Zeit investieren, um diese Struktur aufzusetzen und zu kommunizieren. Das merke ich auch jetzt mit meinem zweiten Tandempartner, dass das ein essentieller Teil ist, den man beachten muss.

Was war in den letzten drei Jahren im Co-Leadership eure größte Herausforderung?

Lars:

Für uns war tatsächlich die größte Herausforderung unsere Arbeit im Co-Leadership, bedingt durch die Corona Pandemie, komplett virtuell aufsetzen zu müssen. Wir hatten genau zwei physische Meetings, danach war es nicht mehr möglich, sich vor Ort zu sehen. Das hat damals auch unser ganzes Konzept über den Haufen geworfen und wir waren uns tatsächlich nicht sicher, ob das überhaupt möglich ist. Also zum Einen als Geschäftsführer im Co-Leadership anzutreten und dann auch noch rein virtuell und in verschiedenen Ländern. Wir haben damals wirklich überlegt, ob wir diese Idee dann nicht wieder verwerfen sollen. Aber wir wollten es versuchen und es hat ja auch gut geklappt!

Kannst du da einen Tipp geben, wie Co-Leadership virtuell und über Landesgrenzen hinweg funktionieren kann?

Lars:

Ich glaube, was immer wichtig ist, ist eine gute Vertrauensbasis untereinander aufzubauen. Das haben André und ich Gott sei Dank in den wenigen physischen Meetings, die wir vor Corona hatten, geschafft. Und wenn du diese Vertrauensbasis hast, dann kannst du darauf auch virtuell weiter aufbauen. Auch unser Team hatte die Möglichkeit, André zumindest bei zwei Meetings vor Ort kennenzulernen. Und in Corona haben wir dann bewusst Formate geschaffen, wo wir gemeinsam virtuell mit unserem Team zusammengekommen sind, auch wenn es vielleicht einfacher gewesen wäre, dass ich vor Ort mit den Kolleg:innen bei einem Kaffee das ein oder andere Thema bespreche. Das wollten wir aber nicht, sondern haben uns bewusst für andere Settings entschieden. Und da hat uns Corona wiederum geholfen, denn es war ja alles virtuell und dementsprechend hat es keinen Unterschied gemacht, dass André in Tschechien saß. Denn alle waren ja im virtuellen Raum unterwegs.

„Jobsharing bedeutet für mich…"

„… persönliche Weiterentwicklung! Oder einfach nur Spaß!"

„Ich habe lange anders gearbeitet. Da ging es um Alleinstellung, man hat Informationen eher für sich behalten. Gerade beim Jobsharing geht es aber anders, aus meiner Sicht haben wir hier das 'Highlander Prinzip' überwunden.“

Carola Garbe

Carola Garbe & Catherine-Marie Koffnit

2018; gemeinsamer Jobwechsel 2021

Diversity Tandem

60 % & 60 %

mit Personalverantwortung

Mobilität und Logistik

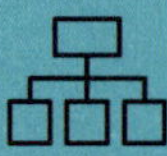
Abteilungsleitung

Schon 2018 haben Carola und Catherine ihre Arbeit als Tandem gestartet – damals ein echtes Novum im DB Konzern. Als Leitung HR Management der DB Netz AG in einer Führungsrolle im operativ geprägten Geschäftsfeld noch eine Besonderheit. So haben beide den Weg geebnet für geteilte Führung, denn sie sind Ratgeberinnen und Sparringspartnerinnen für Jobsharing-Interessierte in- und außerhalb des Konzerns und damit überzeugende Vorbilder. Mittlerweile sind beide als Ombudsfrauen der DB tätig und zeigen auch, wie ein Jobwechsel als Tandem funktionieren kann.

Ombudsfrauen des DB Konzerns
Deutsche Bahn AG

Vorstellung Carola & Catherine-Marie

Carola Garbe, Wirtschaftsingenieurin, seit 43 Jahren und Catherine-Marie Koffnit, Juristin, seit 15 Jahren bei der DB AG in unterschiedlichen HR-Funktionen tätig.

Gemeinsam von 2018–2021 Leiterinnen HR Management im Jobsharing für die Region Ost der DB Netz AG.

Seit 2021 im Jobsharing Ombudsfrauen des DB Konzerns.

In ihrer freien Zeit beraten und coachen sie Menschen, insbesondere im Jobsharing und mediieren in Konfliktfällen.

Ombudsfrauen des DB Konzerns
Deutsche Bahn AG

3.2 Jobsharing-Vorreiterinnen: Carola Garbe und Catherine Koffnit (Deutsche Bahn)

Warum habt ihr euch für Jobsharing entschieden? Was war euer Beweggrund?

Carola:

Wir wollten mehr Zeit haben für Dinge, die auch außerhalb unserer Arbeit liegen.

Catherine:

Die Aufgaben als Führungskraft sind meist sehr intensiv und beinhalten oft auch viele Dienstreisen, viele Termine und wenig zeitliche Flexibilität. Dabei bleibt man selbst manchmal ein bisschen „auf der Strecke“ – hier wollten wir etwas ändern und neue Wege gehen.

Und wie kam es dann genau dazu?

Carola:

Das war im Dezember 2016, als wir anfingen über unsere Wünsche und Ideen zu sprechen. Ich hatte damals die Leitung HR bei DB Netz in der Region Ost allein inne, Kati war bei mir im Team und meine Stellvertreterin. Wir haben über viele Varianten nachgedacht, zum Beispiel Teilzeit, denn das Wort „Jobsharing“ kannten wir damals noch nicht.

Catherine:

Dann kam die Idee, dass wir uns eine Stelle teilen könnten. Damals haben wir klassisch recherchiert, gegoogelt und darüber andere Jobsharer:innen kontaktiert. Wir haben gefragt und diskutiert: Wie kann es auch für das Unternehmen sinnvoll sein? Denn uns war klar, dass wir zuerst unsere Chefin überzeugen mussten.

Carola:

Zum Glück ist die Jobsharing Community sehr hilfsbereit und offen. Das Teilen von Erfahrungen und Tipps war in meiner Arbeitswelt nicht immer üblich; ich habe lange anders gearbeitet. Da ging es um Alleinstellung, man musste etwas Besonderes sein und da wurden Informationen und Erfahrungen eher für sich behalten. Gerade beim Jobsharing geht es aber anders, aus meiner Sicht haben wir hier das „Highlander Prinzip“ überwunden.

Warum glaubt ihr, dass in der Jobsharing Community Teilen und Unterstützen so gut funktioniert?

Catherine:

Da gab es aus meiner Sicht in den letzten Jahren viel Veränderung und Umdenken: Wo früher „eigenes" Wissen Macht bedeutete, zählt heute die Schwarmintelligenz. Gleichzeitig beweisen wir Jobsharer:innen, dass wir zusammen mehr erreichen können als allein. Diese Überzeugung liegt uns inne und so haben wir damals viel Unterstützung erfahren, die wir wiederum heute gern weitergeben.

Wie lebt ihr Jobsharing? Was ist euer Modell?

Catherine:

Bei der Erarbeitung unseres Modells waren wir auf der Suche nach viel freier Zeit am Stück. So arbeiten wir abwechselnd wochenweise – eine Woche Carola, die nächste Woche ich. Montags ist unser Überschneidungstag für Übergaben. Unsere Aufteilung ist also nicht nach Themen oder Mitarbeitern, sondern nach Wochen. In dieser Zeit sind wir dann jeweils komplett verantwortlich.

Carola:

Wenn ich zurückdenke, kann ich sagen: Die ersten drei Monate waren schwierig. Nach Jahren der „Allein-Arbeit" musste ich mich umgewöhnen. Da habe ich anfangs oft gedacht: „Hoffentlich weiß ich alles?", „Hoffentlich denkt sie an alles!".

Catherine:

Eine zweite Herausforderung war, dass kein Blatt zwischen uns kommen sollte. Wir wollen als Einheit wahrgenommen werden und quasi eine Entpersonalisierung der Funktion herbeiführen. Egal, welche von beiden in der Woche da war, sie sollte uneingeschränkt die Position von beiden vertreten. Unter uns haben wir natürlich andere Meinungen diskutiert, nach außen war uns wichtig, dass es nicht hieß „die sind sich nicht einig".

Carola:

Die Lösung lag für uns dann darin, offen mit diesen Themen umzugehen. Wir haben viel miteinander gesprochen und unser Team an unserer Entscheidungsentwicklung beteiligt, aber auch unser Team gefragt. Zu Beginn haben wir ein anonymes Feedback-Tool genutzt und alle drei Wochen drei bis vier Fragen an unsere Mitarbeitenden gestellt. Auf die anonym gestellten Fragen der Kolleg:innen konnten wir über das Tool Antworten geben und haben gleichzeitig viel gelernt. Sowohl für unsere Tandemarbeit als auch für unseren Strategieprozess und die Teamarbeit.

Mittlerweile seid ihr innerhalb des DB Konzerns gewechselt und habt euch als Tandem in einen neuen Bereich entwickelt: ihr seid die Ombudsfrauen des Konzerns. Hat sich durch den Wechsel etwas in eurem Modell verändert?

Carola:

Wir entwickeln unser Modell weiter, denn die neue Rolle hat natürlich neue Anforderungen. Grundsätzlich konnten wir aber an unserer Wochenaufteilung festhalten. Wir haben zum Beispiel geprüft, ob sich ein anderer Übergabetag eignet – sind nach der Betrachtung aber bei dem Bewährten geblieben.

Catherine:

Als Ombudsfrauen betreuen wir einzelne Fälle. Dabei ist uns „one face to the customer" wichtig. Also wechseln wir nicht als Ansprechpartnerinnen innerhalb eines Falls. Wenn ein neuer Fall aufkommt, übernimmt ihn die Tandempartnerin, deren Woche es ist. Folgetermine finden einfach in der nächsten Einsatzwoche statt. Das funktioniert sehr gut. In besonderen Situationen sind wir aber auch flexibel und machen einen Sondertermin in der freien Woche.

Wie gestaltet ihr eure Übergabe?

Catherine:

Durch den Wechsel unserer Rolle hat sich das verändert. Früher war es noch umfangreicher – mittlerweile investieren wir montags rund drei Stunden in Übergabe und Abstimmung. Außerdem haben wir einen gemeinsamen Termin mit unserer Assistentin und besprechen den Kalender und anstehende Termine und einen gemeinsamen Jour Fixe mit dem Team.

Carola:

Wir sprechen in unseren Rücksprachen über alle Facetten – auch über „soziale Themen", Stimmungen und Dinge, die man nicht in eine Übergabe-E-Mail packen würde. Unter dem Motto „Montagsfrauen" treffen wir uns außerdem abends bei einem Glas Wein und haben Zeit für Gespräche.

Welche Vor- und Nachteile habt ihr erlebt?

Carola:

Für mich sind insbesondere drei Vorteile entscheidend:

1: Wir haben unseren eigenen Coach an der Seite

2: Ich empfinde meine Arbeitszeit als ideal

3: Die Funktion ist resilient besetzt

Mit Resilienz in der Funktion meine ich eine Risikoreduktion bei Ausfall, denn das Wissen ist geteilt, zum Beispiel zu Projekten, aber auch zu Kontakten und dem nötigen Netzwerk. Nachteile sehe ich kaum. Man muss aber natürlich ausweisen, dass die Kosten leicht höher sind und zu Beginn der Aufwand steigt.

Catherine:

Wichtig ist uns auch ein weiterer Aspekt – wir leben Kooperative Führung vor, das „färbt" auf das Team ab. Deshalb sehen wir vor allem die Vorteile des Modells und denken, dass Jobsharing in jeder Funktion, wenn auch nicht mit jedem Menschen möglich ist.

Was würdet ihr rückblickend anders machen? Was habt ihr gelernt?

Carola:

Rückblickend hätten wir am Anfang noch selbstbewusster auftreten können.

Catherine:

Das sehe ich tatsächlich anders – ich denke wir haben das der Situation entsprechend richtig gemacht.

Wie schaut ihr auf das Thema Karriere in Bezug zum Jobsharing?

Carola:

Im Jobsharing arbeiten die Partner:innen in Teilzeit. Hier gibt es immer den Verdacht bzw. das Risiko der „Teilzeitbremse", die schädlich für eine Karriere sein kann – aber nicht muss.

Catherine:

Das Risiko sehe ich auch, denn Teilzeit wird in manchen Umfeldern immer noch negativ gesehen. Ich bin der Überzeugung, dass Unternehmen mehr möglich machen sollten, um Kultur – zum Beispiel Präsenzkultur – und Führung weiterzuentwickeln. Jobsharing kann hilfreich sein, weil die Position bzw. die Rolle voll besetzt ist.

Was für Tipps könnt ihr weitergeben?

Catherine:

Aus meiner Sicht sollte viel Aufmerksamkeit auf die Kommunikation zum Jobsharingmodell gelegt werden: Wann ist das Tandem im Sharing, wann in Einzelthemen? Wie ist die Abgrenzung? Es muss ganz klar sein, wer wann erreichbar ist.

Carola:

Es empfiehlt sich ein Standard-Chartsatz zu allen Spielregeln. Wir haben diesen anfangs mit allen Stakeholdern:innen geteilt, mit denen wir zusammenarbeiten. Man darf nicht unterschätzen, dass für viele Unternehmen und Kolleg:innen das Thema Jobsharing neu ist. Außerdem gibt es keine Blaupause, sondern individuelle Lösungen müssen gesucht und kommuniziert werden.

Ein weiterer Hingucker ist das Thema „Auseinandergehen“. Wie in einer Ehe sollten sich die Partner:innen schon anfangs dazu austauschen, wie sie damit umgehen, wenn es für eine:n zum Beispiel in eine neue Richtung gehen soll. Vertrauen ist zentral für ein Tandem.

„Jobsharing bedeutet für uns…"

„…dass wir einen Teil unseres Lebens extrem selbstbestimmt leben und trotzdem Führungsverantwortung übernehmen können."

„Wie bekommt man ein 360-Grad-Thinking hin, wenn ich keinen habe, der mich in Frage stellt? Das schafft man nur mit Co-Leadership.“

Thomas Angerstein

Thomas Angerstein

2015–2023 (bis 2022 mit Christof, heute mit Ingo)

Junior – Senior Tandem

100 % & 100 %

mit Personalverantwortung

Informationstechnologie

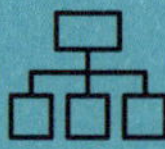
Bereichs-, Regionsleitung

Thomas Angerstein ist Head of Mission-Critical Support EMEA/MEE bei der SAP SE und seit 2022 in seinem zweiten Tandem unterwegs. Insgesamt ist Thomas mittlerweile seit über acht Jahren in Co-Leadership in seiner Führungsrolle und damit ein echtes Tandem-Urgestein. Bei SAP selbst hat er bereits in Co-Leadership gearbeitet, als es das Modell offiziell noch gar nicht gab. Er ist also nicht nur ein alter Hase, was die Arbeit im Tandem angeht, sondern auch ein echtes Vorbild in Sachen Co-Leadership. Sowohl mit Christof Lieber, als auch mit seinem neuen Tandempartner Ingo Hagmaier entwickelt er das Modell stetig weiter und überlegt, wie das Modell immer neu gedacht werden kann.

Vice President – Head of Mission-Critical Support EMEA & MEE
SAP SE

Vorstellung Thomas

Thomas ist ein nach eigenen Angaben „mittelalter“ (Baujahr 1967) Manager mit Hang zum Arbeiten in neuen Arbeitsmodellen und Vorgehensweisen. In der zweiten Ausbildung, nach dem Landmaschinenmechanikerberuf, wirkt er seit über 30 Jahren in der IT-Branche. Hier lief sein Werdegang über die Softwareentwicklung, Systemadministration, Produktplanung, Beratung Einzelmanagement unterschiedlicher Teams vor der SAP, dann im Co-Leadership ein Team von Menschen zu leiten, die hochkritische Kundensituationen bearbeiten.

Zusatz: Mentor, Dezentraler Ausbilder für Studenten, Mitglied dads@SAP und bekennender Rocker/Motorradfahrer.

Vice President – Head of Mission-
Critical Support EMEA & MEE
SAP SE

3.3 Tandem-Urgestein: Thomas Angerstein und Christof Lieber (SAP)

Warum habt ihr euch für Jobsharing entschieden? Was war dein/euer Beweggrund?

Thomas:

Wir haben uns nicht direkt für Jobsharing oder Co-Leadership entschieden, sondern wir sind beide in zwei Management-Stellen gekommen und zu dem Zeitpunkt wollte unser Manager die Abteilung in zwei Bereiche aufteilen. Für Christoph und mich hat sich das aber nicht gut angefühlt, da wir ein Team und mehrere Themen hatten, die wir bearbeiten und da sehr flexibel sein mussten. Hätten wir dort einen richtigen Cut gemacht, wäre das für die Zukunft nicht gut gelaufen. Deshalb haben wir uns zusammengetan und für ein gemeinsames Set-Up plädiert. Unser Argument war, dass wir gemeinsam die größte Region betreuen und unsere Teams übergreifende Themen bearbeiten. Auch auf Vorstandsebene mussten unsere Themen zusammenpassen. Aus unserer Sicht war es also am besten, wenn wir zusammenwachsen und flexibel skalieren können – so konnten wir unseren damaligen Manager von dem Co-Leadership-Modell überzeugen. Wir haben außerdem damit eine Hierarchieebene aus unserer Organisation entfernt.

Wie habt ihr Jobsharing gelebt? Was war euer Modell?

Thomas:

Wir haben beide zu 100 % gearbeitet, wussten aber immer, dass jeder von uns auch die Arbeitszeit reduzieren kann. Das Team war – systembedingt – zwischen uns aufgeteilt. Gleichzeitig haben wir aber immer darauf geachtet, Teammeetings und Allgemeines zusammen zu machen. Dazu gehörte auch, uns immer auf dem aktuellen Stand zu halten, damit wir nicht doppelt in Meetings gehen mussten. Wir haben zwischen uns und auch im Umgang mit unseren Kollegen und unserem Team Vertrauen aufgebaut, sodass wir nicht mehr zu zweit zu den Terminen erscheinen mussten. Die Kolleg:innen haben gemerkt, dass sie sich darauf verlassen können, dass wir abgestimmt sind. Auch unser Team, das anfänglich noch stark darauf geachtet hat, wem sie im Organisationschart zugeordnet waren, hat nur ein gutes halbes Jahr gebraucht, bis sie gesehen und verinnerlicht hatten, dass wir eine Einheit sind und auch als solche agieren. Christof und mir war es immer wichtig den "one team" Gedanken vorzuleben, auch wenn wir im Hintergrund die ein oder andere Diskussion hatten.

In diesem Modell haben wir sieben Jahre gearbeitet und konnten das Modell trotz mehrfacher Managerwechsel aufrechterhalten.

Welche Vor- und Nachteile habt ihr erlebt?

Thomas:

Ich habe wirklich fast nur Vorteile erlebt. Dadurch, dass ich schon mal Manager war, habe ich gesehen, wie toll es klappen kann, wenn man jemanden auf Augenhöhe dabei hat, wie man sich die Aufgaben aufteilen kann und vor allem, wie bereichernd es ist, jemanden zum Reflektieren zu haben. Das macht man sonst eher weniger aus meiner Sicht: Entscheidungen reflektieren und die Möglichkeit nutzen, ein Thema aus verschiedenen Perspektiven zu betrachten; sich vielleicht auch den kritischen Fragen stellen, die man von außen vielleicht gar nicht bekommen hätte.

Aus Sicht unserer Manager wurde uns außerdem gespiegelt, dass es sehr viel weniger Ellbogenmentalität gab und wir auch unserem Team sehr viel Raum und Bühne gegeben haben.

Ein weiterer Vorteil ist die Flexibilität, die man in einem Tandem gewinnt. Krankheitstage und andere Abwesenheiten – die es in den sieben Jahren durchaus gab – können einfach ausgeglichen werden, ohne weitere Ressourcen zu benötigen.

Nachteil ist, dass es wirklich etwas dauert eine Beziehung und ein Vertrauensverhältnis zu der anderen Person aufzubauen. Diese beiden Personen müssen, wenn sie sich nicht schon vorher kennen, den Aufwand betreiben und ein gegenseitiges Vertrauen erarbeiten. Das kommt natürlich irgendwann ein bisschen von selbst, wenn man genug Offenheit mitbringt.

Außerdem wäre es schön, wenn die technischen Voraussetzungen für Co-Leadership geschaffen würden. Das Modell sollte im System abgebildet werden, sodass es für die Belegschaft ersichtlich ist, dass man im Tandem arbeitet. Und dann sollten Berechtigungen entsprechend vergeben werden können. Viele Systeme arbeiten hier nach wie vor mit der Annahme, dass es nur eine:n Chef:in geben kann. Hier könnte man es Tandems viel einfacher machen, ihrer täglichen Arbeit nachzugehen, aber auch in der Interaktion mit anderen Teams in der Organisation.

Was würdet ihr rückblickend anders machen? Was habt ihr gelernt?

Thomas:

Ich glaube, was ich auf jeden Fall anders machen würde, ist, sich klarzumachen, dass man nicht für immer als Tandem zusammenarbeiten wird. Das bringt einen gesunden Realismus, den es meiner Meinung nach braucht.

Was ich jetzt natürlich tun werde, ist meinen neuen Co-Lead überall mit in die Termine reinzunehmen, damit er auch alle wichtigen Stakeholder:innen kennenlernt und in seiner neuen Rolle und im Tandem sichtbar wird. Und ich möchte einen größtmöglichen Austausch erreichen, damit er sich auch in das Co-Leadership Konzept einbringt und mit mir über die Zukunft unseres Modells spricht – wie sieht zum Beispiel ein Konstrukt mit Teilzeit für uns aus oder wie kann man Rotation in einem Co-Leadership-Modell ermöglichen.

Für wen ist Jobsharing geeignet und für wen nicht?

Thomas:

Für den damals 28-jährigen Thomas war das nichts.

Ich war so ein Alpha und fand das natürlich auch total cool, dass mich da jemand als Manager für ein wichtiges Team ausgewählt hat. Ich war der festen Überzeugung, dass ich das ganz allein kann. Im Nachhinein betrachtet war das natürlich absoluter Quatsch, aber genau eben für solche Personen, die sich das schwerlich vorstellen können, die sich das auch in jedem anderen Job nicht so richtig vorstellen können, für die ist Jobsharing und Co-Leadership nichts.

Man muss in der Lage sein, Informationen zu teilen, gemeinsam an Themen zu arbeiten und das Mindset haben, dass es etwas Schönes ist, gemeinsam verantwortlich zu sein und sich austauschen zu können. Es gibt ja viele Menschen, die nie etwas teilen möchten und die andere auch auflaufen lassen – wenn du das brauchst für dein Ego, dann ist Co-Leadership nichts für dich.

Gibt es Eigenschaften und Kompetenzen, die man unbedingt mitbringen muss?

Thomas:

Viele Eigenschaften und Kompetenzen hängen aus meiner Sicht zusammen.

Wenn ich der Meinung bin, ich müsste irgendetwas verstecken und politisch agieren, anstatt offen zu sein und mir auch kritisches Feedback geben zu lassen, dann ist das Modell nichts für mich. Man muss es aushalten können, dass man zum Beispiel auch gesagt bekommt, dass man gerade einen ****** Job gemacht hat.

Außerdem muss man gewillt sein, die Verantwortung füreinander zu übernehmen und füreinander einzustehen und zu unterstützen. Wenn man diese Eigenschaften weniger oder fast gar nicht mitbringt, dann ist es egal, wie viel Fachexpertise da ist und wie toll das passt. Es wird nicht funktionieren.

Bei der Suche nach meinem neuen Co-Lead haben meine Managerin und ich deshalb bewusst auch darauf geachtet, dass die Kandidaten auch diese Eigenschaften mitbringen. Neben der inhaltlichen Qualifikation war es uns wichtig, jemanden zu finden, der sich reflektiert und offen ist für andere

Sichtweisen und Perspektiven. Wenn man diese Kompetenzen nicht mitbringt, kann eine Zusammenarbeit auf Dauer nur schiefgehen.

Du bist gerade auf der Suche nach einem neuen Co-Lead, welche Fehler können Bewerber:innen machen, wenn Sie sich auf eine Co-Leadership Position bewerben?

Thomas:

Erster Fehler – habe ich mir die Stellenbeschreibung durchgelesen? Konkret habe ich ganz explizit mit aufgenommen: „willingness to work together on a leadership level". Das heißt, ich erwarte hier, dass sich der Bewerber oder die Bewerberin konkret überlegt, wie sie die Zusammenarbeit gestalten wollen. Und im Zusammenhang damit ist ein zweiter Fehler nicht darauf einzugehen, warum man in eine Co-Leadership Position gehen möchte.

Du hast am Anfang erwähnt, dass ihr mehrere Managerwechsel in den letzten sieben Jahren hattet. Wie stellt ihr euch und eurer Tandemmodell vor und welche Themen habt ihr immer als Erstes besprochen?

Thomas:

Was wir immer als Erstes besprochen haben, ist die Frage, mit wem unser:e Manager:in über welche Themen sprechen muss. Das war auch immer eine der ersten Fragen, weil die Leute im Kopf haben, dass man immer eine dedizierte Person benennen muss und es sonst gar nicht funktionieren kann.

Es war jedes Mal essentiell zu klären, wie die Abstimmung zwischen dem Tandem und der Führungskraft ablaufen soll und wir haben viel Zeit investiert, um zu erklären, dass es da keinen Zeitverlust gibt und keine Doppelarbeit.

Toll war, dass sich beim jüngsten Managerwechsel unsere Managerin die Zeit genommen hat, in Vorleistung zu gehen und sich mit dem Thema auseinanderzusetzen – sie hat zum Beispiel meine Podcasts angehört und wir konnten deshalb schon auf einer ganz anderen Ebene über offene Punkte sprechen.

Ein zweites Thema, das immer früh aufgekommen ist, waren die Fragen nach der Personalverantwortung. Wer ist für welche Mitarbeitenden verantwortlich und wie teilt ihr euch dann trotzdem auf? Hier haben wir immer gesagt, dass es für dich als unsere Führungskraft keine Rolle spielen wird, welcher Mitarbeitende an wen berichtet. Natürlich haben wir aber immer angeboten, die Teamaufteilung im System zu erklären.

Insgesamt geht es häufig darum zu erklären, dass man für mehrere Themen übergreifend zuständig sein kann, ohne dass es zu Reibereien oder Machtkämpfen kommt. Wenn sich zwei gefunden haben, dann werden sie sicherstellen, dass Co-Leadership funktioniert, denn sie wollen ja im Tandem arbeiten.

Deshalb sollte man als Führungskraft eines Tandems maximal abfragen, ob sie das gemeinsam hinbekommen. Wenn sie „ja" sagen, dann sollte man sich darauf verlassen, dass sie ein Modell finden und Strukturen aufbauen, die funktionieren. Sie werden ein Konzept finden, um optimal abgestimmt zu sein.

Welches Vorurteil kannst du nicht mehr hören?

Thomas:

Auf jedem Panel, auf dem ich sitze oder bei jeder Diskussion, zu der ich eingeladen bin, wird immer die gleiche, erste Frage gestellt: Co-Leadership ist doch nur was für Frauen in Teilzeit und in administrativen Berufen, oder?

Es ist traurig, dass ich dann fast schon zynisch erzählen muss, dass ich ein Mann bin, in Vollzeit in Co-Leadership arbeite und das auf einer Bereichsleitungsebene – ich habe leider auch nach sieben Jahren immer noch das Gefühl, dass man bei Adam und Eva anfangen muss. Hier muss sich auf jeden Fall etwas im Kopf der Leute ändern.

„Jobsharing bedeutet für mich…"

„…, etwas zu teilen, damit es mindestens doppelt so gut wird."

„Man kann sich abstimmen, gegenseitig challengen und gemeinsam Ideen entwickeln. Das ist ein großer Vorteil von Co-Leadership.“

Jan-Willem Weischer

Dr. Anna Weber & Dr. Jan-Willem Weischer

 2021

 Geschwister-Tandem

 100 % & 100 %

 mit Personalverantwortung

 Einzelhandel Mittelstand (stationär und online)

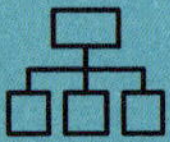 Geschäftsführung

Als Geschwister gemeinsam an der Spitze eines deutschen Mittelstands-Unternehmens – das klingt fast wie die Quadratur des Kreises. Nicht nur haben Anna und Jan die Herausforderung angenommen und von ihren Eltern die Führung des Familienunternehmens in zweiter Generation als Co-Geschäftsführer übernommen, sie tun dies gemeinsam als Geschwister. Mehr Überschneidung und Reibung kann es kaum geben. Es war eine bewusste Entscheidung und die beiden zeigen eindrucksvoll, wie eine gemeinsame Leitung auf oberster Ebene funktionieren kann – und das sogar als Geschwister.

Co-CEO
BabyOne

Vorstellung Anna

Dr. Anna Weber ist seit 2019 geschäftsführende Gesellschafterin bei BabyOne, Omnichannel-Unternehmen im Franchise-System für Baby- und Kleinkindprodukte mit über 100 Fachmärkten im deutschsprachigen Raum und dort für die Bereiche Retail, Marketing, E-Commerce und Personal verantwortlich. Die Diplom-Kauffrau stieg 2017 in den elterlichen Familienbetrieb mit 1.300 Mitarbeitenden ein und übernahm zunächst das Business Development. Zuvor war die 40-jährige fünf Jahre als Projektmanagerin Leadership, Talent & Engagement beim Telekommunikationskonzern Vodafone tätig. Als zertifizierte, systemische Beraterin und Coach verfügt die Unternehmerin über langjährige Expertise in der Organisationsentwicklung. 2021 erhielt sie den Digital Female Leader Award für ihr persönliches Engagement für die Digitale Transformation und ihre Vorbildfunktion in agilem Leadership.

Vorstellung Jan-Willem

Dr. Jan-Willem Weischer ist seit 2019 geschäftsführender Gesellschafter bei BabyOne, Omnichannel-Unternehmen im Franchise-System für Baby- und Kleinkind-Produkte und dort für die Bereiche Einkauf, Finanzen, IT und Recht verantwortlich. Der Businessjurist stieg 2017 in den elterlichen Familienbetrieb ein und leitete zunächst die Rechtsabteilung. Zuvor war der 38-jährige drei Jahre als Rechtsanwalt bei der internationalen Kanzlei KPMG Law tätig. Zu seinen Mandanten zählten Online-Händler, Softwarefirmen und Start-Ups. Den internationalen Fokus seiner Karriere legte er während seiner Tätigkeit beim Auswärtigen Amt in Berlin und der Deutschen Botschaft in Montevideo in Uruguay.

Co-CEO
BabyOne

3.4 Als Geschwistertandem an der Spitze: Anna Weber und Jan-Willem Weischer (Baby One)

Warum habt ihr euch für Co-Leadership entschieden und wann habt ihr angefangen es für euch so zu betiteln?

Anna:

Wir beide haben uns, unabhängig voneinander, vorstellen können, ins Familienunternehmen einzusteigen. Zu diesem Zeitpunkt haben wir es allerdings noch nicht als geteilte Führung oder Jobsharing gesehen.

Erst nach einer gewissen Zeit, nach dem offiziellen Ausstieg unserer Eltern, habe ich irgendwann den Titel „Co-CEO“ gesehen und das hat mir sehr gefallen. Ich glaube, das waren auch Geschwister in einem Familienunternehmen, die sich so genannt haben und Jan fand die Idee, uns so zu nennen, auch super! Ich dachte, dass es genau das beschreibt, was wir machen und ich fand den Gedanken sehr schön, darzustellen, dass wir eine Gemeinschaft sind.

Jan-Willem:

Bei uns war es ein natürlicher Prozess.

Wir haben uns dazu entschieden, in das Unternehmen zu gehen und waren uns einig: Wenn wir es beide machen, dann machen wir es zusammen.

Wie lebt ihr Co-Leadership ganz konkret aktuell? Wie ist euer Modell und wie teilt ihr euch auf?

Jan-Willem:

Derzeit sind wir aus CEO-Sicht noch relativ klassisch aufgestellt und haben die verschiedenen Geschäftsbereiche untereinander aufgeteilt, bei denen wir jeweils Hauptansprechpartner:in sind. Es gibt immer eine:n Hauptansprechpartner:in, wir sind aber in den wichtigen Themen immer beide dabei. D.h. Wir nutzen uns dort auch gegenseitig – wir stimmen uns ab und wir challengen uns.

Wie sieht eure Aufteilung im Tandem im Hinblick auf die Personalverantwortung aus? Habt ihr hier auch eine strikte Trennung, oder macht ihr das gemeinsam?

Anna:

Wir haben zur Zeit noch eine strikte Trennung, also eine fachlich-inhaltliche Trennung.

Jan und ich sind der Meinung, dass unsere Abteilungsleiter:innen im ersten Schritt eine:n bestimmte:n Ansprechpartner:in brauchen, die die Person am besten kennt und dementsprechend auch coachen kann.

Gerade sind wir aber auch in einer gesamtheitlichen Transformation im Unternehmen und überlegen: Braucht es überhaupt diese strikten Abteilungen in Zukunft? Was sind denn andere Modelle? Aktuell leben wir aber noch eine strikte Trennung.

Gibt es Entscheidungen, die ihr trotzdem zusammen trefft?

Anna:

Definitiv treffen wir sehr viele Entscheidungen zusammen, weil wir uns einfach absprechen.

Das Schöne an Co-Leadership ist, dass es eine Person gibt, die genau auf deinem Level und mit derselben Entscheidungsgewalt ist, mit der du Dinge teilen kannst. Deswegen gibt es viele Entscheidungen, die wir gemeinsam besprechen, auch, um eine gemeinsame Sicht auf die Dinge zu haben, um dann vor dem ganzen Unternehmen mit einer Stimme sprechen zu können.

Könntet ihr hier ein Beispiel geben, wie ihr euch bei Themen abstimmt, die ihr gemeinsam entscheidet?

Anna:

Bei manchen Dingen ist Jan der fachlich Hauptverantwortliche von uns beiden, bei anderen bin ich das. Aber Entscheidungen wie: Was ist genau das Produkt? Wie genau ist die Marketingstrategie? Darüber diskutieren wir gemeinsam.

Das ist etwas, was wir gemeinsam besprechen, wir haben aber keine Liste, oder sagen zum Beispiel „ab Budget XY sprechen wir bitte miteinander".

Ich glaube, da machen wir viel aus dem Bauch heraus, was vielleicht aber auch genau der Vorteil innerhalb einer Familie ist, weil du genau weißt, was dem Anderen wichtig ist und was nicht.

Welche Vor- und Nachteile habt ihr bis jetzt in eurem Modell als Tandem erlebt?

Jan-Willem:

Die Vorteile hat Anna gerade schon dargelegt. Eine Person zu haben, mit der man sich abstimmen kann, und zwar genau mit den gleichen Möglichkeiten. Man kann sich austauschen, kann sich gegenseitig challengen und gemeinsam Dinge entwickeln. Ich glaube, das ist in einer Führungsposition extrem wertvoll, weil man das ansonsten wahrscheinlich an vielen Stellen nicht hat.

Ein Nachteil ist wahrscheinlich, dass man sich immer abstimmen kann und auch muss.

Und, dass man sich gegenseitig challengen kann und muss. Ich glaube, manchmal wäre man vielleicht gerne selbst ein bisschen schneller, wenn man zum Beispiel sofort eine Idee hat und sagt, genau so machen wir das. Aber diese Idee muss ja nicht besser sein. Also ich würde sagen, die Vorteile überwiegen massiv.

Anna:

Ich glaube auch, dass der Vorteil ist, dass keine Politik zwischen uns ist. Es gibt ja keine andere Position, die wir zwei erreichen wollen, das macht es auch einfacher und ist definitiv etwas Gutes.

Und wie Jan schon gesagt hat, manchmal wäre man gerne ein bisschen schneller und hat aber das Gefühl, sich doch erstmal absprechen zu müssen. Das fällt in superturbulenten Phasen schwerer und man kann es als Nachteil empfinden. Vor allem dann, wenn man zwischen den Terminen gar keine Luft hat und sich nur fünf Minuten am Tag sieht – obwohl wir Wand an Wand sitzen.

Was sind heute eure Learnings als Co-CEO? Was würdet ihr rückblickend anders machen?

Anna:

Sich genug Zeit zur Abstimmung nehmen. Wir regeln es mittlerweile so, dass wir uns wöchentlich Zeit nehmen, um nur zu zweit alles zu besprechen und uns auf den neuesten Stand zu bringen. Dann startet eine Woche einfach viel besser, wenn wir abgesprochen sind und jeder weiß, was der andere macht und was die Themen sind, die in der Woche wichtig sind.

Für wen ist Jobsharing geeignet und für wen nicht?

Anna:

Ich finde, es ist nicht für Leute geeignet, die immer denken, sie können alles alleine hinkriegen, und die nicht feedbackfähig sind und auch keinen Mehrwert darin sehen, bestimmte Dinge hin und her zu besprechen und zu jonglieren.

Jan-Willem:

Ich glaube, es ist eigentlich für jeden und jede geeignet, weil man mit der Zeit genau für die Dinge, welche du jetzt genannt hast, wenn man sich darauf einlässt, die Mehrwerte für einen selbst erkennen wird.

Ich glaube, dass die Einstellung: „Ich mache alles alleine und ich spreche mit niemandem darüber", auf Dauer nicht funktionieren kann. Dementsprechend glaube ich, ist es für jeden geeignet, aber wahrscheinlich ist es für manche schwieriger umzusetzen.

Was bedeutet es, sich einen Job zu teilen – aus eurer Perspektive als Arbeitnehmer:in, aber auch aus der Perspektive des Arbeitgebers?

Anna:

Aus Unternehmensperspektive ist es natürlich super, zwei Personen zu haben im Co-Leadership, mit denen du auch die Möglichkeit hast, dich identifizieren zu können – als Mitarbeiter:in, Lieferant:in, Kunde:in. Alle haben zwei mögliche Anknüpfungspunkte bei einem Tandem, so dass es weniger personenzentriert ist. Du sprichst mehr mit der Rolle und ich glaube, das ist überhaupt nicht verkehrt in der heutigen Welt, weil vielleicht auch weniger Befindlichkeiten im Spiel sind, etc.

Jan-Willem:

Und es werden immer unterschiedliche Perspektiven eingebracht. Ich glaube, es fühlt sich nicht schlecht an, zu wissen, dass diverse Perspektiven, auch bei uns in der Geschäftsführung, vorkommen und das ist ein Mehrwert.

Anna:

Als Tandem hat man natürlich den Vorteil, immer verfügbar zu sein. Ich als Arbeitgeberin würde definitiv sagen, wenn Jobsharing besteht, sollte man diesen Vorteil nutzen und zum Beispiel nicht gleichzeitig im Urlaub sein, sondern sollte eine durchgängige Erreichbarkeit der Position sicherstellen.

Jan-Willem:

Auch eine Risikominimierung mit Blick auf Hoheitswissen ist ein Vorteil aus der Perspektive der Arbeitgeber. Was ist zum Beispiel, wenn jemand geht, wenn jemand ausfällt, dann ist es natürlich eine gute Risikominimierung, ein Tandem angestellt zu haben. Außerdem hat man aus Arbeitgebersicht natürlich den Vorteil, dass die Stelle besetzt bleibt, auch wenn eine Person aus dem Tandem ausscheidet.

Welche Voraussetzungen müssen Unternehmen schaffen, um Co-Leadership möglich zu machen? Und was muss vielleicht auch geändert werden?

Anna:

Das Wichtigste ist ein Mindset-Shift bei Unternehmen. Das ist aus meiner Sicht am herausforderndsten. Abgesehen davon, sind es definitiv die Systeme, sowas wie Bonifikationen und Gehaltsregelungen oder auch die Leistungsmessung. Was bedeutet das denn, wenn eine Aufgabe von zwei Leuten gemacht wird? Hier müssen sich Unternehmen im Vorfeld Gedanken machen.

Jan-Willem:

Und Beispiele schaffen. Ich glaube, letztendlich muss man Beispiele schaffen, damit es kein Konstrukt im Kopf bleibt. Nur indem man Beispiele schafft, kann man ein neues Mindset überhaupt erst etablieren.

Welche Stolpersteine seht ihr beim Thema Co-Leadership?

Jan-Willem:

Das Mama-Papa-Prinzip auf jeden Fall. Wie kriegt man es hin, so gut abgestimmt zu sein, dass es nicht ausgenutzt wird?

Anna:

Und definitiv auch der Verlust der eigenen Individualität.

Es ist ja auch schön, wenn ich ganz genau weiß, was meine Rolle ist und dass ich gebraucht werde. Wenn ich das jetzt zu zweit ausfülle, besteht immer die Gefahr, dass ich nicht mehr so viel gebraucht werde und darüber eben auch einen Teil Selbstwirksamkeit verliere.

Gibt es Trade Offs, die ihr in eurem Modell erlebt? Oder musstet ihr von etwas Abstand nehmen, von dem ihr nicht Abstand nehmen müsstet, wenn ihr das alleine machen würdet?

Jan-Willem:

Alleinherrschaft (lacht).

Anna:

Ich finde nicht, dass wir etwas aufgeben müssen, da wir es ja von Anfang an zu zweit gemacht haben. Aber die Perspektive auf eine Alleinherrschaft ist jetzt weg. Jetzt wollen wir noch die Teams empowern und Verantwortung abgeben, dann haben wir gar keine Herrschaft mehr (lacht).

Was habt ihr für Tipps für andere Jobsharer:innen, oder Interessierte?

Jan-Willem:

Reden, reden, reden und schaut euch genau an, mit wem ihr es machen wollt.

Anna:

Tut es. Augen auf bei der Partnerwahl gilt natürlich auch fürs Jobsharing, definitiv. Ich glaube, ich würde da nicht reingehen, ohne die andere Person zu kennen.

Reden, reden, reden und vielleicht auch nicht immer nur zu zweit reden, sondern sich auch professionell begleiten lassen, zum Beispiel durch Coaching oder Supervision.

Was motiviert euch, mit Co-Leadership weiterzumachen und wann würdet ihr etwas ändern?

Jan-Willem:

Die Motivation weiterzumachen kommt daher, dass wir meiner Meinung nach erfolgreich sind und dass es Spaß macht. Das ist das, was uns weiterbringt an der Stelle.

Wenn es mir keinen Spaß mehr macht, wenn wir irgendwie nicht mehr zusammen funktionieren, dann hätte ich keine Lust mehr. Wenn wir merken, wir stressen uns mehr, als dass wir vernünftig zusammenarbeiten. Das wäre vielleicht der Punkt, wenn wir das nicht wegkriegen würden, wo man überlegen müsste, ist das noch das Richtige?

Anna:

Ich würde vielleicht auch aufhören, wenn sich unsere Kund:innen und der Markt so weiter verändern, dass es nicht mehr passt.

Und mich motiviert, so wie bei Jan auch, dass wir das erfolgreich machen, dass wir gemeinsam das Leid teilen können und dass die Freude sich verdoppelt, wenn wir es zusammen machen. Das führt auf jeden Fall dazu, dass wir das noch eine lange Zeit weitermachen werden.

„Jobsharing bedeutet für uns …"

„…einen äußerst sinnvollen Verzicht auf Alleinherrschaft!"

„Wir haben das Gefühl, wir treffen sehr gute Entscheidungen zusammen."

Simone Kaiser

Katharina Hochfeld & Simone Kaiser

2018

Cross-funktionales Tandem

50/50 plus jeweils 50 % Teamleitung

mit Personalverantwortung

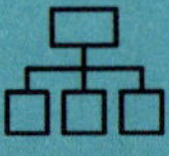
Wissenschaft/Forschung

Hauptabteilungsleitung

Institutsdirektorin Katharina Hochfeld und Simone Kaiser leiten gemeinsam das Center for Responsible Research and Innovation (CeRRI) am renommierten Fraunhofer Institut IAO.
Als die beiden vor vier Jahren die stellvertretende Leitung zusätzlich zu ihrer jeweiligen Teamleitung übernahmen, wusste keiner, dass sie sich mit diesem Modell auch auf die offizielle Leitungsstelle des CeRRI bewerben würden – und heute gemeinsam Zukunftsszenarien, Transformationsprozesse und Innovationsstrategien für Kund:innen entwickeln.

Leiterinnen Center for Responsible Research and Innovation (CeRRI) des Fraunhofer IAO Fraunhofer Insitut

Vorstellung Katharina

Katharina Hochfeld ist Leiterin des Center for Responsible Research and Innovation (CeRRI) des Fraunhofer IAO. Außerdem führt sie das Team „Unternehmenskultur und Transformation". Sie arbeitet in Forschungs- und Umsetzungsprojekten daran, Transformations- und Innovationsprozesse verantwortlich zu gestalten. Dabei liegt ihr Arbeitsschwerpunkt auf der Erforschung und Begleitung von unternehmenskulturellen Veränderungsprozessen vor dem Hintergrund technologischer und gesellschaftlicher Entwicklungen. Sie hat in diesen Themenfeldern Forschungs- und Beratungsprojekte für das Auswärtige Amt, die Max-Planck-Gesellschaft, Porsche Engineering oder die Evangelische Kirche Deutschland geleitet. Vor ihrer Tätigkeit bei Fraunhofer war sie in der Politikberatung tätig und hat in Jena Politikwissenschaft, Interkulturelle Wirtschaftskommunikation und Sozialpsychologie studiert. In Olomouc (Tschechische Republik) hat sie das Central European Studies Program abgeschlossen.

Vorstellung Simone

Simone Kaiser ist Leiterin des Center for Responsible Research and Innovation (CeRRI) des Fraunhofer IAO. Gemeinsam mit ihrem Team identifiziert sie gesellschaftliche Wünsche und Anforderungen an neuen Technologien und in Transformationsprozessen. Für Akteure aus Wirtschaft, Forschung und Politik entwickelt sie neue Prozesse und Methoden, um Innovationen verantwortlich zu gestalten und sie für die Bewältigung gesellschaftlicher Herausforderungen nutzbar zu machen. Simone Kaiser ist seit 2010 bei Fraunhofer, davor arbeitete sie vier Jahre im Beratungsbereich Innovation, Technologie und Bildung der Prognos AG in Berlin. Simone Kaiser studierte Politik, Soziologie und VWL an den Universitäten Tübingen und Magdeburg.

Leiterinnen Center for Responsible
Research and Innovation (CeRRI)
des Fraunhofer IAO
Fraunhofer Insitut

3.5 Gemeinsam für die Wissenschaft mehr erreichen: Katharina Hochfeld und Simone Kaiser (Fraunhofer Center for Responsible Research and Innovation)

Warum habt ihr euch für Co-Leadership entschieden?

Simone:

Wir funktionieren sehr gut zusammen! Ich für meinen Teil habe das Gefühl, dass wir zusammen sehr gute Entscheidungen treffen.

Katharina:

Das ist richtig! Wir haben es zu Anfang ausprobiert und wurden dann organisatorisch wieder getrennt. Wir fanden es aber so gut, dass wir gesagt haben, dass wir auch in Zukunft zusammenarbeiten wollen. Ich bin der Meinung, dass es zu besseren Ergebnissen führt. Es macht die Arbeit angenehmer, aber vor allen Dingen führt es zu besseren Ergebnissen.

Wie lebt ihr Co-Leaderhip? Was ist euer Modell?

Katharina:

Wir teilen uns eine Abteilungsleitung, das heißt, es gibt eine Abteilung, die wir gemeinsam führen. Wobei wir beide 100 % arbeiten und neben dieser geteilten Abteilungsleitung jeweils noch ein Team führen.

Simone:

Das ist historisch so gewachsen, deshalb muss ich das, glaube ich, etwas genauer erklären. Es gibt formell drei Teams in der Abteilung, in der Katharina und ich jeweils Teamleiterinnen waren und sind. Zusätzlich kam vor vier Jahren die stellvertretende Abteilungsleitung hinzu, die wir mittlerweile ganz übernommen haben. Somit haben wir also eine geteilte Abteilungsleitung und sind gleichzeitig Teamleiterinnen für zwei von drei Teams.

Welche Vorteile und welche Nachteile habt ihr im Bezug auf Co-Leadership erlebt?

Katharina:

Ein Vorteil ist für mich einmal, dass man inhaltlich ein sehr breites Spektrum abdecken kann. Wir sind ja eine Forschungsorganisation, das heißt, auch als Führungskraft kann und muss der Anspruch sein, auch noch in den Themen relativ stark involviert zu sein und das ist schon ein relativ breites Spektrum. Das kann man zu zweit einfach viel besser abdecken und dann auch jeweils noch tiefer drin sein.

Man kann Dinge gut gemeinsam challengen. Gerade Führung kann ja auch einsam sein, und mit Co-Leadership hat man immer jemanden, mit dem man Dinge besprechen und sich kurzes und sehr ehrliches Feedback einholen kann. Das ist ja häufig ein Thema, dass man klares Feedback bekommt oder einen Impuls zu einem bestimmten Thema. Oder sich zum Beispiel auch challengen lassen möchte, um weiterzukommen. Das ist sehr hilfreich.

Simone:

Das unmittelbare Feedback ist wirklich der größte Vorteil. Darüber hinaus kann man sich auch mit den jeweiligen Führungskompetenzen ergänzen. Als nicht nur eine fachliche Ergänzung, sondern die Möglichkeit, die jeweiligen Führungskompetenzen optimal nutzen zu können, können wir immer zwei Personen anbieten.

Katharina:

Ich würde gerne noch einen weiteren Vorteil ergänzen: Es ist immer jemand verfügbar, man muss keine Stellvertreter Lösungen finden – egal ob man im Urlaub oder dienstlich länger irgendwo gebunden ist. Es ist immer jemand da, da wir uns auch mit unseren Urlauben absprechen und das ist ein Vorteil für die Projektmitarbeiter:innen. Ich finde es aber auch persönlich sehr gut. Ich glaube, das Loslassen fällt einem ein bisschen leichter, wenn man weiß, die andere ist auch da in der Zeit, und man weiß, dass die Abteilung die ganze Zeit in guten Händen ist.

Simone:

Das würde ich unterstreichen. Auch die Mehrarbeit in der Abstimmung, die viele als Reibungsverluste und damit als nachteilig in diesem Modell sehen, sehe ich nicht. Wir machen das natürlich schon sehr lange gemeinsam und trotzdem bin ich der Meinung, dass wenn man sich regelmäßig, schnell und zwischendurch abstimmt, der Aufwand nicht besonders groß ist.

Katharina

Bei uns stimme ich da total zu. Wir machen die Abstimmung zum Beispiel nicht formal strukturiert, unser Jour-Fixe ist meistens der frühe Morgen. Hier telefonieren wir auf dem Weg zur Arbeit miteinander, schreiben kurze E-Mails oder senden uns Chatnachrichten. Für uns funktioniert das gut, aber dazu muss man wirklich gern gemeinsam arbeiten und darf nicht genervt sein, wenn die andere anruft.

Für wen ist Jobsharing aus eurer Perspektive geeignet und für wen nicht?

Simone:

Man muss so offen miteinander umgehen können und so teamfähig sein, dass man sich Feedback sehr offen geben kann. Außerdem darf man nicht in einem Konkurrenzverhältnis zueinander stehen. Ich glaube, das ist auch wichtig, denn wenn der eine dem anderen zum Beispiel keinen guten Auftritt gönnt, ist das eine schlechte Voraussetzung für ein Führungsduo.

Meiner Meinung nach kann es ein Modell für sehr unterschiedliche Akteure sein, wenn die oben genannten Voraussetzungen stimmen.

Katharina:

Ich denke auch, dass es wichtig ist zu Fragen: Passt man zusammen?

Also ich bin immer sehr skeptisch, wenn ein Tandem von außen dazu gebracht wird, gemeinsam zu arbeiten. Diese Entscheidung sollte intrinsisch getroffen werden. Und man muss bereit dazu sein, einen Teil seines Berufslebens gemeinsam zu gehen. Man weiß nie, was kommt, man sollte ehrlich miteinander sein, wenn jetzt einer sagt, ich habe eigentlich schon ein bisschen was anderes vor, oder ich möchte mich anders orientieren, aber ich glaube, so ein paar Jahre sollte man zumindest im Gleichschritt gehen.

Stichwort das Individuum im Tandem: Gibt es Dinge, die ihr explizit nicht als Tandem macht?

Simone:

Das ist tatsächlich eine sehr wichtige Frage. Wir teilen uns die Abteilungsleitung, auf der fachlichen Seite haben wir aber natürlich Spezialthemen, die relativ weit voneinander entfernt liegen. Das bedeutet, dass uns bei den fachlichen Themen eher jemand aus dem Team vertreten müsste. Bei Führungsthemen ist unser Modell ziemlich einfach: wir wechseln uns ab und das relativ systematisch. Wir gehen also nicht gemeinsam in Termine – das wäre ja eine vollkommene Ressourcenverschwendung.

Welche Stolpersteine seht ihr beim Thema Co-Leadership?

Simone:

Ich glaube ein Stolperstein ist natürlich, dass man, wie Katharina vorher sagte, eine Zeit lang im Gleichklang gehen muss.

Katharina:

Das glaube ich tatsächlich auch. Man übernimmt ja ein Stück weit Verantwortung füreinander und denkt den anderen natürlich auch mit. Wenn man beispielsweise ein Angebot bekommt, das man eigentlich nicht ausschlagen kann, weil es so gut ist, dann kann einem die Entscheidung natürlich schwer fallen, da man sich als Tandem ja auch ein Stück weit verpflichtet hat.

Was motiviert euch, stetig mit Co-Leadership weiterzumachen? Wann würdet ihr etwas verändern?

Simone:

Mich motiviert das kontinuierliche Feedback. Wir haben das auch perfektioniert und können uns gegenseitig anspornen und auch challengen und hinterfragen. So hat man die Möglichkeit, kontinuierlich besser zu werden.

Ich würde mir Co-Leadership nicht bzw. nicht mehr vorstellen können, wenn der Koordinationsaufwand zu groß wird. Wenn man sich nicht mehr einigen kann und wenn der Kommunikationsaufwand, um zu einer gemeinsamen Strategie zu kommen, zu groß wird.

Katharina:

Die Motivatoren würde ich genauso unterschreiben und ergänzen, dass es einfach Spaß bringt, gemeinsam zu arbeiten. Man ist einfach in derselben Rolle und kann mit jemandem gemeinsam auf die Situation schauen. Ich würde damit aufhören, wenn ich das Gefühl habe, dass einer von beiden nicht mehr 100 % glücklich mit dem Set-Up ist. Dann muss man gemeinsam überlegen, wie es weitergehen kann – im Zweifelsfall auch getrennt.

Welche Voraussetzungen müssen Unternehmen schaffen, um Co-Leadership möglich zu machen? Was muss gegebenenfalls geändert werden? Welchen Mehrwert seht ihr für Unternehmen?

Katharina:

Für mich muss man auf der Unternehmensebene eine Kultur schaffen, die Co-Leadership überhaupt erst möglich macht. Das ist eine Kultur des Miteinanders und des Wohlwollens, die in einem Unternehmen vorherrschen muss, damit andere Arbeitsmodelle lebbar werden. Alle anderen Themen sind lösbar – Prozesse können verändert werden, Systeme können aufgesetzt werden – das ist alles machbar, wenn die Lust und die Neugier da sind.

Welche Themen liegen euch noch auf dem Herzen?

Simone:

Ich würde gerne über Vertrauen sprechen.

Für mich ist es unheimlich wichtig, dass man sich auf vielen Ebenen vertrauen kann in einer solchen Tandemkonstellation. Eine Ebene, über die wir noch nicht gesprochen haben, ist, dass ich das Vertrauen haben muss, dass Katharina gute Entscheidungen trifft. Sie müssen mindestens so gut sein wie meine, wenn nicht sogar besser. Dieses Vertrauen muss ich haben, sonst funktioniert es nicht. Denn es gibt viele Gelegenheiten in unserem Arbeitsalltag, da können wir uns gar nicht abstimmen. Außerdem muss ich darauf vertrauen, dass sie mir rechtzeitig kommuniziert, wenn etwas nicht läuft. Dass sie mir ein gutes Feedback gibt, wenn sie mit einer fachlichen oder strategischen Sache nicht einverstanden ist – das ist eine unabdingbare Voraussetzung, wenn man in einem Team arbeiten will. Und wir sind ein Miniteam, ein Führungsteam.

Katharina:

Ich würde sogar noch einen Schritt weitergehen. Es kann vorkommen, dass man auch mal eine schlechte Entscheidung trifft. Das passiert. Im Tandem muss man sich aber so weit vertrauen, dass man davon ausgeht, dass die andere Person immer versucht, die bestmögliche Entscheidung zu treffen und man deshalb hinter den Entscheidungen der anderen Person steht. Manchmal kann man daneben liegen, aber man steht dann gemeinsam dafür ein.

„Jobsharing bedeutet für uns…"

„…, unser beider Kompetenzen und Wissen, zusammenzubringen, um unseren Bereich und die Forschung voranzubringen."

„Eins plus Eins ist mehr als Zwei – das hat sich bestätigt."

Janina Messerschmidt

Dr. Janina Messerschmidt & Mathias Püschel

Janina Messerschmidt und Mathias Püschel kannten sich als Kolleg:innen. Der Wunsch flexibler zu arbeiten und Zeit für persönliche Projekte zu haben, einte beide. Daraus entwickelte sich die Idee einer Bewerbung im Jobsharing. So sind beide mittlerweile als Personalreferent:innen-Tandem bei der Gesellschaft für soziale Unternehmensberatung tätig und beweisen, dass Jobsharing auch für das Unternehmen von Vorteil ist.

 Juni 2019

 Peertandem

 50/50

 ohne Personalverantwortung

 Unternehmensberatung

Stabstelle der Geschäftsleitung

Personalreferent:innen
gsub – Gesellschaft für soziale Unternehmensberatung mbH

Vorstellung Janina

Dr. Janina Messerschmidt ist Jahrgang 1977 und hat ein Studium der Physik sowie der Sozialpsychologie und Wissenschaftsphilosophie absolviert. Anschließend promovierte sie im Bereich Klimaforschung und war anschließend in der Wissenschaft tätig. Ihr Weg in die Wirtschaft führte sie sowohl durch freiberufliche Tätigkeit als Projekt-Managerin sowie als Angestellte im Kontext von Organisations- und Personalentwicklung. In letzterem ist sie seit 2019 im Jobsharing mit Mathias Püschel tätig.

Vorstellung Mathias

Mathias Püschel studierte Maschinenbau an der Technischen Universität in Berlin im Bachelor. Nach Studienabschluss arbeitete er zunächst in den Bereichen Produktentwicklung sowie Business Development als Projektmanager. Anschließend führte ihn sein Weg in Richtung Recruiting und Organisationsentwicklung. Seit 2019 verantwortet er die Personal- und Organisationsentwicklung der gsub mit Janina Messerschmidt gemeinsam im Jobsharing.

Personalreferent:innen
gsub – Gesellschaft für soziale Unternehmensberatung mbH

3.6 Personalarbeit im Tandem: Dr. Janina Messerschmidt und Mathias Püschel (gsub – Gesellschaft für soziale Unternehmensberatung)

Wer seid ihr und was hat euch hierher gebracht?

Mathias:

Ich bin in Berlin aufgewachsen, habe Maschinenbau studiert und sieben Jahre für Mobisol gearbeitet. Mobisol entwickelt und vertreibt Solaranlagen in Ostafrika. Nach kurzer Zeit als Techniker, merkte ich, dass ich an Management und Organisationsentwicklung mehr Spaß habe als an technischen Aufgaben. Bei Mobisol habe ich Janina kennengelernt. Nach langer Zeit im Unternehmen und der Erkenntnis, dass wir sehr gerne zusammen und nicht mehr in Vollzeit arbeiten wollen, haben wir uns gemeinsam entschlossen, uns als Tandem zu bewerben.

Janina:

Ich bin nicht in Berlin aufgewachsen, sondern in Mainz. Zum Studieren hatte es mich nach Bremen verschlagen, wo ich unter anderem Physik und Sozialpsychologie studierte. Anschließend habe ich eine Doktorarbeit in der Klimaforschung geschrieben, um schließlich mein Post-Doc in den USA zu machen. Dann beschloss ich im gesellschaftspolitischen Bereich zum Klimawandel zu arbeiten, da der Klimawandel vorrangig eine sozialpolitische Herausforderung ist. Naturwissenschaftlich ist er sehr gut verstanden. Mir ging es dann ähnlich wie Mathias – ich merkte, dass besonders soziale Themen in der Organisation von Gruppen mich sehr reizen. Damals konnte ich bei Mobisol ein Team zum Thema Organisationsentwicklung aufbauen und dieses leiten. Gleichzeitig ist mein Leben geprägt von gesellschaftspolitischem Engagement und ich habe gemerkt, dass ich dafür mehr Zeit haben möchte. Für das Leben insgesamt – inklusive Beziehungen, Freunde und mich selbst. Vor der Geburt meiner Tochter habe ich 80 % gearbeitet, seit der Geburt arbeite ich 50 %

Ihr seid gemeinsam als Expert:innen verantwortlich für die Personalentwicklung bei gsub. Dabei habt ihr keine Personalverantwortung. Was bedeutet das für eure Tandemarbeit?

Janina:

Richtig, wir sind der Geschäftsführung unterstellt und kümmern uns um Personal- und Führungskräfteentwicklung. Dazu gehören neben Weiterbildungsprogrammen auch das Recruiting und Kulturarbeit, zum Beispiel in Form der Begleitung von Teamentwicklung und Retrospektiven. Diese Aufgabe haben Mathias und ich – ohne weiteres Team oder Mitarbeitende. Daneben gibt es noch die Personalabteilung, die sich um Verträge und Co kümmert.

Nachdem ich bei meinem früheren Arbeitgeber eine Führungsaufgabe hatte, hätte ich mir auch vorstellen können, mit Mathias eine Führungsstelle zu teilen. Ich hatte dabei immer schon die Einstellung, dass Aufgaben – auch Führungsaufgaben – im Team dahin verteilt werden sollten, wo sie am meisten Sinn machen. Ich bin überzeugt, dass Führung nicht an eine Person gebunden sein sollte.

Wie lebt ihr Jobsharing? Was ist euer Modell? Was macht ihr zusammen, was ist getrennt?

Janina:

Im Zuge unserer Tandembewerbung haben wir uns gemeinsam auf eine Vollzeitstelle beworben und arbeiten daher beide 50 %. Für zeitlich begrenzte Zeiten haben wir auch Zusatzprojekte oder Aufgaben übernommen und die Arbeitszeit leicht erhöht. Aktuell arbeiten wir daher 21 und 24 Stunden in der Woche.

Ich schätze, zeitlich überschneiden wir uns zu 80 %. Wir arbeiten beide vormittags und haben freitags frei. Ich fange meist etwas eher an, weil der Tag durch die Schule meiner Tochter früh startet. Wir vertreten uns natürlich bei Krankheit und auch Urlauben.

Inhaltlich sind wir sehr klar aufgeteilt und haben Schwerpunkte, die wir den Kolleginnen und Kollegen im Unternehmen auch klar kommunizieren. Einmal pro Jahr erstellen wir eine ganzheitliche Jahresplanung und entwickeln die großen Themen gemeinsam. Wir legen zusammen fest, was wir jeweils erreichen wollen. Unterjährig schauen wir regelmäßig, ob wir noch „on track" sind, dafür nutzen wir zum Beispiel halbjährliche Roadmaps. Das erlaubt uns, dass wir gesamthaft auf die Themen schauen und uns gleichzeitig aufteilen können. Schon bei unserer Bewerbung haben wir herausgestellt: „1+1 ist mehr als 2". Das trifft auch immer noch zu und hat sich so bewahrheitet.

Mathias:

Wir arbeiten seit dreieinhalb Jahren im Tandem und mussten an unserem Anfangsmodell wenig ändern. Durch Corona hat sich unsere Arbeit digitalisiert und ins Home-Office verschoben. Wir haben einmal pro Woche unseren Jour-Fixe, in dem wir uns abstimmen und gegenseitig informieren. Dafür nutzen wir ein virtuelles Kanbanboard. Wir arbeiten weitestgehend parallel. Das heißt, wir sind nicht aufgeteilt: Janina 2,5 Tage und ich 2,5 Tage. Es war eine bewusste Entscheidung, dies nicht zu tun und auch nicht zu „bewerben", dass immer jemand da sei. Um unsere neuen Kolleg:innen mit dem unvertrauten Tandemmodell bekannt zu machen, habe wir anfangs viel „interne Öffentlichkeitsarbeit" betrieben. Wir haben mit allen Führungskräften persönlich gesprochen und eine Übersicht unserer Verantwortlichkeiten und

Arbeitszeiten an unsere Tür gehängt sowie im internen Wiki veröffentlicht. Wir waren damit sehr offen und das hat gut funktioniert.

Zusätzlich stellen wir uns allen neuen Mitarbeiter:innen im Zuge des Onboardings vor. Für neue Kolleg:innen ist unsere Arbeitsweise also schon von Beginn an transparent.

Wie stimmt ihr euch ab? Was macht ihr allein/was zusammen?

Janina

Wir haben wöchentlich ein Meeting und arbeiten sehr digital. Ansonsten arbeiten wir eher intuitiv und es klappt sehr gut – zum Beispiel sieht eine:r von uns, dass unser Board aufgeräumt werden müsste und tut das dann einfach. Bei Anfragen, wie der Begleitung eines Teams zu einer Retrospektive, entscheiden wir gemeinsam, wer das übernimmt.

Mathias:

Wir haben keine gemeinsame E-Mail-Adresse, das war bisher nicht nötig. Ich schätze unsere Kreativitäts-Sessions: regelmäßig blocken wir uns gemeinsame Zeit, um konzeptionell zu arbeiten und Neues zu gestalten. Das tut uns, unserer Zusammenarbeit und den Themen sehr gut. Wir nutzen auch dafür ein digitales Whiteboard.

Welche Vor- und Nachteile habt ihr erlebt? Was war rückblickend erfolgsentscheidend?

Janina:

Der größte Vorteil besteht im Sparring und Austausch untereinander. Wir machen quasi unsere eigene regelmäßige Supervision. Auch wenn wir Themen aufteilen, ist der andere immer dicht genug dran, um im Zweifel einspringen zu können sowie um Feedback zu geben und eine Perspektive zu ergänzen. Keine Person ist eine eierlegende Wollmilchsau – wir sind darauf angewiesen, weitere Kompetenzen und Blickwinkel zu ergänzen.

Mathias:

Rückblickend war ein Entscheider in der Geschäftsführung wichtig, der Jobsharing ausprobieren wollte. Wir haben also gelernt, dass es Leute braucht, die mutig sind neue Dinge auszuprobieren. Das kann man nicht beeinflussen, nach diesen Menschen sollte man aber Ausschau halten. Es gibt oft Misstrauen und Fragezeichen, die auch die beste Bewerbung nicht auflösen kann. Es braucht einen Vertrauensvorschuss.

Konkrete Nachteile habe ich nicht erlebt. Entscheidend ist die Frage, wie man Aufgaben sinnvoll verteilt und mit der anderen Person harmoniert – dabei erlebe ich in der Tandemarbeit mehr Flexibilität als vorher allein.

Zugegeben, für den Arbeitgeber entstehen Mehrkosten beispielsweise die zweifache Bezuschussung der betrieblichen Altersvorsorge und doppelte Zahlung von Essens- und BVG-Zuschüssen. Ich bin überzeugt, dass die Vorteile des Sharingansatzes diese Nachteile mehr als aufwiegen und Tandemarbeit sinnvoll sowie tragfähig für Unternehmen ist.

Für wen ist Jobsharing geeignet und für wen nicht?

Janina:

Ich kann Jobsharing grundsätzlich jedem und jeder raten. Ich empfinde es als sinnvoll, um mit anderen eigenen Bedürfnissen, aber auch Verpflichtungen – zum Beispiel aber nicht nur mit Kindern – flexibler umgehen zu können.

Dabei braucht es besonders ausgeprägte soziale Fähigkeiten der Zusammenarbeit, wie Zuhören zu können oder Kompromisse schließen zu wollen. Weniger geeignet ist Jobsharing für Menschen, die ihr eigenes Ding vorantreiben wollen und individuell Karriere machen wollen.

Mathias:

Eine Grundlage sehe ich in der Beziehung miteinander: Janina und ich sind befreundet und haben eine gemeinsame Basis aus Werten und Haltung. Wenn das nicht so wäre, würde unser Jobsharing nicht funktionieren.

Ihr seid zufrieden in eurem Modell – habt ihr trotzdem auch besprochen, ob und wie es irgendwann auseinander geht?

Janina:

Auf jeden Fall – wir besprechen alles miteinander, auch eine mögliche Veränderung. Dabei sind wir sehr offen, wir können uns zum Beispiel vorstellen, auch eine dritte Person dazu zu holen, um einen Wechsel irgendwann reibungslos gestalten zu können.

Mathias:

Wir haben beide einen eigenen Arbeitsvertrag. Es gibt keine Klausel, die besagt, dass wir nur zusammen arbeiten können. Rein hypothetisch: Wenn Janina geht, kann ich überlegen, was ich mache: arbeite ich mehr und übernehme allein, hole ich eine andere Person dazu oder gehe ich auch? Das würde ich sehr offen mit der Geschäftsführung besprechen. Wir sind gut aufgestellt, weil wir in kürzester Zeit unsere Themen übernehmen könnten, es gibt keine

Wissensinseln. Dabei sei aber noch mal gesagt, dass ich gar keine Lust habe, allein zu übernehmen – ich schätze unsere Zusammenarbeit sehr.

Wie seht ihr das mit den Themen Vereinbarkeit und Mental Health – hilft das Modell?

Mathias:

Die Reduktion der Arbeitszeit in Form des Jobsharings hat bei mir zu mehr Zufriedenheit geführt. Allerdings auch zu einem deutlich geringeren Gehalt und finanziellen Abstrichen – das muss gesagt werden. Für mich ist es das aber auf jeden Fall wert. Ich kenne auch eine andere Welt mit 60 Arbeitsstunden pro Woche. Seitdem ich in Teilzeit arbeite, bin ich weder dauergestresst noch urlaubsreif und habe ausreichend Zeit, andere Dinge in meinem Leben voranzubringen.

Janina:

Ich kann das nur bestätigen. Ich habe somit Zeit für mein Engagement, meine Familie und Dinge, die mir wichtig sind. Ich bekomme das echt gut hin, weil ich mich auf Mathias verlassen kann. Wenn es nötig ist, schaue ich abends mal in die E-Mails oder kümmere mich noch um etwas, was fertig werden muss. Durch unsere Aufteilung und unser Jobsharing ist das aber überschaubar und gut zu managen.

Aus Sicht eines Unternehmens, da ihr beide Personaler:innen seid: Was würdet ihr Unternehmen raten, was sie beachten sollten, damit Jobsharing funktioniert?

Janina:

Mathias hatte es vorhin erwähnt: Es braucht Unterstützung von oben, zum Beispiel der Geschäftsleitung, um auch das mittlere Management zu überzeugen. Es braucht Vertrauen in Menschen und Mut sowie Verständnis für neue Modelle.

Mathias:

Darüber hinaus sehe ich wenig Bedarf an zusätzlicher Förderung. Wir haben gezeigt, dass es mit den vorhandenen Strukturen funktioniert: wir haben Standardverträge, jede:r eine eigene E-Mail-Adresse, nutzen bestehende digitale Kanäle und IT-Systeme.

„Jobsharing bedeutet für mich…"

Mathias:

„…das beste Modell für die Arbeit, das ich mir vorstellen kann."

Janina:

„…das Modell, um meine verschiedenen Wünsche und Bedürfnisse gut in Einklang zu bringen in meinem Leben."

„Wenn man als Tandem startet, muss man sich ein gewisses Maß an Nacktheit zumuten und sehr transparent über die Themen Konkurrenz und Sichtbarkeit sprechen.“

Dr. Christine Solf

Dr. Christine Solf & Nora Heger

2018

Geteilte Projekt(leitungs)rolle

100/60

Laterale, inhaltliche Führungsverantwortung

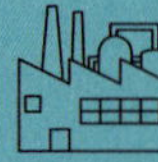
Unternehmensberatung

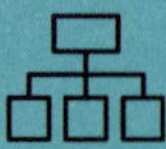
Projektleitung

Dr. Christine Solf und Nora Heger arbeiten in unterschiedlichen Abteilungen bei einer internationalen Unternehmensberatung. Christine arbeitet Vollzeit als Impact Architect, Nora als Consulting Principal Director in Teilzeit. Vor fünf Jahren haben sich die beiden zusammengetan, um gemeinsam an einem Herzensthema zu arbeiten: Entwicklungsprogramme für die Führungskräfte der Zukunft. Dazu haben sie sich als Tandem zusammengefunden und treiben es gemeinsam voran – von der Denk- und Organisationsarbeit über die Zusammenarbeit mit externen Expert:innen und Coaches und internen Stakeholdern:innen bis hin zur Durchführung und Weiterentwicklung der Programme.
Für beide ist dieses Projekt eine zusätzliche Aufgabe, welche sie nur verfolgen können, weil sie sich zusammengetan haben und jeweils 20 % ihrer Arbeitszeit investieren. Ihr gemeinsames Arbeiten als Tandem verstanden sie von Anfang an auch als Pilot, um neue Modelle für ihre Organisation auszuloten.

Unternehmensberaterinnen, gemeinsame Leitung: Entwicklungsprogramme für Führungskräfte

Vorstellung Christine

Dr. Christine Solf ist Soziologin, Unternehmensberaterin und Künstlerin und verbindet mit Leidenschaft Kontexte und Menschen. Sie arbeitet mit dem forschenden Blick der Soziologin, mit der Freude der Künstlerin am Experimentieren und mit Lösungsfokus, Innovationstrieb und Pragmatismus aus der Unternehmensberatung in allen drei Tätigkeitsfeldern.

Sie kümmert sich häufig um die Frage, wie kommt das Neue in die Welt. Sie versteht sich als Komplizin ihrer Kund:innen in Transformationen und arbeitet sowohl mit Individuen als auch mit Organisationen.

Bei all ihren Projekten liegt ihr eine gute Mischung aus #nagandnurture am Herzen. NAG: Mit klarem Blick analysieren und mit radikaler Offenheit ansprechen, was nicht funktioniert – oder doch zumindest Anlass zum Wundern gibt. NURTURE: Und dann genügen Nährendes zur Verfügung stellen (Fakten, Geschichten, Trainings, Coaching und auch Erinnerung und Lob…), damit alle Beteiligten „das Neue" wagen wollen und leben können.

Vorstellung Nora

Nora Heger ist Psychologin und Coach. Sie berät globale Unternehmen bei Transformationen und unterstützt Führungskräfte dabei, einen Unterschied für sich und andere zu machen.

Nora ist und war in Teilzeit- und Job-/Rollenteilungskonstellationen tätig und hat mehr als 20 Jahre Erfahrung in der Umsetzung von Verhaltensveränderungen. Sie ist überzeugt, dass eine zukunftsfähige Gesellschaft neue Arbeitsmodelle braucht, u.a. Teilzeit auch für Spitzenpositionen, geteilte Führung, Jobrotation zwischen Unternehmen und Behörden. Sie kennt die Herausforderungen und Widerstände gegen „business as un-usual" und macht sich genau deshalb für emotionale Kompetenzen in digitalen Zeiten stark.

Nora Heger hat einen Masterabschluss in Arbeits- und Organisationspsychologie der Universität Aachen (RWTH) und ist zertifizierter Master Business Coach. Zusätzlich absolvierte sie eine journalistische Ausbildung.

Unternehmensberaterinnen, gemeinsame Leitung: Entwicklungsprogramme für Führungskräfte

3.7 Against all odds: Christine Solf und Nora Heger (Unternehmensberatung)

Wie lebt ihr Jobsharing? Wie sieht euer Modell aus?

Nora:

Wir haben eine wöchentliche Besprechung, in dieser Stunde bringen wir uns auf den neuesten Stand und machen Übergaben, wenn erforderlich. In der restlichen Zeit läuft das Thema bei uns beiden mit und wir arbeiten asynchron daran – so wie es in das Beratungsgeschäft passt. Inzwischen haben wir da einen guten Rhythmus gefunden. Auf einer gemeinsamen Arbeitsplattform sammeln wir in der Zwischenzeit Punkte, die auflaufen, in einem gemeinsamen Dokument. Bei Meetings, die sehr wichtig sind, sind wir zu zweit und sonst ist immer mindestens eine von uns dabei.

Christine:

Zusätzlich machen wir circa einmal im halben Jahr einen „Konzept-Tag", an dem wir zusammenkommen – das finde ich sehr bereichernd. Wir bringen in unser Tandem die gleiche fachlicher Basis, aber unterschiedliche Persönlichkeiten und Working Styles ein und können so wirklich tief in die Materie eintauchen, diskutieren, debattieren und damit unser Thema gemeinsam weiterentwickeln.

Welche Vor-, aber auch Nachteile seht ihr in eurer Rolle im Tandem?

Nora:

Im Tandem entwickeln wir mehr und noch durchdachtere Ideen. Es ist außerdem eine Art von Qualitätssicherung. Das, was rauskommt, hat schon eine Stufe mehr durchlaufen und ist nicht nur durch den eigenen Kopf gegangen. In unserem speziellen Fall pushen wir uns darüber hinaus gegenseitig, weil wir uns sehr gut und sehr lange kennen. Das heißt, bei uns ist viel Vertrauen und sicherer Boden da, sodass wir uns widersprechen und herausfordern können, ohne dass sich eine auf den Schlips getreten fühlt. Deshalb ist bei unserer Zusammenarbeit auch viel persönliche Entwicklung dabei.

Ein weiterer Vorteil ist, dass jede ihr Netzwerk einbringt. Wir überlegen uns strategisch, wie wir unsere Persönlichkeiten und Stärken bestmöglich für das Projekt einsetzen können, d.h. welche Themen besser zu wem passen und wer welche Stakeholder:innen einbindet. Dadurch können wir ein viel breiteres Spektrum bedienen.

Ein Nachteil ist, dass es trotz allem natürlich gewisse Abstimmungsrunden gibt, dann dauert es vielleicht manchmal noch eine Minute länger.

Und welche Vor- und Nachteile seht ihr allgemein im Co-Leadership-Modell?

Christine:

Für mich ist ein Vorteil von Co-Leadership, die persönliche Weiterentwicklung als Führungskraft. Denn gerade in den Top-Positionen bekommt man in vielen Organisationen oftmals weniger Feedback, mein:e Tandempartner:in gibt mir hingegen kontinuierliches Feedback. Deshalb ist Co-Leadership für mich auch ein starkes Entwicklungsinstrument, das Organisationen für ihre Führungskräfte nutzen sollten.

Nora:

Und das dadurch entstehende größere Zugehörigkeitsgefühl ist sicherlich nicht zu unterschätzen. Ein weiterer Aspekt, den man nicht aus dem Auge verlieren sollte, ist das Thema Konkurrenz. Da kommt es darauf an, wer welche Ziele hat. Man muss darüber sprechen, wie ein:e jede:r wahrgenommen werden will und in welcher Rolle: als Team oder Individuum? Es gibt Tandems, die sich für einen Namen und eine gemeinsame E-Mail-Adresse entscheiden – andere machen dies bewusst nicht. Wie langfristig das Tandem angelegt ist, ob als Sprungbrett zu einer anderen Position oder wer näher an Personal-, Strategie- und operativen Themen dran ist und daher mehr oder weniger Visibilität bekommt – all diese Entscheidungen müssen bewusst gemeinsam getroffen werden und dazu passen, wie man wahrgenommen werden möchte. Sonst kann diese Diskrepanz oder Unstimmigkeit zu einem Problem und damit zu einem Nachteil werden.

Christine:

Ja, das sehe ich auch als Herausforderung. Für mich ist das kein Nachteil, sondern eher ein Lernanlass, wenn man sich dessen bewusst ist. Wenn man als Tandem startet, muss man sich ein gewisses Maß an Nacktheit zumuten und sehr transparent über Ambitionen, Konkurrenz und Sichtbarkeit sprechen. Sonst läuft man Gefahr, später Reibungsverluste in Kauf nehmen zu müssen – und das ist dann ein ganz klarer Nachteil.

Für wen ist Jobsharing aus eurer Perspektive geeignet und für wen auf keinen Fall?

Nora:

Jobsharing ist geeignet für Personen, die bereit sind, sich selbst zu reflektieren, sich auch mal zurückzunehmen, für andere Perspektiven offen sind, und auch anderen die Bühne geben können. Es ist etwas für Menschen, die dafür offen sind, eine Jobbeziehung einzugehen und gemeinsam Höhen und Tiefen zu meistern. Diese Bereitschaft muss da sein, und ich glaube auch, dass es dafür eine bestimmte Reife oder einen bestimmten Typus braucht.

Christine:

Ich glaube auch, die Hürde ist nicht die Jobrolle – zumindest nicht für Wissensarbeiter:innen. Was aber eine „Gelingensbedingung" ist, ist, dass man sich auf gewisse Arbeitsweisen einigt. Zum Beispiel: Wie viel Dokumentation braucht man als Tandem? Wer legt auf was besonders viel Wert und möchte es deshalb entscheiden? Wo legt man seine Notizen ab? Da ist einfach auch viel Beziehungspflege dabei, indem man da, wo es dem anderen wichtig ist, Entscheidungsspielräume gibt.

Welchen Mythos könnt ihr im Bezug auf Jobsharing und Co-Leadership nicht mehr hören?

Nora:

Dass Jobsharing und Co-Leadership nicht für Führungsaufgaben geeignet sind. Frei nach dem Motto: Das kann man machen für Konzeptionsarbeit oder Dinge, die klar abgegrenzt sind. Aber bei einer Führungsaufgabe, bei der man für ein Team verantwortlich ist, wo viele Leute an dich berichten, ist das nicht möglich. Das höre ich leider sehr oft und da schwingen auch viele Machbarkeitsfragen mit, wie zum Beispiel: Wie läuft das mit den Mitarbeiterbeurteilungen, wer macht die dann?

Außerdem scheint aktuell noch der Mythos von Jobsharing als Karrierebremse sehr verbreitet in der Debatte zu sein. Vielleicht ist das auch ein Grund, warum viele Männer sich solche Modelle zwar wünschen, diesen Weg aber seltener einschlagen.

Christine:

Ich würde sagen, dass das von der Organisation abhängt. Man darf Co-Leadership nicht als eine Art Guerilla-Aktion sehen, in der sich nur die mutigsten Menschen für das Modell Co-Leadership entscheiden. Die Organisation muss aktiv werden und das System neu denken: In manchen Fällen kann das dazu führen, dass Leistungsbewertungssysteme gegebenenfalls umgestellt werden, oder sich die Art, wie man Köpfe zählt, in Organisationseinheiten ändert. Die Idee ist längst angekommen. Jetzt müssen die Unternehmen nachziehen und es möglich machen und als Chance sehen. Hier würde ich wirklich dazu raten, Co-Leadership als ein Vehikel des kulturellen Wandels zu nutzen und den Tandems Sparring und Coaching anzubieten – zum Start und immer wieder für „Boxenstopps" unterwegs. Zudem gilt es, Co-Leadership auch in die Talentprozesse zu integrieren oder als Teil eines Kulturwandelprogramms zu implementieren und zu bewerben.

Nora:

Ein weiterer Mythos ist: Am Ende muss doch eine:r die Verantwortung tragen.

Das ist ein wirklich lang gelebter Glaubenssatz von Organisationen, weil es immer so war, dass am Ende eine:r den Kopf hinhalten muss. Solange wir so ein Paradigma im Kopf haben, können wir gar nicht zu einem Shared-Leadership-Modell kommen.

Christine:

Als Soziologin sage ich hier, Verantwortung braucht weiterhin einen Zurechnungspunkt. Der Zurechnungspunkt muss aber nicht ein Gesicht sein, es können zwei Gesichter sein, das können drei Gesichter sein – also eine Rolle als Adressat:in. Es braucht gemeinsame Ziele und eine gemeinsame Mission, auf die hingearbeitet wird – und wenn es schlecht läuft, dann sollten beide die Verantwortung dafür tragen.

Wie seht ihr Jobsharing und Co-Leadership in der Unternehmensberatung: Ist Co-Leadership dort möglich? Und wie haben eure Kolleg:innen reagiert, als ihr euer Thema gemeinsam aufgenommen habt? Wie interagiert das vielleicht auch mit eurem Tagesgeschäft?

Christine:

Ich finde Rollen zu teilen oder anders zuzuschneiden, ist fast nirgendwo leichter, als in der Beratung, weil wir ab einer bestimmten Karrierestufe eigentlich immer an verschiedenen Werkstücken gleichzeitig arbeiten.

Was ich schon beobachtet habe, ist, dass es in der Organisation eine Weile gedauert hat, „zu lernen“ immer uns beide anzusprechen. Deswegen ist es, glaube ich, kulturell spannend in Beratungen, dass plötzlich Verantwortung und auch Prestige zwei Leuten zugerechnet werden darf. Ganz praktisch gesehen, bedeutet das etwa, dass man beide anschreiben muss oder wenn man nur der einen Person schreibt, die andere automatisch auf CC genommen wird. Und inzwischen haben sich unsere Kolleg:innen daran gewöhnt.

Nora:

Was dazukommt, ist, dass wir beide in unterschiedlichen Bereichen arbeiten. Auch da hat natürlich jede ihr eigenes Netzwerk. Insofern ist es für unser Thema nur förderlich, dass wir unsere Führungskräfteentwicklungsprogramme sehr breit in unterschiedlichen organisatorischen Einheiten intern und extern platzieren können.

Häufig wird das Thema Jobsharing aufgrund äußerer Umstände in Betracht gezogen, wie etwa Merger, Succession Planning/Übergabe oder expliziter persönlicher Gründe wie Rückkehr aus Elternzeit, CareTaking und ein berufsbegleitendes Studium. Jobsharing braucht meines Erachtens keinen Anlass oder Auslöser. Genau diese Anlässe stehen aber häufig im Vordergrund, da Jobsharing eine Abweichung vom Standard ist und darum erklärungsbedürftig – genauso wie Teilzeit. Wie wäre es aber, wenn die Erklärung nicht außerhalb läge, sondern genau in der Natur des Jobsharings, nämlich weil diese Arbeitsform durchdachtere Beiträge bringen kann, mehr Zugehörigkeit usw.?

Gibt es konkrete Stolpersteine, speziell für Unternehmensberatungen, die bei der Einführung von Co-Leadership zu beachten sind?

Nora:

In allen Organisationen ist das Thema Erfolgszuschreibung und damit verbunden das Vorantreiben der eigenen Karriere ein Knackpunkt. Durch die Verjüngung nach oben werden die verfügbaren Stellen immer knapper, sodass man sich nicht einfach so auf eine Stelle zu zweit bewerben kann. Ein Ansatz der Unternehmensberatungen kann deshalb sein, eine Doppelspitze bei der Planung bereits mitzudenken. Im Zuge dessen kann man auch überlegen, ob man nicht eine Quote für Tandems einführen möchte. Denn nur wenn es Rollenvorbilder gibt, kann sich so ein Modell auch etablieren. Es muss gezeigt werden, dass man in einem solchen Modell befördert werden kann. Ich glaube, das widerspricht aktuell dem Gedanken von Beratung und dem Mindset vieler, die in der Beratung starten. Solange dieses Mindset und diese Kultur mit Blick auf Karrieren vorherrschen, wird es Hindernisse geben, Co-Leadership als Modell einzuführen.

„Jobsharing bedeutet für mich…"

Nora:

„… einen Raum voller Möglichkeiten zu haben."

Christine:

„… die Möglichkeit zu haben, in mehrere Themen involviert zu sein und Energie in unterschiedliche Projekte zu stecken. Und es bedeutet für mich tatsächliche Inklusion: Nicht nur als Notlösung, weil jemand „nur" Teilzeit arbeitet, um für Pflege oder andere Care-Arbeit Zeit zu haben. Vielmehr, um die Möglichkeit für jede:n zu schaffen, mehrere Aspekte des Lebens unter einen Hut zu bringen. Ein solch inklusives Arbeitsumfeld mit entsprechenden Rollen-Formaten bietet die Chance, mehr zu tun, sich mehr zu verwirklichen – ob mit einem intensiven Hobby, bis hin zur Grundlagenforschung, die man in seiner Freizeit vorantreiben möchte, oder mit verschiedenen Job-Rollen in der Organisation."

Nora:

Das ist vielleicht nochmal ein wichtiger Aspekt: Jobsharing muss eben wirklich nicht den ganzen Job umfassen, sondern kann auch ein Teil sein. Vor allem mit Blick auf die Zukunft sollte man das Thema viel weiter denken. In zehn Jahren ist es wahrscheinlich normal, dass man an unterschiedlichen

Themen in unterschiedlichen Konstellationen arbeitet: mal alleine, mal im Jobsharing, mal im Team. Wir bewegen uns ganz massiv in Richtung rollenbasiertes Arbeiten.

Christine:

Mhm ja, wenn wir das jetzt weiterdenken, und wir wirklich rollenbasiert arbeiten werden, dann hätte man auch die Freiheit zu sagen: ich habe jetzt zwei Jahre ausprobiert, Führungskraft zu sein, jetzt übernehme ich einfach mal eine andere Rolle. Und dann wechsle ich vielleicht mal in ein Jobsharing-Modell und dann wieder arbeite ich allein. Lebensarbeitszeit-technisch würde das total Sinn machen und Jobsharing ist vielleicht eine Brücke in diese Richtung.

Nora:

Unsere Arbeitswelt entwickelt sich immer mehr hin zu Co-Creation, netzwerkbasiertem Arbeiten, und dafür kann Jobsharing ein Ausgangspunkt sein. Wer in so einem Modell erfolgreich und teamfähig arbeiten kann, kann dies sicherlich auch in anderen Konstellationen (Stichwort: Entwicklungsinstrument). Vielleicht ist so etwas zukünftig ebenso ein Karrierebaustein, wie mal im Ausland gearbeitet zu haben.

„Durch das Tandem werden wir mutiger.“

Tanja Frankewitz

Tanja Frankewitz & Markus Gratzfeld

Oktober 2022

Peer Tandem

80/80

mit Personalverantwortung

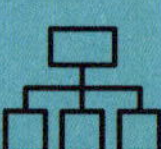
Dienstleistung

Abteilungsleitung

Tanja Frankewitz und Markus Gratzfeld sind die Protagonisten des Pilotprojekts für Co-Leadership bei TÜV NORD. Als Bereich, der unter enormem Wachstum steht, hat sich Tanja 2022 entschlossen, ihre Stelle als Abteilungsleitung auf breitere Schultern zu stellen und Markus mit an Bord zu holen.
Für Markus ist die Rolle als Head of Auditservices Medical Devices International nicht nur die erste Leadership Rolle, sondern er kommt darüber hinaus von extern in die TÜV NORD GROUP. Durch die Zusammenarbeit im Tandem hat Markus so seit Oktober 2022 nicht nur ein rasantes Onboarding hingelegt, sondern kann auch als neue Führungskraft von einem engen Austausch und den Erfahrungen von Tanja lernen.
Die beiden lassen sich beim Ausprobieren des Co-Leadership Modells von dem Start-up Twise unterstützen.

Head of Auditservices Medical Devices International
TÜV NORD CERT GmbH

Vorstellung Tanja

Tanja Frankewitz ist seit Januar 2020 Abteilungsleiterin bei der TÜV NORD CERT GmbH für den Bereich Auditservices innerhalb der benannten Stelle und Zertifizierungsstelle für Medizinprodukte. Seit Oktober 2022 teilt sie sich diese Position im Tandem mit Markus Gratzfeld. Die Diplom-Maschinenbauingenieurin stieg 2015 bei der TÜV NORD CERT GmbH als Auditorin und QM/ RA Managerin im Bereich Medizinprodukte ein. Zuvor war die 36-jährige vier Jahre als Ingenieurin in der Medizinprodukteindustrie tätig. Sie verantwortete in einem Start-up Unternehmen und in einem Familienunternehmen die Bereiche Produktion, Entwicklung und Qualitätsmanagement / Regulatory Affairs.

Vorstellung Markus

Markus Gratzfeld ist seit Oktober 2022 im Tandem mit Tanja Frankewitz Abteilungsleiter bei der TÜV NORD CERT GmbH für den Bereich Auditservices innerhalb der benannten Stelle und Zertifizierungsstelle für Medizinprodukte. Nach dem Studium der Medizintechnik und Sportmedizinischen Technik sowie der angewandten Physik arbeitete der 36-jährige in verschiedenen Positionen und Unternehmen in der Medizinprodukteindustrie. Er war als Projektmanager und Softwareentwickler an der Entwicklung eines Software-Medizinproduktes beteiligt, bewertete als Auditor und Produktexperte bei einer benannten Stelle für Medizinprodukte unterschiedliche Medizinprodukte und -Hersteller und verantwortete als Quality und Regulatory Affairs Manager die Implementierung und Aufrechterhaltung von Qualitätsmanagementsystemen, sowie die internationale Zulassung von Medizinprodukten.

Head of Auditservices Medical Devices International
TÜV NORD CERT GmbH

3.8 0,8 + 0,8 > 2: Tanja Frankewitz und Markus Gratzfeld (TÜV Nord)

Warum habt ihr euch für Jobsharing entschieden?

Tanja:

Für unser aktuelles und zukünftiges Wachstum war es wichtig, unsere Abteilung gut aufzustellen. Für mich als Führungskraft in Teilzeit war es wichtig, ein Modell zu finden, mit dem ich diesem Wachstum gerecht werden kann. Die Idee zu Co-Leadership kam intern auf und ich war neugierig und habe mich dazu entschlossen, das Konzept auszuprobieren, denn es ist eine großartige Möglichkeit dem Wachstum der Abteilung gerecht zu werden, ohne dass ich auf meine 80 % Arbeitszeit verzichten muss.

Markus:

Meine Motivation war zum einen, in eine Führungsposition wachsen zu können und zum anderen, die Möglichkeit, mit einer 80 % Stelle einen Tag in der Woche frei zu haben, um auch mal etwas anderes zu tun, mich zum Beispiel ehrenamtlich zu engagieren. Für mich war es außerdem spannend, mit jemandem in ein Tandem zu gehen, der sowohl Erfahrung als Führungskraft, als auch im Unternehmen hat.

Wie ist euer Co-Leadership-Modell und wie teilt ihr euch auf?

Markus:

Wir haben die Abteilung nicht aufgeteilt, das heißt aus Sicht unserer Mitarbeitenden sind wir eine Person: Wir haben eine gemeinsame E-Mail-Adresse, an die sie sich wenden können. So ist es für unsere Mitarbeitenden unerheblich, wen sie ansprechen. Wir haben unsere Arbeit in drei Kategorien aufgeteilt: Das Tagesgeschäft, das wir gemeinsam abarbeiten. Strategische und personelle Themen machen wir ebenfalls gemeinsam und größere Projekte, um die sich dann jeweils eine Person kümmert. Absprachen erfolgen live oder per Teams.

Wir haben ein digitales Ablagesystem mit der Möglichkeit Notizen zu machen. Hier teilen wir unsere Informationen und dokumentieren zum Beispiel Mitarbeitergespräche. So können wir asynchron die Themen des Tagesgeschäftes abarbeiten und sind immer auf dem neuesten Stand.

Tanja:

Für unsere Aufteilung haben wir uns an dem Strukturvorschlag von Twise orientiert. Diese Aufteilung ist vor allem sehr hilfreich, um anderen Leuten zu erklären, wie wir uns organisieren. Durch diese Dreiteilung der Aufgabentypen ist es wunderbar einfach, sich zu organisieren.

Zeitlich sind wir so aufgeteilt, dass Markus Montag bis Donnerstag da ist, ich arbeite Montag und Mittwoch bis Freitag. Da wir uns die Arbeit komplett teilen, ist es für unsere Kollegen unerheblich, wer von uns beiden da ist, denn einer von uns kommt immer ins Meeting.

Ihr habt erwähnt, dass ihr eine gemeinsame E-Mail-Adresse habt. Habt ihr auch eine Persona um euch herum kreiert?

Tanja:

Eine Persona haben wir nicht kreiert und auch mit der gemeinschaftlichen E-Mail-Adresse haben wir uns Zeit gelassen. Wir haben aber festgestellt, dass uns die gemeinsame E-Mail-Adresse bei der Überwindung einiger Hürden mit IT-Anwendungen hilft. Wir haben uns zwar mit der Stellvertreterregelung in vielen IT-Tools behelfen können, aber vor allem zur Vermeidung von Doppelarbeit haben wir uns dann doch dazu entschieden, eine gemeinsame E-Mail-Adresse einzuführen. Wir können so besser nachvollziehen, welche Aufgaben schon erledigt wurden und welche noch offen sind. So vermeiden wir Doppelarbeit und können sehr gut asynchron arbeiten – vor allen an den Tagen, an denen nur einer von uns da ist. Auch während der Urlaubszeiten können wir uns so besser vertreten und es geht nichts im individuellen E-Mail-Postfach unter.

Welche Vor- und Nachteile habt ihr bis jetzt in Co-Leadership erlebt?

Markus:

Die Vorteile sind aus meiner Sicht, dass ich noch nie so eine intensive und gute Einarbeitung hatte, so dass wir jetzt schon relativ parallel agieren. Ich würde jetzt nicht sagen, auf Augenhöhe, aber wir sind relativ nahe dran für das Tagesgeschäft. Es gibt immer noch mal so ein paar Spezialthemen, die wir noch nie zusammen durchlaufen sind, da fehlt mir noch ein bisschen was, aber ich sag mal 80 % des Geschäfts können wir jetzt wirklich gut parallel abarbeiten. Und das bereits nach vier Monaten! Das sehe ich als Riesenvorteil.

Außerdem hat man immer einen Advokaten an der Seite, der einen platziert – das ist vor allem als neuer Kollege im Unternehmen toll.

Und ich weiß das Vier-Augen Prinzip sehr zu schätzen, das man im Co-Leadership-Modell hat. Ich habe also mit Tanja nicht nur eine erfahrene Kollegin an meiner Seite, sondern wir können uns offen Feedback geben und spiegeln.

Nachteile sehe ich nicht. (lacht)

Tanja:

Ich möchte den Punkt der Einarbeitung gerne unterstreichen. So eine schnelle Einarbeitungszeit habe ich noch nie erlebt und ich denke, dass es an der Sicherheit liegt, die man in einem Tandem hat. Man kann sich immer kurz rückversichern, wenn man unsicher ist und ist damit dann schneller in seiner Arbeit. Deshalb haben wir auch mutig aufgeschrieben: 0,8 + 0,8 ist größer als 2. Ich bin mir sicher, dass es tatsächlich so ist, denn auch an unseren freien Tagen denken wir ja weiter und kommen dann mit frischen Ideen wieder zur Arbeit.

Für wen ist Co-Leadership geeignet und für wen nicht?

Tanja:

Pauschal kann man das wahrscheinlich nicht beantworten, aber ich denke, dass Aufgeschlossenheit erforderlich ist. Außerdem ist Vertrauen ganz wichtig, denn es hilft nichts, alles immer noch mal zu hinterfragen und absichern zu wollen. Man wird aber auch durch die Arbeit im Tandem mutiger und entscheidungsfreudiger und trifft schnellere, aber auch bessere Entscheidungen.

Markus:

Also ich denke auch, die Harmonie ist unglaublich wichtig zwischen den Tandempartner:innen. Ich persönlich kann mir Co-Leadership nicht ganz so gut bei knallharten Alphatieren vorstellen, weil ich nicht weiß, ob dort genug Offenheit gegeben ist, eine andere Meinung zu akzeptieren. Denn man muss auch ein bisschen kompromissbereit und kritikfähig sein. Der Hauptpunkt ist, die Chemie muss stimmen und dann kann Co-Leadership für viele interessant sein, die bereit sind loszulassen und zu vertrauen.

Was muss in Unternehmen an Voraussetzungen geschaffen werden, damit Co-Leadership gut funktionieren kann?

Markus:

Es braucht auf jeden Fall ein Kollaborationstool, eine Möglichkeit zur digitalen Ablage und zur parallelen Zusammenarbeit an Dokumenten. Was bei TÜV NORD aktuell schwierig ist, ist zum Beispiel Urlaubsanträge einfach an uns beide zu schicken, da wir vom System nicht auf dieselbe Rolle gemappt werden können. Das ist technisch aktuell nicht möglich, weshalb wir mit Vertreterregelungen arbeiten müssen. Das effizienteste Tool ist für uns aktuell tatsächlich die gemeinsame E-Mail-Adresse und OneNote.

Habt ihr Tipps für den Start als Tandem?

Tanja:

Ich habe als „Bestandstandem" zu Beginn eine Liste aller Aufgaben gemacht, die im Arbeitsalltag in meiner Rolle anfallen. Diese Liste sind wir dann gemeinsam durchgegangen und haben sie erst in Kategorien aufgeteilt – zum Beispiel strategische Themen und Tagesgeschäft – und haben im zweiten Schritt überlegt, ob wir diese Aufgaben gemeinsam entscheiden und machen wollen, oder ob und wie wir sie aufteilen.

Für mich war es anfangs etwas befremdlich diese Aufgabenteilung schon in den ersten drei Wochen abzustimmen – dazu hatte uns TWISE geraten. Ich wollte diese Überlegungen gerne im Austausch mit Markus machen und dachte, er kennt die Aufgaben zu dem Zeitpunkt noch nicht ausreichend. Aber letztendlich war es für uns ein echt gutes Konzept. Zu den Überlegungen der ersten Wochen sind wir häufig zurückgegangen und nutzen die Methodik auch, um anderen zu erklären, wie wir uns aufteilen.

Markus:

Und wir haben einen Fotoausflug gemacht.

Tanja:

Stimmt, wir mussten noch einen kleinen Ausflug machen mit Beweisfoto, dass wir etwas anderes als Arbeiten gemacht haben. Sprich, aktiv Zeit zum persönlichen Kennenlernen nehmen. Das finde ich ganz wichtig, weil ich glaube, dass man schnell in den Arbeitsalltag fällt und dann keine Zeit mehr ist für den persönlichen Austausch.

Gibt es Themen, die ihr potentiellen Co-Leader:innen mitgeben möchtet?

Tanja:

Ein wichtiges Thema ist das Abholen des Teams und von den Kollegen, die Schnittstellen zu uns und unserem Team haben. Wir haben das leider erst etwas später gemacht, das sollte man wirklich direkt an den Anfang stellen und trotzdem war es unglaublich wertvoll, sich die Zeit mit dem Team zu nehmen und in einem Workshop über das neue Set-Up zu sprechen. Markus und ich haben eine kleine Präsentation erstellt, um unser Tandem und unsere Aufgabenverteilung vorzustellen, die Fragen von unseren Kolleg:innen beantwortet und die Gelegenheit genutzt, die Sorgen und Nöte unseres Teams zu erfragen. Außerdem haben wir anonym abgefragt, wie zufrieden die Mitarbeitenden mit unserer Führungsleistung sind, wo sie sich mehr oder weniger wünschen, etc.

Spannend fand ich zum Beispiel, dass einige Kolleg:innen dachten, dass sie sich nur noch an Markus oder mich wenden sollten, je nach Thema – mit diesem Trugschluss konnten wir also aufräumen.

„Jobsharing bedeutet für mich …"

Tanja:

„… mehr Lebensqualität und Zufriedenheit. Wir schaffen seitdem Markus dabei ist, einfach so viel mehr und ich bin begeistert von der Effektivität und Effizienz dieses Modells. Dadurch bin ich zufriedener und es macht mehr Spaß. Ich habe den Freizeitausgleich, den Mehrwert für meine Familie, weil ich weiterhin in Teilzeit arbeiten kann, aber trotzdem diese herausfordernde Stelle mit einem tollen Wachstum umsetzen kann. Das schafft schlussendlich Zufriedenheit."

Markus:

„… zum Einen eine super Möglichkeit, effizient und gut angeleitet in die Führungsposition hineinzukommen. Das macht mich total zufrieden. Und dann bin ich der Meinung, dass Jobsharing auch einen extremen Mehrwert für das Unternehmen hat."

„Jobsharing ist das Mittel der Wahl, um das Thema Gleichberechtigung und New Work in allen Bereichen voranzutreiben."

Alessia Halbe

Alessia Halbe & Claudia Kunkel

2021

Cross-funktionales Tandem (als Co-Projektleitung)

100/80

ohne Personalverantwortung

Mobilität und Logistik

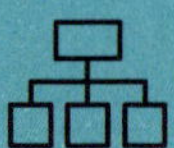

Projektleitung

Jobsharing wird für Unternehmen immer interessanter, so auch für den Deutsche Bahn Konzern. Alessia Halbe und Claudia Kunkel sind beide erfahrene Kolleginnen im Personalbereich der Konzernleitung, als sie die Projektleitung für „Jobsharing @ DB" 2021 übernehmen. Dabei leiten sie nicht nur ein Projekt zu dem Thema, sondern erleben in der Co-Projektleitung selbst Tandemarbeit.

Projektleitung „Jobsharing @DB"
Expertinnen für Personalentwicklung
Deutsche Bahn AG

Vorstellung Alessia

Alessia Halbe arbeitet seit 2012 bei der Deutsche Bahn AG und ist nach zehn Jahren als Personalreferentin für Auslandsentsendungen seit 2021, gemeinsam mit Claudia Kunkel, für die Einführung von Jobsharing bei der DB verantwortlich. Daneben betreut sie auch die Themen Diversity und „Frauen in Führung" sowie konzernübergreifende Talentprogramme in der Grundsatzabteilung der Personal- und Führungskräfteentwicklung des Konzerns.

Vorstellung Claudia

Claudia Kunkel ist seit über 25 Jahren als Personalentwicklerin, Coach und Karrieremanagerin tätig. Nach Stationen bei der Daimler- und Beiersdorf-AG ist sie 2004 in den Deutsche Bahn Konzern gewechselt. Zuerst war sie in der Nachwuchsentwicklung, später in der Führungskräfteentwicklung und seit 2017 im Karriere- und Talentmanagement. In diesem Rahmen ist sie seit 2021 gemeinsam mit Alessia Halbe für die Einführung von JobSharing bei der DB verantwortlich.

Projektleitung „Jobsharing @DB"
Expertinnen für Personalentwicklung
Deutsche Bahn AG

3.9 Als Tandem Jobsharing im Großkonzern einführen: Alessia Halbe und Claudia Kunkel (Deutsche Bahn)

Wer seid ihr und was hat euch zu eurer aktuellen Rolle und Aufgabe gebracht?

Alessia:

Ich bin bereits seit 2012 im Konzern. Von meinem Einstieg als Praktikantin über das Schreiben meiner Abschlussarbeit bis zu der Übernahme einer Aufgabe als Referentin in der Abteilung für Auslandsentsendung im Personalressort des Konzerns. Seit 2021 bin ich im Team Karrieremanagement und beschäftige mich mit Grundsätzen der Personalentwicklung. Dabei verantworten wir diverse Talentprogramme. Ein Fokus liegt auf dem Thema Frauen und Führung. In diesem Kontext habe ich gemeinsam mit Claudia die Co-Projektleitung für das interne Projekt „Jobsharing@DB" übernommen. Meine Arbeitszeit beträgt 100 %.

Claudia:

Ich bin seit dem 2. November 2004 im DB Konzern und hatte in den letzten 18 Jahren die Chance, in verschiedenen Rollen tätig zu sein: im Geschäftsfeld, als auch in der Konzernleitung. In all den Jahren habe ich stets Vollzeit gearbeitet. Seit vier Jahren habe ich angefangen, mit meiner Arbeitszeit zu experimentieren und bin aktuell zu 80 % tätig. Ich bin Expertin für konzernweites Karriere- und Talentmanagement. Seit zwei Jahren treibe ich als Co-Projektleitung das Jobsharing-Projekt, das wir 2021 gelauncht haben.

Eure Arbeit als Tandem: Wie kam es zu dem Projekt und entsprechend zu eurer Co-Projektleitung?

Claudia:

Der Ursprung des Projekts liegt vor circa zweieinhalb Jahren. Den Startschuss hat der Konzernbeschluss „30 % Frauen in Führung bis 2024" gegeben, weil damit viel Antrieb und Aufmerksamkeit verbunden war. Dies war Anlass für unseren Vorstand Personal und Recht, Martin Seiler, das Thema Jobsharing für den Konzern genauer zu betrachten und zu fördern, um insbesondere die Frauenquote im Bereich Führung zu stärken. Wir haben damals eine interne Befragung in unserem selbstorganisierten Netzwerk „Frauen bei der Bahn" gestartet und die Ergebnisse zeigten: Es gab viel Interesse an Jobsharing und Führen in Teilzeit. Der Start des Projekts ist also in der Ecke „Vereinbarkeit von Familie und Beruf" zu verorten. Wir haben das Projekt jedoch immer auch größer betrachtet und zum Beispiel von Beginn an auch Männer als wichtige Zielgruppe eingeschlossen.

Könnt ihr eure Arbeitszeit auf das Projekt eingrenzen/schätzen?

Alessia:

Die Verantwortung für das Jobsharing-Projekt ist nicht unsere einzige Aufgabe und wir müssen versuchen, alle Themen und Verantwortlichkeiten unter einen Hut zu bekommen. Die investierte Zeit würde ich als Wellen beschreiben – zum Launch des Projekts war viel Zeit nötig, auch jetzt beschäftigen wir uns mit der Ausweitung auf den Tarifbereich als Zielgruppe für Jobsharing. Durchschnittlich schätze ich 50 % unserer jeweiligen Arbeitszeit für das Projekt. Jobsharing ist eines meiner Herzensthemen, da fällt es manchmal schwer zu stoppen. Gleichzeitig sehe ich Vorteile und Synergien, weil auch meine anderen Themen rund um Frauen in Führungsthemen profitieren. Grundsätzlich klappt alles nur dank Teamarbeit, in der wir uns gegenseitig unterstützen, aushelfen und an einem Strang ziehen.

Eure Arbeit als Tandem: Wie seid ihr aufgeteilt? Was macht ihr zusammen, was ist getrennt? Wie gestaltet ihr Übergaben?

Alessia:

Unser Modell ist langsam und eher organisch gewachsen. Es gab Fälle und Aufgaben, da merkte ich, dass ich Claudias Expertise brauche, und so haben wir gemeinsam festgestellt, wo unsere Stärken liegen und wie wir uns gut aufteilen können. Wir teilen uns auf, zum Beispiel für einzelne Beratungen oder die Vorbereitung von Gremienunterlagen. Am Ende schauen wir aber immer noch einmal gemeinsam darauf und fühlen uns so auch immer verantwortlich. Wir merken, dass wir zusammen einfach bessere Ergebnisse abliefern.

Claudia:

Das sehe ich auch so. Es war toll zu merken, wo unsere Stärken sind und wie wir uns gut ergänzen. Alessia hat einen guten Metablick und weiß, in welche Richtung wir das Projekt weiterentwickeln. Sie hat ein gutes Gespür für Gremieneinbindung und -kommunikation. Ich bringe dafür viel Expertise aus der Arbeit und Beratung von Führungskräften mit und kenne deren Bedürfnisse und Fragen. Bei mir liegen daher auch Themen wie Beratungskonzepte. Durch mein Netzwerk im Konzern kenne ich Stolpersteine bei der operativen Umsetzung. Dass wir uns gut ergänzen, haben wir erst im Laufe des Projekts herausgefunden – quasi mit jedem neuen To-Do. Dabei starten wir oft gemeinsam, zum Beispiel in Form eines Brainstormings und teilen im nächsten Schritt im Team auf. Am Ende fügen wir die Einzelteile wieder zusammen. So bringen wir auch verschiedene Perspektiven zusammen und hinterfragen einander. Das funktioniert nur, weil wir uns zeitlich ausreichend überschneiden und gemeinsame Termine haben. Auch unabhängig von Terminen, sind wir im engen Austausch, zum Beispiel über Chatnachrichten bei MS Teams.

Alessia:

Genau, eine enge Kommunikation empfinde ich als sehr wichtig. Wir haben zu Beginn der Woche einen Termin und können hier direkt besprechen, was diese Woche ansteht. Vor Urlauben oder längeren Abwesenheiten besprechen wir uns oft noch einmal intensiver in Form einer Übergabe. Im Zweifel kann das aber auch eine E-Mail mit den wichtigsten Infos sein. Manchmal haben wir auch Themen, die wir aufteilen könnten, uns aber dafür entscheiden, diese zusammen zu machen. Ein gutes Beispiel sind Beratungen mit Führungskräften. Claudia hat hier viel Expertise. Ich profitiere aber sehr davon, hier dabei zu sein, weil ich viel lerne und meine Perspektive ergänze. So kann man manche Termine oder Aufteilungen eventuell effizienter gestalten, wenn man nur die Zeitdimension betrachtet. Es lohnt sich nach meiner Erfahrung aber eben Faktoren, wie Lernen oder Erfahrungsweitergabe dabei mitzubetrachten.

Eure Arbeit als Tandem: Welche Erfahrungen habt ihr gemacht? Wo seht ihr Vor- und Nachteile?

Claudia:

Wir erleben vor allem Vorteile. Einige hat Alessia schon erwähnt: wir lernen voneinander und erreichen zusammen bessere Ergebnisse. Ich möchte noch ergänzen, dass mir die Arbeit deutlich mehr Spaß macht. Die Vor- und Nachteile liegen dabei manchmal nah beieinander: Wir mussten kürzlich unter hohem Zeitdruck einen Workshop konzipieren. Inhaltlich lagen wir dabei auseinander und hinzu kam Zeitdruck. Wenn ich allein gewesen wäre, hätte ich mich mit niemandem abstimmen müssen und es einfach so gemacht, wie ich dachte und hätte das Risiko allein getragen. Das klingt erst einmal einfacher, aber es hätte eben auch die Perspektivvielfalt gefehlt. Durch unsere Zusammenarbeit profitieren wir von der Abstimmung und generieren einen besseren Output – es kostet aber auch einfach Zeit. Man muss seine Ungeduld im Zaum halten und mit Reibung umgehen können.

Alessia:

Ich kann das bestätigen. Am Ende haben wir ein gutes Workshopkonzept auf die Beine gestellt und ich würde es auch unter Zeitdruck immer wieder so machen. Das Modell lebt einfach von Kommunikation. Dazu gehört für mich auch, wer wie viel andere Belastung im Team hat und wer unterstützen kann. Gerade vor dem Hintergrund von „Mental Health“ ist es aus meiner Sicht wichtig, dass wir offen über diese Themen sprechen. Der Vorteil liegt darin, dass wir uns gegenseitig entlasten können und ein Thema nicht auf meinen Schultern allein liegt. Gerade mit Blick auf Führung und Führungskräfte als unsere Zielgruppe im Projekt: der Anspruch an Führung ist in den letzten Jahren enorm gewachsen. Dabei wuchs auch eine mögliche Überlastung für eine Person. Durch neue Modelle Arbeit sinnvoll zu teilen, können wir hier entgegenwirken.

Jobsharing im Unternehmen: Was waren/sind die Beweggründe für die DB, das Thema Jobsharing zu fördern?

Alessia:

Als Deutsche Bahn beschäftigen wir uns kontinuierlich damit, wie wir unsere Arbeit, Arbeitsbedingungen und Arbeitszeitmodelle weiterentwickeln. Wie Claudia eingangs erläuterte, kam das Thema Jobsharing mit dem Vorstandsbeschluss zu „30 % Frauen in Führung" auf die Agenda. Die Resonanz der Kolleginnen und Kollegen hat dann bestätigt, dass es ein großes Interesse an dem Thema Jobsharing und Führen in Teilzeit gibt. Im Nachhinein bin ich froh, dass das Thema Jobsharing so einen Push erfahren hat, gleichzeitig ist es auch schwer, es in der internen Kommunikation aus der Frauenecke rauszuholen. Ich würde immer empfehlen, es in die „Unternehmensecke" zu stellen: Jobsharing muss als Erfolgsfaktor für Unternehmen betrachtet werden.

Claudia:

Bei der DB wurde ein bereichsübergreifendes Projekt „Jobsharing @ DB" innerhalb der Personalressorts aufgesetzt, bei dem unter anderem Karrieremanagement, Personalentwicklung aber auch Recruiting mitarbeiten. Die Schnittstellen zum Bereich Beschäftigungsbedingungen sind ebenfalls wichtig.

Wir sind davon überzeugt, dass Jobsharing ganzheitlich betrachtet werden sollte und mehr als nur ein „Frauenthema" ist. Es geht uns vielmehr um flexible Arbeitsmodelle für alle Zielgruppen. Gerade auf dem hart umkämpften Arbeitsmarkt ist dies ein wichtiger Faktor. Ich erlebe, wie die Erwartungen von jungen Nachwuchskräften an Führung steigen und sie nach neuen Modellen suchen, um verschiedenen Bedürfnissen auch außerhalb des Jobs nachgehen zu können. Wir sehen, dass die quotenstarken Jahrgänge vorbei sind und wie begrenzt der Arbeitsmarkt ist. Wir können es uns also nicht leisten den Teilzeitarbeitsmarkt außer Acht zu lassen.

Jobsharing im Unternehmen: Wie definiert die Deutsche Bahn Jobsharing aktuell und wo seht ihr die nächsten Schritte?

Claudia:

Jobsharing für die DB heißt, dass zwei Personen sich die Verantwortung für eine Führungsfunktion teilen. Im Zeitmodell bedeutet dies, dass sie eine Vollzeitposition besetzen. Wir setzen dies maximal im Faktor 1,2 um – meist in der Aufteilung 60/60. Es ist aber auch möglich, dass die Tandempartner:innen

50/70 arbeiten. In der Vergangenheit hat sich das Konzernprojekt dabei auf Führung und Leitungspositionen beschränkt. Führung verändert sich und Jobsharing ist ein Beispiel dafür.

Alessia:

Wir nehmen dabei ein großes Interesse wahr, die Arbeitszeit und das Sharingmodell noch flexibler gestalten und mehr arbeiten zu wollen. Dies lässt unsere interne Personalplanung so noch nicht zu. Ich bin mir aber sicher, dass mit weiterer Erfahrung und Verbreitung von Jobsharing auch die Variabilität der Modelle zunehmen wird. In der Arbeitswelt sehe ich einfach, dass „one fits all" nicht mehr gilt. Andere Unternehmen haben mit Doppelspitzen – also mit zwei Vollzeitkräften auf einer Position – auch gute Erfahrungen gemacht. Wir wollen dabei weiter auch unternehmerisch vorgehen und unsere wirtschaftliche Situation, sowie die Kosten/Nutzen-Betrachtungen aller Maßnahmen einbeziehen.

Was hat euch überrascht im Kontext eures Jobsharing-Projekts?

Alessia:

Mich hat die große Nachfrage und die vielen Interessierten überrascht. Wir bieten zum Beispiel einmal pro Quartal ein Lerncafé zum Thema Jobsharing an, das immer sehr gut besucht ist. Das ist ein Format zur Vorstellung und zum Austausch für neue Themen. Dazu kommen viele weitere Anfragen. Wir merken auch, dass der Wunsch nach individueller Beratung hoch ist – insbesondere auch bei den Führungskräften, die Stellen ausschreiben und besetzen. Wir konnten in den letzten Jahren so die Umsetzungsquote von Jobsharing bei der DB steigern. Wir sehen aber auch, wie viel Überzeugungsarbeit und Geduld dabei nötig ist.

Claudia:

Mich hat auch meine eigene Einstellung und der Wandel überrascht. Ich habe dieses Projekt übernommen und war von Anfang an von dem Thema Jobsharing angetan, obwohl ich damals noch keine konkrete Vorstellung davon hatte, wie das in der Praxis aussehen kann. Ich hatte auch anfangs meine Zweifel, ob Jobsharing wirklich für alle Führungsfunktionen geeignet ist. Durch Alessias und meine Zusammenarbeit und die Arbeit als Co-Projektleitung wurde ich eines Besseren belehrt. Ich sehe, dass Jobsharing für – fast alle – Führungsfunktionen geeignet ist und ein hoher Wert für unser Unternehmen geschaffen wird.

„Jobsharing bedeutet für mich …"

Alessia:

„…. Mittel der Wahl, um das Thema Gleichberechtigung in allen Bereichen privat wie beruflich voranzutreiben."

Claudia:

„…, dass ich meine Stärken optimal im Job einbringen kann, mich mit meiner Tandempartnerin gegenseitig inspirieren und dabei auch noch jede Menge Spaß haben kann."

„Wir bringen die doppelte Brainpower sowie die doppelte emotionale Intelligenz mit. Das hilft enorm in unterschiedlichen Situationen und bei verschiedenen Menschen.“

Alexandra Großkurth

Alexandra Großkurth & Birgit Ahlers

2018

Peer-Tandem

70 % jeweils (=140 %)
Beide arbeiten jeweils vier Tage und haben einen unterschiedlichen freien Tag.

mit Personalverantwortung

Internetdienstleistungen

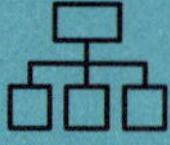

Abteilungsleitung

Alexandra und Birgit sind Google-Pionierinnen des Hamburger Standorts und bringen gemeinsam über 30 Jahre Google-Erfahrung in unterschiedlichen Vertriebsbereichen mit. Ihr Jobsharetandem „AliBi" haben beide 2018 mit ihrem Wechsel in Googles globales Partnerschaften-Team gegründet. Dort verantworten sie gemeinsam Umwelt- und Nachhaltigkeitsthemen mit dem Fokus auf strategische Partnerschaftsentwicklung in Europa.

Geo for Environment Leads, Google Global Partnerships
Google Germany GmbH

Vorstellung Alexandra

Alexandra bringt über zehn Jahre Erfahrung bei Google und einen multinationalen Hintergrund mit.

Sie studierte Umweltwissenschaften in Kanada, schloss einen Master of Business Administration in London ab und ist als Business Coach durch den DBVC (Deutscher Bundesverband Coaching e.V.) zertifiziert.

Gemeinsam mit Birgit leitet sie im Jobsharing den Bereich Nachhaltigkeits-Produkt Partnerschaften bei Google in der EMEA-Region (Europe, Middle East, Africa). Beide teilen die Leidenschaft für die Entwicklung von Partnerschaften im digitalen Raum zwischen Organisationen sowie Menschen. Zuvor hatten beide im Jobsharing sowie einzelne Positionen bei Google inne.

Alexandra ist Mutter von zwei Kindern und lebt in Hamburg.

Vorstellung Birgit

Birgit startete 2002 bei Google – als eine der ersten Mitarbeiterinnen außerhalb der USA. Durch verschiedene Stationen im Unternehmen verfügt sie über vielseitige Erfahrungen: von Media Sales über Tech Sales, Industry-Insights hin zu Business Development.

2018 hat Birgit mit Alexandra das AliBi Jobsharing im globalen Produkt-Partnerschaften-Bereich gestartet. Gemeinsam verantworten sie in EMEA den Bereich Nachhaltigkeit.

Birgit studierte Media Economics und war vor ihrer Zeit bei Google in verschiedenen Media Agenturen tätig.

Birgit ist Mutter von zwei Kindern und lebt in Hamburg.

Geo for Environment Leads, Google
Global Partnerships
Google Germany GmbH

3.10 AliBi-Jobsharing: Alexandra Großkurth und Birgit Ahlers (Google)

Eure Arbeit als Tandem: Wie kam es zu euch und eurem Modell?

Alexandra:

Unsere Arbeit als Jobshare begann 2018. Zu der Zeit waren wir beide bereits seit einigen Jahren in unterschiedlichen Rollen bei Google. Über unser Netzwerk in Hamburg haben wir Beispiele von praktizierenden Jobshares kennengelernt und fanden das Modell spannend. Wir waren zu der Zeit einzeln in Teilzeit aktiv und haben uns damals entschieden, die neue Rolle im Sharing auszuprobieren. Wir haben damit ein Novum geschaffen und gehörten zu den ersten Jobshares und sind damit Vorreiterinnen bei Google. In den letzten Jahren ist das Interesse intern und extern immer weiter gestiegen. Wir haben bei Google viel Zuspruch und Unterstützung erhalten. Es zeigt sich, dass Jobsharing ein Modell ist, das mittlerweile viele Menschen anspricht. Weit mehr als nur Mütter oder Eltern, die nach der Elternzeit flexibel in Teilzeit arbeiten. Das ist ein Klischee. Wir sind davon überzeugt, dass es für eine breite Zielgruppe ein interessantes und gewinnbringendes Arbeitsmodell ist.

Birgit:

Die Stelle war damals natürlich nicht spezifisch für Jobsharing ausgeschrieben, sondern wir haben uns auf eine normale Vollzeitrolle beworben. Zu diesem Zeitpunkt hatten wir beide mehrere Jahre in Teilzeit gearbeitet. Zwar nie gemeinsam, aber wir netzwerken beide auch intern sehr gerne und kannten uns. Unabhängig voneinander waren wir beide auf dem Weg zu einem nächsten Schritt in eine neue Rolle. Gemeinsam hatten wir ein noch breiteres Kompetenzfeld, denn wir kamen aus unterschiedlichen Organisationsbereichen innerhalb von Google. Alexandra kam im Laufe des Bewerbungsprozesses die Idee der Namensgebung von „AliBi“ und wir entwickelten gemeinsam unser Jobshare-Modell (Alexandra + Birgit). Nach unserem erfolgreichen Pitch bei dem damaligen Manager in England ist uns ein Karriereschritt in einen anderen Organisationsbereich gemeinsam gelungen.

Eure Arbeit als Tandem: Wie seid ihr aufgeteilt? Was macht ihr zusammen, was getrennt? Wie gestaltet ihr Übergaben?

Alexandra:

Unser Modell verändert sich kontinuierlich, jedoch bleibt die Basis immer gleich. In den letzten Jahren haben wir unterschiedliche Teams geführt. Es kam auch zu eigenem Manager- und Vorgesetztenwechsel, so dass wir unser Modell immer wieder neu vorstellen und erläutern mussten. Mittlerweile haben wir unser Modell gut dokumentiert. Wir haben ein Playbook (also eine Art Strategiepapier) entwickelt, in dem wir alle Learnings, die Schritte zu einem erfolgreichen Jobshare und alle Informationen, die für die Jobsharer:innen, Manager:innen und auch Top Shares (Jobshares auf Führungspositionen) wichtig sind, erläutern, wie zum Beispiel „Kommunikation mit einem Jobshare".

Wir nutzen eine gemeinsame E-Mail-Adresse als AliBi sehr konsequent, um den Informationsfluss zwischen uns sicherzustellen. Außerdem trägt diese auch zum Branding, zur Zuordnung und Bekanntheit bei. Dabei sind wir immer beide die Absenderinnen.

Wir organisieren uns im Hintergrund und treten nach vorne als AliBi gemeinsam auf. Uns ist wichtig, dass wir die gemeinsame Zeit in Meetings bewusst abwägen. Manchmal ist es aus Stakeholder:innen-Perspektive und aus taktischen Gründen zusammen sinnvoll, aber meistens optimieren wir unsere Zeit und Effizienz, indem nur eine von uns präsent ist. Da wir verstärkt mit externen Partnern zusammenarbeiten, ist es wichtig, dass das Jobshare-Prinzip bekannt ist und es zur Normalität wird, dass es keinen Unterschied macht, wer von uns beiden kommuniziert und auftritt. Hier erhalten wir sehr positive Rückmeldungen.

Birgit:

Das Gros unseres Arbeitskonzeptes ist von Anfang an gleich geblieben. Wir haben seit Start unseres Jobshares einige Routinen installiert, die unverändert geblieben sind: zum Beispiel einen gemeinsamen Wochenstart am Montag, bei dem wir uns konkret für die Woche abstimmen und aufteilen. Andere Routinen haben wir weiterentwickelt, auch durch Inspiration aus Büchern und Gesprächen mit Jobshares anderer Unternehmen. Dazu gehört beispielsweise, dass wir ein Mal pro Quartal eine Art Klausur machen. Dies findet außerhalb des Büros statt und wir nutzen die Zeit, um unsere Strategie, gemeinsame Ziele und Optimierung unserer Arbeit und Arbeitsweisen u.a. nach dem Prinzip „stop", „start",„continue" zu evaluieren – und uns für die Zukunft besser aufzustellen.

Unser Modell sieht vor, wie Alexandra bereits erläutert hat, dass wir gemeinsam als AliBi auftreten. Es gibt also keinen „default", keine „Einzelverantwortliche" bei der Zuordnung. Wir nutzen zur Steigerung der Effektivität zusätzlich das System des „first" und „second seat". Das bedeutet für uns, dass jeweils eine bei einem Thema tiefer ins Detail geht, sowie die Strategie schon mal vor- und weiterdenkt (first seat). Die jeweils andere ist immer über den Status informiert und kann jederzeit übernehmen. Sie ergänzt ihre Perspektive, ist eine Art Qualitätskontrolle und gibt Feedback (second seat). Für uns ist es das perfekte Sparring und sichert eine kontinuierliche Teamarbeit.

Eure Arbeit als Tandem: Welche Erfahrungen habt ihr gemacht? Wo seht ihr Vor- und Nachteile?

Alexandra:

Den größten Vorteil, den wir selbst und auch unser Unternehmen spüren, ist die 360-Grad-Perspektive, die wir mitbringen. Wir können unsere Stärken und Kompetenzen bündeln. Der Vorteil ist am größten, wenn es komplementäre Stärken sind. Dann ergibt eins plus eins einfach mehr als zwei. Es ist großartig zu sehen, was erreicht werden kann, wenn zwei Menschen auf eine Sache schauen, mitdenken und Themen vorantreiben. Wir bringen die doppelte Brainpower sowie die doppelte emotionale Intelligenz mit. Das hilft enorm in unterschiedlichen Situationen und bei verschiedenen Menschen.

In meiner täglichen Arbeit erlebe ich viele Vorteile. Wenn zum Beispiel die eine schon mal mit einer Aufgabe startet, während die andere noch eine andere finalisiert. Ich sehe viele Synergien und eine Effizienzsteigerung. Hinzu kommt, dass wir in einem globalen Unternehmen und Teams arbeiten. Wir können flexibler als eine Person agieren und zum Beispiel verschiedene Zeitzonen abdecken und uns hinsichtlich etwaiger Meetings am Abend aufteilen.

Für mich ist Jobsharing zudem ein nachhaltiges Arbeitsmodell, denn wir können uns smart aufstellen und die Arbeit passfähig zu diversen Anforderungen gestalten. Ich habe mit Birgit immer einen Coach an meiner Seite – das hilft mir, mich weiterzuentwickeln.

Nachteile erlebe ich ehrlich gesagt keine – ich denke aber, man kann die Vorteile nur nutzen, wenn man der Typ für Jobsharing ist. Dazu gehört, dass man ein Teamplayer ist. Das „Wir ist wichtiger als das Ich" sieht und ihr bzw. sein Ego zurückstellen kann. Gelingt das nicht, dann hat Jobsharing für diese Person vermutlich auch Nachteile.

Birgit:

Ich kann mich Alexandras Antwort anschließen. Wir arbeiten seit fünf Jahren im Jobsharing und wissen die diversen Vorteile permanent zu schätzen.

Es ist wichtig, auch offen darüber zu sprechen, dass man zu Beginn etwas Zeit und Mühe investieren sollte, um das Modell sauber aufzustellen und sich den richtigen Partner zu suchen. Gemeinsame Werte, Vertrauen, Wertschätzung, gute Kommunikationsfähigkeit und Zuverlässigkeit sind einige Elemente, die wir für die Zusammensetzung eines erfolgreichen Jobshares empfehlen.

Jobsharing im Unternehmen: Was sind die Beweggründe und Bedürfnisse von Google und wie seht ihr das Thema in eurem Unternehmen?

Alexandra:

Auch aus Unternehmenssicht sehen wir viele Vorteile. Der Fachkräftemangel ist eine Herausforderung. Google unterstreicht dafür die Flexibilität der Arbeit, damit jede und jeder seine Stärken und sein Potenzial gut einbringen kann. Flexibilität der Arbeit ist dabei die Überschrift. Das Unternehmen erkennt absolut an, dass es unterschiedliche Lebenssituationen und Phasen für Menschen gibt, die verschiedene Anforderungen nach Flexibilität mit sich bringen. Dazu gehört räumliche Flexibilität, die Möglichkeit, Auszeiten zu nehmen und eben auch die Arbeitszeit flexibel zu gestalten. Hier gehört das Jobsharing für uns auch hin. Es ist eine Option, unterschiedliche Ziele und Bedürfnisse zu berücksichtigen, insbesondere in unserer modernen Gesellschaft, in der sich klassische Rollenmodelle auflösen. Egal, ob man Kinder hat oder anderen Interessen nachgehen möchte, es gibt viele Gründe, warum man den Arbeitsumfang und entsprechend die Arbeitszeit verändern und flexibler gestalten möchte – teilweise auch nur befristet. Eben für die Phase im Leben.

Birgit:

Diese Flexibilität braucht es entsprechend auch bei der Unternehmensführung. Die Herausforderung für globale Konzerne ist immer, nationale Regelungen wie z.B. Arbeitsgesetze mit in die Personalplanung einfließen zu lassen. Google ermöglicht dieses flexible Arbeiten und wir haben bewiesen, dass Jobsharing eine Bereicherung für das Unternehmen sein kann, denn es fördert Diversität, Kreativität, Perspektiven, Inklusion und Innovation.

Seit unserem Start als Jobshare kommen kontinuierlich neue Jobsharer:innen bei Google hinzu, unabhängig von Geschlecht oder Familienstand.

Was würdet ihr rückblickend anders machen?

Alexandra:

Vom Ansatz würde ich es genauso wieder tun. Ich denke, ich würde rückblickend das Modell gerade intern noch häufiger erklären. Nach einer gewissen Zeit geht man davon aus, dass jeder das Thema Jobsharing kennt und das Konzept eine Selbstverständlichkeit ist. Das ist aber weniger der Fall, als man denkt. Hinzu kommt ein natürlicher Wechsel interner und externer Ansprechpartner:innen. Daher haben wir das Google Jobshare Playbook erarbeitet. Es ist immer wieder ein Abholer und erläutert das Modell auf einfache Weise.

Birgit:

Wir haben gelernt, dass es sich lohnt, sich als Jobsharing-Paar auch regelmäßig zurückzuziehen, um zu reflektieren, zu priorisieren, gedanklich in die Tiefe zu gehen und zu planen. Man sollte sich Zeit nehmen für Themen, die man nicht kurz am Montagmorgen besprechen kann, sondern die mehr Zeit, Ruhe und Tiefe benötigen. Diesen Tipp geben wir auch immer wieder an Teams weiter, die aus mehr als zwei Personen bestehen.

Wie würdet ihr eure Beziehung miteinander beschreiben?

Birgit:

Unsere Beziehung miteinander hat sich selbstverständlich in den letzten Jahren auch entwickelt und verändert. In einem unserer ersten Interviews 2019 haben wir noch klar gesagt, dass wir privat nicht befreundet sind. Man muss dazu erwähnen, dass wir uns wie vorher beschrieben nur über Kolleg:innen kannten und bis zu diesem Zeitpunkt nie zusammengearbeitet hatten.

Im Laufe der Jahre verbringt man aber viel Zeit miteinander und rückt dadurch sehr nah zusammen. Unser geschäftlicher Austausch ist intensiv und wir wissen, dass wir uns hundertprozentig aufeinander verlassen können. Natürlich strahlt das auch positiv in den privaten Bereich ab und das ist ein gutes Gefühl. Wir sprechen inzwischen neben Google- Themen auch mal über Herausforderungen des Familien-Managements.

„Jobsharing bedeutet für mich …"

Birgit:

„… ein modernes, effizientes und flexibles Arbeitsmodell, bei dem jede und jeder die Chance auf Weiterentwicklung hat, durch einen gemeinsam größeren Scope, gegenseitiges Coaching und konstantes Sparring."

Alexandra:

„… die beste Art zu arbeiten. Ich glaube, es hat einen Grund, warum viele Investor:innenen nur in Firmen investieren, die mindestens zwei Gründer:innen haben. Da ist viel dran…"

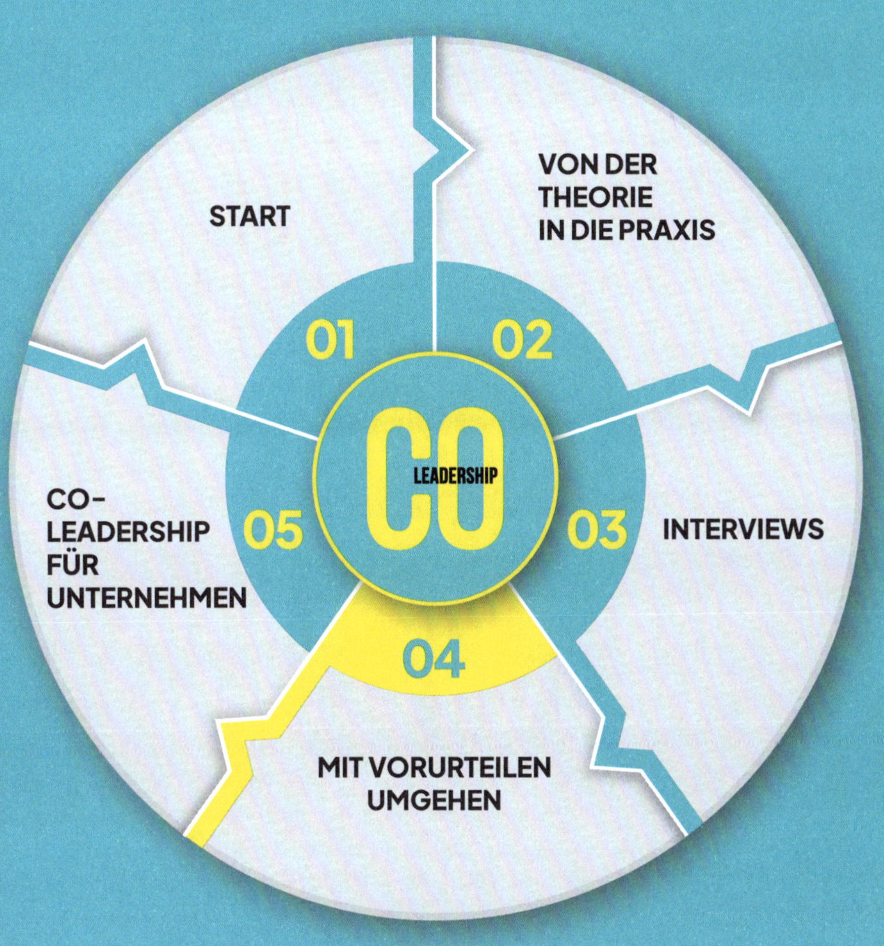

04 MIT VORURTEILEN UMGEHEN

- **Tipps** zur virtuellen und hybriden Zusammenarbeit im Co-Leadership (S. 157)
- **Tipps** für die professionelle Beziehung im Co-Leadership (S. 160)
- **Take Away:** Mit Vorbehalten erfolgreich umgehen (S. 170)

„Nicht weil es schwer ist, wagen wir es nicht. Weil wir es nicht wagen, ist es schwer."

Seneca
Römischer Philosoph

4 Mit Vorbehalten erfolgreich umgehen

Die Erfahrung zeigt, dass Jobsharing als theoretisches Konstrukt auf viel Zuspruch stößt. Es wird als Beispiel für die Flexibilisierung der Arbeit genutzt – bis es um das eigene Team, Unternehmen oder Projekt geht. Dann werden die Bedenkenträger:innen laut und finden Gründe, warum es in ihrem Unternehmen nicht passt oder unmöglich scheint.

Wir ermutigen deshalb, pauschale Gründe konsequent abzumoderieren. Wo ein Wille, da ein Weg. Daher entkräften wir hier fünf gängige Mythen rund um Co-Leadership.

4.1 Mythen des Co-Leadership dekonstruieren

Mythos 1: Co-Leadership geht nicht virtuell.

Hinter dieser Aussage steht der Glaubenssatz, dass Tandems zusammen sitzen müssen, um sich eng abstimmen zu können.

Unternehmen wünschen sich, dass ihre Mitarbeiter:innen möglichst oft vor Ort sind und ins Büro kommen. Die Kultur wird beschrieben als Austausch am Kaffeeautomaten oder beim Gespräch im Gang – einfach als persönliche Begegnung, die die Unternehmenskultur prägt.

Nicht erst seit der Pandemie ist virtuelle Zusammenarbeit ein Thema. Doch was vorher oft noch undenkbar schien, war nun häufig möglich. Auch Tandems wurden zu Beginn der Pandemie vor neue Herausforderungen gestellt: Die tägliche Arbeit musste genauso in den virtuellen Raum verlegt werden wie die Arbeit untereinander, die Abstimmung mit den Teammitgliedern musste neu gedacht und organisiert werden.

Mittlerweile zieht es viele – verständlicherweise – zumindest tageweise wieder ins Büro und in den damit verbundenen direkten Austausch zurück. Das bedeutet jedoch nicht, dass alles Gelernte über die virtuelle Zusammenarbeit wieder vergessen werden sollte. Denn vor allem für Tandems gibt es einige interessante Dinge, die sie für die zukünftige Zusammenarbeit mitnehmen können. Hier wurde während der Pandemie mit einigen Vorurteilen aufgeräumt, die neue Horizonte im Co-Leadership eröffnen.

Eine große Unbekannte war lange, ob Tandems virtuell überhaupt zusammenarbeiten können oder ob sie nicht doch an einem Ort – am besten in einem Büro – sitzen müssen, um erfolgreich zu sein.

 **Die kurze Antwort ist: Ja, Co-Leadership kann rein virtuell erfolgreich sein!**

Bewiesen haben es zum Beispiel Lars Bohlmann mit seinem Co-Geschäftsführer Andre Eckholt, die über Ländergrenzen hinweg (er in Deutschland, Andre in Tschechien) mitten in der Pandemie ihre Rollen als Co-Geschäftsführer eingenommen haben und diese Verantwortung über zwei Jahre gemeinsam getragen haben (Lars spricht in Kap. 3.1 ausführlich darüber).

Nichtsdestotrotz gibt es auch in dieser Konstellation Herausforderungen, über die ihr euch im Klaren sein solltet, um mit ihnen sinnvoll umgehen zu können:

Eine zentrale Herausforderung in der hybriden Zusammenarbeit und im Co-Leadership ist der kurze Dienstweg.

Wenn Unternehmen einen Hauptstandort haben und dort viele Teammitglieder zusammen mit einer der beiden Führungskräfte sitzen, ist es natürlich, dass die Mitarbeitenden versucht sind, die räumliche Nähe für kurze Absprachen im Büro zu nutzen – entweder durch einen Besuch im Büro, bei einer Kaffeepause oder bei einem gemeinsamen Mittagessen in der Kantine. Dabei spielt es keine Rolle, ob der/die Tandempartner:in im Homeoffice ist, an einem anderen Standort oder in einem anderen Land arbeitet. Der kurze Dienstweg ist bequem und wird deshalb unbewusst genutzt. Für ein Tandem ist hier allerdings Vorsicht geboten, denn es kann zu einer Dysbalance sowohl in der Akzeptanz des Tandems als auch zwischen den Tandempartner:innen kommen.

Eine weitere Herausforderung besteht in der rein virtuellen Zusammenarbeit – im Tandem, aber auch mit dem Team. In diesem Szenario fallen die informellen Absprachen im Büro komplett weg, und die Tandempartner:innen müssen aktiv daran arbeiten, einen anderen Raum der Zusammenarbeit und der Kommunikation zu schaffen. Hier gilt es, darauf zu achten, Informationen transparent und für alle zugänglich zu machen. Dies gilt sowohl für formelle als auch für informelle Informationen, so dass niemand den Eindruck bekommt, Informationen gehen verloren oder müssen mehrmals geteilt werden.

Tandems müssen nicht am gleichen Ort sein und schon gar nicht in einem Büro sitzen, um erfolgreich zu sein. Nichtsdestotrotz muss das Tandem ein Auge darauf haben, wie gute Zusammenarbeit gelingen kann, um untereinander gut abgestimmt zu sein und vor dem Team als eine Einheit wahrgenommen zu werden.

Wir haben euch dazu einige Tipps zusammengestellt.

Tipps zur virtuellen und hybriden Zusammenarbeit im Co-Leadership

Als Tandem:

- Asynchrones Abarbeiten
- Gemeinsame Ablage:
  Eine gemeinsame und transparente Ablage (z.B. mit Microsoft Office) führt dazu, dass es keinen Informationsschiefstand gibt. Außerdem ist eine reibungslose Themenübernahme im Fall von Urlaub, Krankheit, etc. möglich (s.a. Kap. 2.5, Feld 5)
- Genaue Aufgabenverteilung:
  Themen und Verantwortlichkeiten sollten klar definierte Owner haben. So vermeidet ihr als Tandem nervige Doppelarbeit und kann Teammitgliedern die Ansprache erleichtern
- Vertrauen darauf, dass der andere den Job nach bestem Wissen und Gewissen macht
- Gemeinsame Werte und Lust an der Aufgabe

Mit dem Team:

- Gemeinsame Aktivitäten in den virtuellen Raum verlegen:
  Gemeinsames Mittagessen, Kaffeetrinken und weiterer informeller Austausch möglichst gemeinsam und virtuell, um eine Balance zwischen den Tandempartner:innen zu halten
- Rotation der Mitarbeiteransprechpartner:in:
  Sofern die Teammitglieder aufgeteilt sind, darauf achten, Gruppenbildung („Gruppe vor Ort", „Gruppe woanders") zu vermeiden und aktiv die Ansprechpartner:in durchmischen
- Hybride Meetingkultur stärken:
  Meetings müssen so gestaltet sein, dass allen die gleiche Beteiligung ermöglicht wird. Hier bedarf es Fähigkeiten rund um hybride Meetingkultur, die man sehr gut lernen kann. Ein tolles Handbuch dazu haben Gesine Engelage-Meyer und Sonja Hanau geschrieben (Mit hybriden Teams mehr erreichen: Werkzeuge, Methoden und Praktiken für gelungene Zusammenarbeit auf Distanz – erschienen im Business Village Verlag)

Mythos 2: Co-Leadership geht nicht auf Top-Ebene.

Der Glaubenssatz dahinter: An der Spitze müssen Entscheidungen schnell und eindeutig getroffen werden, das geht nur mit ein:er Chef:in.

Ist Co-Leadership auf Funktionen begrenzt? Nein. Wir sind überzeugt, dass Co-Leadership für jede Art von Rolle, Funktion und Hierarchieebene geeignet sein kann. Ausschlaggebend für den Erfolg sind vielmehr die Personen und die Ausgestaltung des Modells, das passfähig zu Unternehmen und Rolle sein sollte.

Schon bei der Gründung von Unternehmen zeigt sich, dass „Doppelspitzen" sinnvoll sind.

Meist gibt es dabei eine Aufteilung nach CTO, CEO oder Ähnlichem – grundsätzlich liegt die Verantwortung der Geschäftsführung aber im Team. Die unternehmerische Verantwortung, Ausrichtung, Investorensuche usw. wird gemeinsam verantwortet, auch wenn einzelne Aufgaben aufgeteilt werden. Grundsätzlich sind Co-Geschäftsführer:innen weit verbreitet. An der Spitze – also an Top-Positionen – muss es nicht einsam sein. Ein Blick in den Mittelstand zeigt ebenfalls, dass familiengeführte Unternehmen vermehrt auf eine Doppelspitze setzen.[41]

Ein weiteres Beispiel ist das Leitungsteam der Asklepios Klinik in Wandsbek in Hamburg. Dort leiten drei Chefärztinnen die Klinik gemeinsam, jede hat aber eben ihren spezifischen Schwerpunkt und alle drei arbeiten Vollzeit[42].

Auch in der Politik haben sich Doppelspitzen mittlerweile etabliert. Ob bei der Partei Die Grünen (Ricarda Lang und Omid Nouripour), bei der SPD (Saskia Esken und Lars Klingbeil) oder bei den Linken (Janine Wissler und Martin Schirdewan). Top-Positionen in der Politik werden schon länger mit Tandems besetzt.

Selbst in der Medienbranche, der oft eine gewisse „Alpha Kultur" bescheinigt wird, sind Tandems in Top Positionen verbreitet. In einigen Verlagen führen Duos die Geschäfte erfolgreich, der Stern hat Print und Web in seiner zweiköpfigen Chefredaktion vermählt, Tagesspiegel und Süddeutsche Zeitung sind auch als Doppelspitze in der Redaktion unterwegs.

Es zeigt sich also, dass es heute bereits zahlreiche Beispiele gibt, die wir unter Co-Leadership verorten.

☞ **Das zeigt für uns, dass Co-Leadership für jede Rolle funktionieren kann, wenn auch nicht für jede Person.**

Wer gern allein im Rampenlicht steht, für den ist Co-Leadership weniger geeignet. Das „Wir" ist im Shared Leadership wichtiger als das „Ich". Der Wunsch nach Diskurs und die Bereitschaft zur Abstimmung, die Lust an Diskussionen und Perspektivenvielfalt sowie die Fähigkeit, Kompromisse eingehen zu können, sind dafür entscheidend.

---

41 Hegetschweiler 2021
42 Keller 2022

Mythos 3: Tandempartner:innen müssen befreundet sein.

Beim Thema Freundschaft gehen die Meinungen stark auseinander: Einige sind überzeugt, dass eine reibungslose Tandemarbeit nur funktioniert, wenn sich das Tandem „in- und auswendig" kennt und eng befreundet ist. Das können wir mit einem Blick in die Praxis nicht bestätigen.

Co-Leadership ist eine Arbeitsbeziehung, die in einem beruflichen Rahmen angesiedelt ist. Die Beziehung lässt sich daher auch in diesem professionellen Kontext gestalten. Themen, die eine Freundschaft ausmachen, wie zum Beispiel Partnerschaft, Kinderwunsch, persönliche Probleme oder Ängste, sind dabei nicht erforderlich.

Die Grenze verläuft jedoch fließend, denn ein offener Austausch zu Stärken und Lernfeldern ist ein Vorteil der Tandemarbeit. Persönliches Reflektieren und kontinuierliches Feedback sind Teil der Arbeit. Fragen rund um Werte, Einstellungen und Führungsverständnis werden miteinander besprochen. Dazu gehört auch oft ein Blick in die persönliche Entwicklungsgeschichte, beispielsweise Prägung in der Kindheit und Sozialisierung.

Im Co-Leadership sind daher die gegenseitige Sympathie, Zugewandtheit und Offenheit Erfolgsfaktoren. Diese sollten zu Beginn der Tandemarbeit auf grundsätzliche Passfähigkeit geprüft werden. Der Rest dieser Beziehung kann sich – so wie in jeder anderen Beziehung – über eine längere Zeit entwickeln. Gegenseitiges Vertrauen will langsam aufgebaut und mit gemeinsamer Erfahrung gebildet werden.

Die Gegenposition zum Thema Freundschaft in Co-Leadership ist dabei ebenso vertreten: Bloß nicht als Freund:innen zu eng zusammen arbeiten! Auf dem Spiel stünde die persönliche Verbundenheit, denn wenn es mit der Zusammenarbeit, mit dem Erfolg im Job und als Tandem nichts wird, so stehe auch die Freundschaft auf dem Spiel. Hohe Erwartungen, beruflicher Stress und Konflikte können die Freundschaft belasten.

☞ Daher empfehlen wir, die Themen „beruflich und privat" in einer guten Dosierung zu trennen.

Die persönliche Frage nach dem Wochenende sollte dabei immer möglich sein – wir sind als ganze Menschen auch im Arbeitsalltag. Das gegenseitige Interesse ist wertvoll und beziehungsfördernd. Die Diskussion von Eheproblemen oder Erziehungstipps sollten dabei aber in einem anderen – einem privatem – Rahmen besprochen werden und haben in der Projektrücksprache nichts zu suchen.

Freundschaften sind zudem häufiger in einer größeren Gruppe oder Clique angesiedelt. Die Interdependenzen gilt es zu beachten: Wenn ich mich bei einer Freundin über meinen Tandempartner beschwere, die beiden aber ebenso befreundet sind, können Konflikte im ganzen Freundeskreis auftauchen.

Wir haben für die Etablierung einer guten professionellen Beziehung einige Tipps zusammengetragen.

Tipps für die professionelle Beziehung im Co-Leadership

- **Schriftlich festhalten:**
  Vom Arbeitsvertrag bis hin zur Urlaubsplanung. Was schriftlich fixiert und miteinander abgestimmt ist, hat später weniger Chancen zu Konflikten zu führen.
- **Berufliche und private Termine trennen:**
  Beim Brunch am Wochenende nicht (oder nur wenig) über die Arbeit sprechen und in der fachlichen Rücksprache die privaten Anliegen außen vor lassen. Das bedarf Disziplin, verhilft aber einer gesunden Work-Life-Balance für das Tandem und die Freundschaft.
- **Klartext:**
  Im Co-Leadership werden auch unbequeme Wahrheiten ausgesprochen und gemeinsam nach besseren Lösungen gesucht. Dabei sollte auch eine persönliche Freundschaft nicht zu Verklausulierungen oder Nettigkeiten führen. Dafür können nach einer harten Diskussion oder einer Meinungsverschiedenheit auch ein gemeinsames Bier oder ein Kaffee folgen.
- **Ehrlichkeit:**
  Das Tandem sollte sich darauf einigen, in der professionellen Beziehung keine Geheimnisse voreinander zu haben. Somit ist auch ausgeschlossen, dass das Umfeld das Jobsharingtandem ausspielen kann.

Aus eigener Erfahrung möchten wir hinzufügen, dass Arbeit für viele von uns ein großes Stück des Tages, des eigenen Sinns und der Lebensrealität ausmacht. Die Grenzen zwischen Persönlichem und Beruflichen verschwimmen daher immer mehr. Wir sind als ganze Menschen mit all unseren Facetten auch im Arbeitsleben. Im Arbeitskontext entstehen Freundschaften und Beziehungen, denn dort treffen wir oft auf Gleichgesinnte. Das ist auch gut so. Unsere Beziehungen und unser gegenseitiges Verständnis profitieren von dieser Tiefe. Mit den richtigen Instrumenten, der eigenen Disziplin und einem klaren Blick gelingt es, eine professionelle Beziehung als Tandem zu gestalten – egal, ob beide Partner:innen eng befreundet sind oder nicht.

Mythos 4: Co-Leadership ist ein „Mutti-Modell"

Immer wieder heißt es hinter mehr oder weniger vorgehaltener Hand Co-Leadership sei ein Modell, dass nur für Frauen – oder genauer gesagt nur für Mütter – interessant sei. Auch wenn wir dieses Fass eigentlich gar nicht aufmachen wollten, zeigt es sich, dass die Vorurteile rund um Jobsharing-Modelle so tief sitzen, dass sie auch den Blick auf Co-Leadership trüben. Und es sind einige Männer in entscheidenden Positionen der Meinung, Co-Leadership sei ein Modell ausschließlich für „die Frauen". Wir finden, mit dieser Diskriminierung muss Schluss sein.

Sharing-Modelle kommen aktuell häufig nur in Verbindung mit Frauen-Förderungs-Programmen oder der Frauenquote im Unternehmen ins Gespräch. Das ist insofern verständlich, als dass Unternehmen massiv gegen den Verlust von weiblichen Führungskräften und Talenten angehen müssen – denn sie können es sich nicht leisten, mehr als 50 % der Hochschulabsolvierenden zu verlieren.[43] Nichtsdestotrotz schränken sich Unternehmen damit selbst ein und erkennen den Gewinn neuer Arbeitsmodelle für ihre Attraktivität nicht.

☞ **Jobsharing und Co-Leadership sind Modelle für alle, die Art der Arbeit, die Arbeitszeit und das Verteilen von Verantwortung neu und flexibler zu denken.**

Was richtig ist: Aktuell arbeiten immer noch mehr Frauen als Männer in Teilzeit (57,5 % gegenüber 13,6 %)[44], dementsprechend sind aktuell auch immer noch mehr Frauen als Männer in Co-Leadership unterwegs. Das liegt jedoch vorrangig an den gesellschaftlichen Normen, nach denen Frauen immer noch einen großen Teil der Care-Arbeit übernehmen. Das ist der Grund, warum sie häufiger die Möglichkeiten wahrnehmen, eine Führungsposition in Teilzeit zu übernehmen.

Leichtfertig ist es aber, Co-Leadership-Modelle allein in dieser Ecke anzusiedeln. Denn die Zeiten ändern sich gerade rapide.

So ist es allgemein zu beobachten, dass sich auch zunehmend mehr Männer für Jobsharing-Modelle interessieren – allen voran, wenn auch nicht ausschließlich, Männer der Generation Z. Sie wollen nicht nur flexibler in ihrer Zeiteinteilung sein, Arbeit hat in ihrem Leben einfach nicht mehr den gleichen Stellenwert, wie sie es in früheren Generationen hatte. Das lässt sich unter anderem an den Zahlen von Männern in Teilzeitbeschäftigung ablesen: Aktuell arbeiten in Österreich zum Beispiel Männer ohne Kinder fast doppelt so oft in Teilzeit wie Väter (13,0 % ohne Kinder, 6,9 % mit Kindern).[45]

Während es bei Frauen häufig die Care-Arbeit ist, die sie dazu bewegt, eine Teilzeitstelle anzunehmen, haben Männer häufig andere Gründe: Sie suchen eine geringere Arbeitslast und flexiblere Arbeitsmodelle, um Zeit für Aus- und Fortbildungen zu haben (25 %) oder aus sonstigen Gründen (23 %).[46] Gerade bei der Generation Z lässt sich der Trend hin zu einer guten Work-

---

[43] Personio 2021
[44] Bundesamt für Statistik 2012
[45] Statistik Austria 2022
[46] Statistisches Bundesamt 2021

Life-Balance feststellen, die bei der Wahl des Arbeitgebers einen großen Einfluss hat.[47]

Außerdem zeigen aktuelle Studien des Deutschen Instituts für Wirtschaftsforschung (DIW), dass die Deutschen insgesamt weniger Stunden arbeiten möchten (im Schnitt nur noch etwa 32 Stunden pro Woche) und dabei auch ein geringeres Einkommen in Kauf nehmen.[48]

Egal also, ob alt oder jung, ob Mann oder Frau, ob neu oder etabliert – die Veränderung der Arbeitswelt und die Veränderung unserer Bedürfnisse für sinnvolle Arbeit gehen alle an.

Jobsharer:innen entscheiden sich aus diversen Gründen für ein Tandemmodell – meist mit reduzierter Arbeitszeit: Sie wollen Zeit für die Familie haben, sie wollen der Kinderbetreuung oder Elternpflege gerecht werden, sie wollen ein Ehrenamt oder eine Freiberuflichkeit ausüben, ein Hobby pflegen oder einfach so.

Auch der Wunsch nach geteilter Verantwortung und Ausübung einer neuen Art der Führung sind Motivatoren. Genauso kann der Weg ins Tandem über den Wunsch nach kontinuierlichem Sparring sein. Außerdem reduziert die Arbeit im Tandem die Einstiegshürde in eine Führungsposition und ist somit ein attraktives Konzept. Ein Blick in das Interview-Kapitel (Kap. 3) zeigt diese Vielfalt sehr anschaulich.

Der gemeinsame Nenner bei allen, die sich für ein Co-Leadership-Modell interessieren und entscheiden, ist der Wunsch nach Vereinbarkeit. Vereinbarkeit eigener Bedürfnisse mit den Anforderungen des Jobs.

Um allen Facetten des Lebens gerecht zu werden, um Mitarbeitende motiviert in der Arbeit zu halten und flexibel auf ihre Bedürfnisse eingehen zu können, braucht es Co-Leadership-Modelle. Denn mit Co-Leadership erreichen Unternehmen Menschen, die eine Führungsposition allein nicht einnehmen würden – somit macht das Modell Führung für alle wieder attraktiver und bietet einen enormen Mehrwert für Unternehmen.

Mythos 5: Tandems sind teuer und unproduktiv

Eine häufige Annahme von Unternehmen im Zusammenhang mit Co-Leadership ist, dass Co-Leadership zu erheblichen Mehrkosten bei geringerer Produktivität führt. Sie seien für die Unternehmen ein erhebliches Minusgeschäft. Deshalb verwundert es nicht, dass das Modell erst gar nicht weiter in Betracht gezogen oder pilotiert wird.

Damit vergeben sich viele Unternehmen eine große Chance – und tun das darüber hinaus aufgrund falscher Glaubenssätze.

---

[47] Deloitte 2020
[48] ZEIT Online 2023

Natürlich müssen Unternehmen wirtschaftlich denken und sicherstellen, dass sie Modelle zur Flexibilisierung nur dann einführen, wenn sie dem Unternehmen und dessen Produktivität nicht schaden. Um Unternehmen hier Sicherheit zu geben und mit gängigen Vorurteilen aufzuräumen, haben sich in den letzten Jahren einige Studien sowohl mit der Produktivität von Co-Leadership-Modellen als auch mit den Kosten solcher Modelle für Unternehmen beschäftigt.

Produktivität

Insgesamt kommen alle aktuellen Studien zu dem Schluss, dass Co-Leadership-Modelle meist produktiver, mindestens aber gleich produktiv gegenüber Einzel-Führungskräften sind.[49] Dies geben 92 % der befragten Führungskräfte im Rahmen einer wissenschaftlichen Befragung der Hochschule Heilbronn im Jahr 2022 an.

Der vermeintliche Schnelligkeitsverlust durch die notwendige Abstimmung im Tandem ist nicht hinderlich, sondern sorgt im Gegenteil dafür, dass Entscheidungen qualitativ hochwertiger werden und der Arbeitgeber von einer doppelten Kompetenz profitiert.[50] Diese doppelte Kompetenz führt zu einer Produktivitätssteigerung und einer erhöhten Innovationskraft, die sowohl in der PwC-Studie zur dualen Führung als auch in der Studie der Hochschule Heilbronn als Vorteile von Co-Leadership-Modellen im Gegensatz zu Einzel-Führungskräften genannt wurden.

Kosten

Es ist verständlich, dass Unternehmen vor allem in Bezug auf die Personalkosten kritisch auf eine Doppelspitze blicken, da diese häufig mehr als 100 % arbeiten und somit über die allokierten 1,0 FTE (Full Time Equivalent, zu Deutsch: Vollzeitäquivalent) für eine Stelle kommen. Darüber hinaus schlagen weitere Personalnebenkosten zu Buche, wie zum Beispiel die Kosten für IT-Equipment oder Sozialabgaben.[51]

An dieser Stelle wollen wir klar sagen: Ja, diese Mehrkosten sind richtig benannt und entstehen dem Unternehmen. Interessant wird es jedoch, wenn das Unternehmen die Investition in ein Co-Leadership-Modell aus weiteren Perspektiven betrachtet:

Zum einen zeigen viele Modelle, in denen Tandems mehr als 100 % arbeiten, dass das Tandem zusätzliche Aufgaben übernimmt. Arbeitet ein Tandem beispielsweise 80 %/80 %, sagen die meisten, dass ihnen zum Beispiel ein Sonderprojekt, eine weitere Führungsaufgabe oder aber die Betreuung eines Sonderthemas übertragen wurde (wenn eine Person im Tandem z.B. ein:e

---

[49] Zum Beispiel Reinfuss 2022
[50] Amstutz und Jochem 2014
[51] Half 2014

ausgewiesene:r Expert:in war und das Unternehmen dieses Wissen weiterhin bei dem Thema braucht).

Zum anderen stehen den Mehrkosten in Form von Personal- und Personalnebenkosten die Vorteile in Bezug auf Stabilität und Ausfallsicherheit sowie der höheren Belastbarkeit gegenüber.[52] Außerdem hat sich gezeigt, dass ein Tandem zu niedrigeren Fluktuationskosten und zur Erhaltung von wichtigem betrieblichem Know-How führt.[53]

Deshalb stellt eine Doppelspitze vor allem langfristig keine „Ressourcenfalle" dar – so lautet das Ergebnis einer Studie von PwC zur Dualen Führung in Österreich.[54] Im Gegenteil fand die Studie sogar heraus, dass Befragte die langfristigen Kosteneinsparungen auf rund 26 % schätzen.[55]

 **Insgesamt lässt sich daher sagen, dass die (Kosten-)Vorteile von Co-Leadership überwiegen.**

Eine Tandembesetzung kostet im ersten Moment etwas mehr, spart auf der anderen Seite aber auch Kosten, wenn Fluktuation, Risiko für Ausfall usw. mit betrachtet werden. Das liegt unter anderem an einer höheren Belastbarkeit und der Möglichkeit, als Tandem besser auf die Herausforderungen einer agilen Arbeitswelt reagieren zu können.[56]

4.2 Hindernisse der Tandemarbeit überwinden

Wie in jedem Arbeitsmodell gibt es auch beim Co-Leadership-Modell und in der Arbeit als Tandem Herausforderungen, die entweder im Vorhinein geklärt oder spätestens beim Aufkommen gut bearbeitet werden müssen.

Wir zeigen im Folgenden, wie ihr diese Hindernisse und Stolpersteine überwindet:

- Bedenken bei Führungskräften
- Bedenken bei den Mitarbeitenden
- Ineffizientes Tandemmodell und „nicht abgeben können"
- Als doppelt wahrgenommen werden

[52] Zum Beispiel Reinfuss 2022
[53] Dimitri 2014
[54] Arouri, Aichinger, Baumgartner, Koidl 2022
[55] Arouri, Aichinger, Baumgartner, Koidl 2022
[56] Zum Beispiel Reinfuss 2022

Bedenken bei Führungskräften ausräumen

Jobsharing und Co-Leadership sind zunehmend beliebter und gelten als überaus gewinnbringend für Organisationen. Das macht es für Führungskräfte schwieriger, ihre berechtigten Sorgen und Zweifel, die sie in Bezug auf die Modelle haben, zu artikulieren. Angesichts des Drucks, dem Führungskräfte ausgesetzt sind, ist es verständlich, dass sie sich mit den potenziellen Stolperfallen von Jobsharing auseinandersetzen und sich darüber informieren wollen. Untersuchungen haben auch ergeben, dass Führungskräfte dem Jobsharing-Modell nicht generell abgeneigt sind, sie haben nur Sorgen in Bezug auf die Komplexität eines solchen Modells, für das sie nicht auf direkte Praxiserfahrung zurückgreifen können.[57]

Die Überzeugung der einstellenden Führungskraft ist zentral, um in die Arbeit als Jobsharing-Tandem starten zu können. Wir empfehlen, mögliche Fragen schon im Bewerbungsprozess aufzugreifen und zu beantworten. So entstehen Vertrauen und Sicherheit mit dem neuen Modell.

Typische Fragen sind:

- Muss ich als Führungskraft alles zwei Mal sagen?
- Wie erreiche ich den/die Richtige?
- Ist das nicht viel zu teuer?
- Braucht das Tandem unterschiedliche Ziele?

Hier liefern wir euch mögliche Antworten darauf:

- **Muss ich als Führungskraft alles zwei Mal sagen?**
  Das ist eine valide Frage, denn eine Führungskraft möchte Informationen, Arbeitsaufträge oder Rückmeldungen nur einmal geben und mit der Einstellung eines Tandems keine Doppelarbeit leisten müssen. Sie möchte sicher sein, dass Aufgaben schnell erledigt werden und es weder zu Doppelarbeiten noch zu Versäumnissen kommt. Daher haben die meisten Tandems ein klares „Operating Model" und haben abgestimmt, wie sie schnell relevante Informationen miteinander teilen. Über digitale Tools und geteilte Dokumente geht das wunderbar. Vor der Einstellung eines Tandems solltet ihr euch zu dritt zusammensetzen und die Strukturen besprechen und gegenseitige Bedürfnisse rund um die Kommunikation und Verteilung von Arbeitsaufträgen klären. Sollte es dazu kommen, dass etwas doppelt bzw. zusätzlich erläutert wird, ist es ratsam, dass der/die Tandempartner:in den/die Gesprächspartner:in direkt darauf hinweist, zum Beispiel: „Die Info habe ich bereits durch meine Tandempertner:in erhalten." So lernt auch das Umfeld, dass Übergabe und Informationsweiterleitung beim Tandem funktionieren.

[57] Daniels 2011

- **Wie erreiche ich den/die Richtige?**
  Die Führungskraft argwöhnt, dass sie sich merken muss, ob heute A oder B da ist oder wer welches Thema gerade bearbeitet. Aus Erfahrung und aus den Gesprächen mit vielen verschiedenen Tandems können wir hier Entwarnung gegeben: Durch eindeutige Kanäle, die die Tandems sich aufbauen und eine abgestimmte Struktur, die sie sich setzen, ist diese Sorge einfach lösbar. Ein gemeinsames Tandempostfach oder ein gemeinsamer Chat/Channel im Kollaborations-Tool ist eine gute Option. Es ist mittlerweile einfach möglich, Kommunikation zu synchronisieren. Auch telefonisch funktioniert es durch „Anrufweiterleitung" einfach, dass die Führungskraft immer einen Teil des Tandems erreicht.

- **Ist das nicht viel zu teuer?**
  Bei einem Jobsplitting arbeiten die Tandempartner:innen 50/50. Bei einem Jobsharing oder Co-Leadership arbeiten beide mehr (von 60/60 bis zur Vollzeit), dann kommt es zu höheren Kosten im Vergleich zu einer Einzelbesetzung mit Blick auf die Personalkosten. Eine Tandembesetzung spart jedoch auch Kosten, wenn Fluktuation, Risiko für Ausfall usw. mit betrachtet werden. Zusätzlich ergeben sich durch doppelte Expertise, doppelte Erfahrung und Perspektive deutliche Synergien, die Tandems meist erfolgreicher und schneller „performen" lassen. Jobsharing funktioniert, ist unternehmerisch sinnvoll und „rechnet" sich dadurch (s.a. oben, Mythos 5).

- **Braucht das Tandem unterschiedliche Ziele?**
  Bitte auf keinen Fall! Das Tandem ist eine Einheit und braucht deshalb einheitliche und gemeinsame Ziele. In der Praxis bedeutet das, dass die Führungskraft dem Tandem für die betrauten Themen dieselben Ziele gibt und die Aufgabe, diese gemeinschaftlich zu erfüllen. Die Praxis hat auch gezeigt, dass gemeinsame Ziel- und Zielerreichungsgespräche besser funktionieren als Einzelgespräche. Sollten einzelne oder beide Tandempartner:innen individuelle Zusatzaufgaben haben, so können diese als einzelne Ziele ergänzt werden.

Bedenken bei Mitarbeitenden begegnen

Mögliche Bedenken von Mitarbeitenden aus dem eigenen Team oder Projekt ähneln denen der Führungskraft: Es geht um Erreichbarkeit und Abstimmung. Daher gilt hier ebenso: Themen und Fragen frühestmöglich adressieren, Operating Model teilen und Feedback zum Tandemmodell kontinuierlich erheben und berücksichtigen.

Themen, die von Mitarbeitenden darüber hinaus häufig angesprochen werden, sind:

- **Abstimmungschaos:**
  Wer ist für welche Themen verantwortlich und wie soll das Team das Tandem involvieren? Dabei ist auch wichtig: Sollten immer beide eingebunden werden? Auch ist wichtig für das Team zu wissen: Wie stimmt sich das Tandem untereinander ab?
- **Personalverantwortung:**
  Betreibt ihr als Tandem Jobsplitting oder Jobsharing? Konkret: Gibt es eine fachliche und eine personelle Führung? Falls ja, bedeutet das, dass sich Teammitglieder bei Fragen rund um Budget, Urlaub und persönliche Themen nur mit einer Person abstimmen sollen?
- **(Mangelnde) Entscheidungsfreude:**
  Kommt das Führungstandem schnell zu Entscheidungen und wie arbeitet das Tandem zusammen, um langwierige Entscheidungsprozesse zu vermeiden? Welche Entscheidungen im „täglichen" entscheidet jede:r Tandempartner:in allein und welche Entscheidungen werden vom Tandem gemeinsam getroffen?

Antworten auf diese und weitere Fragen können zum Beispiel im Rahmen eines Teamworkshops zu Beginn der Zusammenarbeit besprochen werden. Regelmäßiges Feedback, zum Beispiel auch durch anonyme Befragungen und persönliche Gespräche helfen, Feedback zu erhalten sowie den Mitarbeitenden die richtigen Kanäle für ihre Sorgen und Fragen zum Co Leadership-Modell zur Verfügung zu stellen.

Ein ineffizientes Tandemmodell anpassen

Die Relevanz des Operating Models eines Co-Leadership-Tandems haben wir bereits an diversen Stellen betont. Es ist für Erfolg und auch möglichen Misserfolg des Modells ausschlaggebend.

Wenn es dem Tandem nicht gelingt, die Synergie-Potenziale des Modells zu realisieren, so wird die Arbeit ineffizient, es kommt zu Doppelarbeiten oder versäumten Aufgaben. Neben der sachlichen Perspektive auf das Modell kommen die Fähigkeit, abgeben zu können, zu vertrauen und loslassen zu können als weitere Stolpersteine hinzu: .

Herausforderung Selbstorganisation

Jeder, der sich schon mal mit Selbstorganisation beschäftigt hat, kann sich vorstellen: Tandemarbeit ist Selbstorganisation hoch zwei. Da geht es um ganz alltägliche Fragen wie:

- Wer beantwortet welche E-Mails?
- Wo legen wir welche Dokumente ab?
- Wie teilen wir Informationen?

Es ist wichtig, diese Themen klar, schnell und mit wenig Aufwand für das Umfeld zu beantworten.

Ein wichtiges Learning: Rücksprachen und Diskussionszeit mit der:m Tandempartner:in sind wertvoll und oft knapp (synchrone Kommunikation). Daher empfehlen wir, Rücksprachen gut strukturiert vorzubereiten, Themen vorab zu sammeln und eine Agenda zu gestalten, die Entscheidungsbedarfe und Themen nach Priorität aufzählt. So startet das Tandem direkt gut vorbereitet und mit dem Wichtigsten. Informationen, die nicht diskutiert werden müssen, werden schriftlich oder per Sprachnachricht geteilt (asynchrone Kommunikation).

Co-Leadership bedeutet nicht, dass alle Entscheidungen nach stundenlanger Debatte gemeinsam gefällt werden. Zum funktionsfähigen Modell gehört auch, dass das Tandem ein gemeinsames Verständnis entwickelt, was alleine entschieden und wie der/die Partner:in darüber informiert wird. So kann auch dem Vorwurf, dass Tandemarbeit verlangsamen würde, direkt entgegengewirkt werden. Nur weitreichende, grundsätzliche oder strategische Entscheidungen werden gemeinsam getroffen, weil hier die doppelte Perspektive gerechtfertigt und wertstiftend ist. Durch klare Terminplanung, wann sich das Tandem zu welchen Themen abstimmt und entscheidet, kann sich das Umfeld zeitlich und prozessual darauf einstellen. So werden Entscheidungen gut und schnell getroffen und weitergegeben.

Herausforderung „nicht abgeben können"

Die Fähigkeit, abgeben zu können und zu vertrauen, ist im Co-Leadership essentiell. Das sagt und schreibt sich leicht. In der Realität ist es jedoch herausfordernd. Viele von uns gehen krank zur Arbeit, weil ein wichtiger Termin ansteht oder ein Projekt abgeschlossen werden soll. Unsere (Arbeits-)Welt ist schnelllebig, fordernd und nicht immer nehmen wir Rücksicht auf uns und die eigenen Bedürfnisse nach Erholungszeiten.

Die Arbeit als Tandem kann auch hier helfen, da die Vertretung geregelt ist.

Für einige Jobsharer:innen kommt jedoch eine weitere Facette hinzu: ein schlechtes Gewissen, weil man der/dem Tandempartner:in Aufgaben übergibt. Mit diesen vier Punkten könnt ihr dem schlechten Gewissen vorbeugen:

- **Klare Abstimmungen:**
  Wer ist wann erreichbar? Klare Grenzen definieren, wann ich nicht erreichbar bin.
- **Notfallplan:**
  Wie kann oder möchte der/die Tandempartner:in informiert werden, wenn ein Notfall eintritt? Hier lohnt es sich, zum Beispiel einen Kanal zu bestimmen: wichtige Infos per SMS heißt dann, dass im Urlaub keine Mails gecheckt werden müssen.

- **Vertrauen:**
  Wenn ich nicht da bin, vertraue ich meine:r Tandempartner:in. Dann meckere ich nach der Auszeit nicht und stehe hinter den getroffenen Entscheidungen.

- **Geben und Nehmen:**
  Sich im Tandem gegenseitig den Rücken freizuhalten, ist auch Übungssache. Meine:r Tandempartner:in Aufgaben zu übergeben, die ich selbst nicht mehr geschafft habe, ist unangenehm. Doch wenn jede:r gibt und nimmt, entsteht eine vertrauensvolle Balance.

Doppelwahrnehmung lenken

In Co-Leadership gibt es zwei Köpfe auf einer Stelle. Das hat sehr viele Vorteile. Es gibt jedoch auch einen Nachteil: Bewusst und unterbewusst wirkt das Tandem wie ein „doppelte Arbeitskraft".

Diese Wahrnehmung als Doppel hat einen Nachteil (speziell für arbeitszeitreduzierte Tandems) und einen Vorteil.

Doppelt so viele Aufträge

Wenn im Projektmeeting Aufgaben verteilt werden, liegt es nahe, dass da, wo zwei Köpfe bzw. Menschen sichtbar werden, auch doppelt so viele Aufgaben verteilt werden.

Als Tandem solltet ihr euch auch deshalb genau überlegen, an welchen Meetings ihr zu zweit teilnehmt. Unser Tipp:

- Für Meetings, in denen der persönliche Kontakt im Vordergrund steht, wie zum Beispiel Team-Workshops, Retroperspektiven oder Kennenlerngespräche, ist es ratsam, dass beide Co-Leadership-Partner:innen teilnehmen, um die nötige Beziehung aufzubauen.
- Für regelmäßig wiederkehrende Meetings, Projektdurchsprachen oder Ähnliches, ist es sinnvoll, sich als Tandem auszuwechseln und nur einzeln teilzunehmen – besonders, wenn es sich um ein Jobsharing handelt, bei dem beide Partner:innen reduziert arbeiten und gemeinsam eine Stelle besetzen.

Doppelt so stark?

Als doppelt so stark wahrgenommen zu werden, kann ein Vorteil sein: Doppelte Expertise, Fachwissen und Erfahrung geben Sicherheit.

Im Kontext von Führung und Teamarbeit gilt es jedoch auch die Schattenseite dieser Wirkung zu beachten und sensibel damit umzugehen. Deshalb empfehlen wir Folgendes:

- **Offene Diskussionen im Team fördern:**
  Das Team sollte nicht das Gefühl bekommen, das Tandem hätte alles schon vorbesprochen, vorabgestimmt und entschieden. Andernfalls nimmt die Bereitschaft des Teams zu diskutieren und eine Gegenmeinung einzunehmen, stark ab.
- **Feedbackgespräche eher im Eins zu Eins:**
  Insbesondere, wenn es sich um kritisches Feedback handelt, ist es sinnvoll, eine Gesprächssituation auf Augenhöhe herzustellen. Wenn beide Tandempartner:innen teilnehmen und kritische Punkte platzieren, kann das für den Mitarbeitenden einschüchternd und wenig gleichberechtigt wirken. Wenn ihr als Tandem zu zweit in ein Feedbackgespräch geht, solltet ihr euch der zahlenmäßigen „Übermacht" bewusst sein und euch vorher eine Strategie überlegen, wie ihr diesem Eindruck entgegenwirken kann. So könnt ihr vorher zum Beispiel vereinbaren, dass nur eine Person spricht und die zweite Person höchstens ergänzt.

Wir raten dazu, die doppelte Power des Tandems in der Vorbereitung von Meetings, Besprechungen und Mitarbeitendengesprächen zu nutzen. Jeder gute Termin sollte vorab vorbereitet sein, eine Agenda und ein Ziel haben. Wenn im Co-Leadership beide an dieser Vorbereitung partizipieren, ist sie doppelt gut und perspektivenreich. Das Meetings selbst kann dann von einer:m durchgeführt werden. Das spart Zeit, ist effizient und lässt nicht den Eindruck von Doppelarbeit oder doppelter Kapazität zu.

Take Away: Mit Vorbehalten erfolgreich umgehen

Co-Leadership ist für viele im Unternehmen neu. Deshalb hat man als Führungsduo häufig Pionierarbeit zu leisten. Das kann manchmal anstrengend sein, bietet aber auch eine Chance, als Vorbild für weitere Tandems zu fungieren.

Diese Punkte sind deshalb wichtig:

- *Erwartungshaltungen an ein Tandem von Anfang an klären*
- *Sich durch gegenseitiges Vertrauen und eine gute Struktur die Basis für eine erfolgreiche Zusammenarbeit schaffen*
- *Mit Bedenken sowohl auf Seiten der Führungskräfte als auch bei Mitarbeitenden transparent und vor allem proaktiv umgehen*
- *Konflikte im Tandem frühzeitig ansprechen und zeitnah aus der Welt schaffen (das effizienteste Konfliktmanagement besteht darin, sich von Anfang an professionell durch einen Coach begleiten zu lassen)*

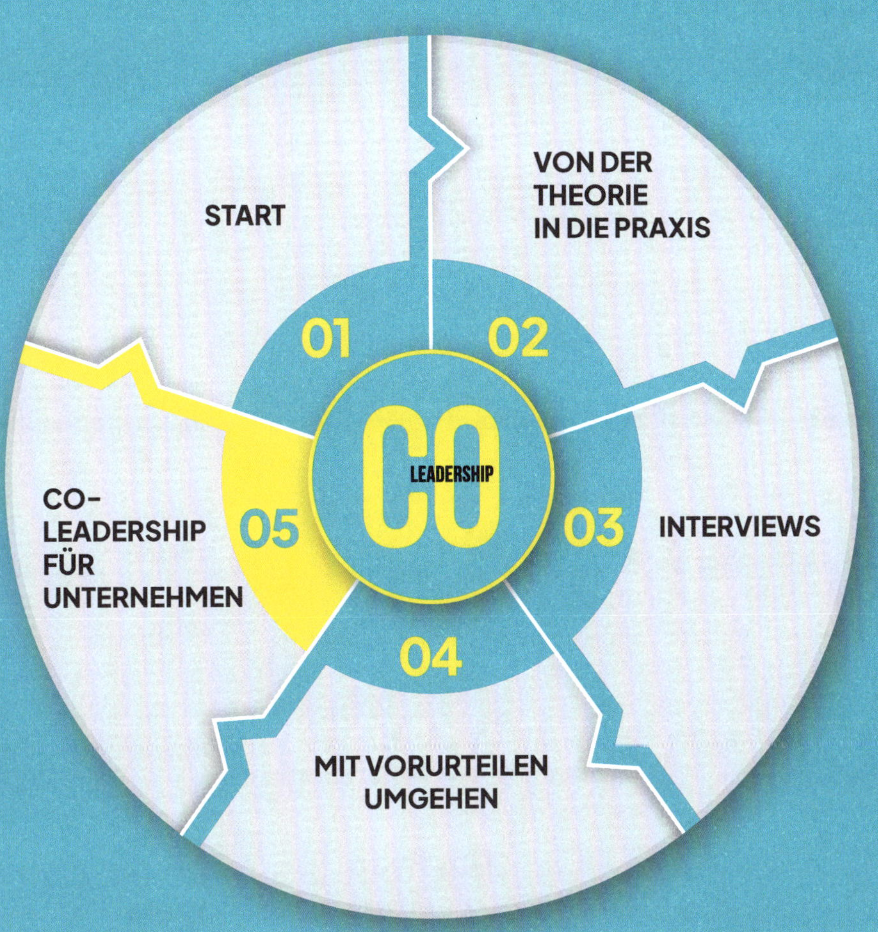

05 CO-LEADERSHIP FÜR UNTERNEHMEN

- **Take Away:** Bedarf der Unternehmen an Co-Leadership (S. 177)
- **Take Away:** Vorteile von Co-Leadership für Unternehmen (S. 183)
- **Schulterblick:** Beispiele prozentualer Arbeitsverteilung (S. 195)
- **Checkliste** für Unternehmen: Erfolgskriterien für die Etablierung von Co-Leadership Modellen (S. 197)

„The war for talent is over – talent won.“

Tim Ryan
US Chair of PricewaterhouseCoopers

5 Co-Leadership aus Sicht von Unternehmen

5.1 Der Bedarf

Der Arbeitskräftemangel und der Zwang zur aktiven Talentgewinnung

„Arbeitgeber werden Bewerber" – so beschreibt das Zukunftsinstitut 2023 die Veränderungen, vor denen Unternehmen stehen, um weiterhin qualifizierte Arbeitskräfte anziehen und halten zu können.[58]

Der demografische Wandel sorgt dafür, dass auch attraktive Arbeitgeber die Veränderungen der gesellschaftlichen und globalen Rahmenbedingungen in Bezug auf ihre Organisation und insbesondere ihre Belegschaft spüren.

Lange herrschte weltweit eher die Sorge einer Überbevölkerung des Planeten, heute erleben wir zum ersten Mal, dass die Zahl der Menschen in den fünf größten Wirtschaftsnationen schrumpfen – eine davon ist Deutschland. Insgesamt wird die Erwerbsbevölkerung von Deutschland bis 2050 um erschreckende 13 % schrumpfen, so lautet die Prognose der Vereinten Nationen (Abb. 8).[59]

Verstärkt wird dieser Wandel in den nächsten Jahren durch die aus der Erwerbstätigkeit ausscheidende Boomer-Generation (1957–1969). Allein in Deutschland bedeutet das einen Rückgang der verfügbaren Arbeitskräfte um 12,9 Millionen bis 2036. Damit wird es rund 30 % weniger Erwerbspersonen geben, die dem Arbeitsmarkt in Deutschland zur Verfügung stehen.[60] Schon jetzt fehlen in Deutschland mehr als 890.000 Fachkräfte.[61]

[58] Zukunftsinstitut (Hrsg.) 2023
[59] StepStone (Hrsg.) 2022
[60] Statistisches Bundesamt 2022
[61] Beste-Fopma 2022 – Stand August 2022

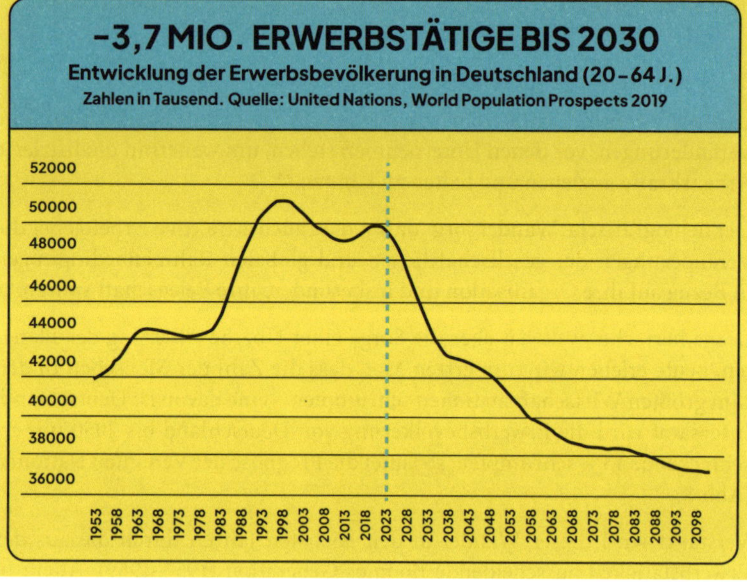

Abb. 8: *Entwicklung der Erwerbsbevölkerung in Deutschland, Vereinte Nationen 2019.*

Gleichzeitig sind Arbeitnehmer:innen in Zeiten ständiger Instabilität und Umbrüche nicht mehr bereit, sich für ihre Arbeit aufzuopfern. Sie verlangen neben sinnstiftenden Aufgaben klare Veränderungen in der Beschaffenheit und den Rahmenbedingungen ihrer Tätigkeit. Laut einer aktuellen Studie von Deloitte sehen die Generation Z (1995–2010) und die Generation Y/Millennials (1980–1994) ihre größten Prioritäten in den Bereichen Work-Life-Balance und Lern- und Weiterbildungsangeboten in Bezug auf ihren Arbeitsplatz.[62]

Über alle Generationen hinweg steht außerdem der Wunsch nach flexiblem Arbeiten und flexibleren Arbeitsformen weit oben, wenn es darum geht, einen Arbeitgeber auszuwählen. Es geht sogar noch weiter: Im Schnitt wünschen sich sowohl Männer als auch Frauen aller Generationen eine wöchentliche Arbeitszeit-Reduktion von rund sechs Stunden.[63]

[62] Deloitte 2022
[63] Holst, Friedrich 2017

Hier spielt auch die Vereinbarkeit von Familie und Beruf eine wichtige Rolle. Diese Vereinbarkeit sehen Arbeitnehmer:innen aktuell äußerst kritisch, mit einem Rückgang von ca. 30 % Zustimmung zur Vereinbarkeit zwischen 2009 und 2013.[64] Und nach einer Untersuchung des Institut der deutschen Wirtschaft ist die Arbeitszeitflexibilisierung ein wichtiges Instrument, um die Vereinbarkeit von Beruf und Familie überhaupt erst möglich zu machen.[65]

Das vernachlässigte weibliche Potenzial

Ein weiterer Aspekt, den der klassische Arbeitsmarkt vernachlässigt, ist das Potenzial der weiblichen Fach- und Führungskräfte. Sie sind in Deutschland nach wie vor unterrepräsentiert.

Obwohl in Deutschland 47 % der Erwerbstätigen weiblich sind (Stand 2022), spiegelt sich das nicht in der Besetzung von Führungspositionen wider. 2019 waren nur 29 % der Führungspositionen mit Frauen besetzt.[66] Gleichzeitig verliert sich das weibliche Potenzial nicht erst an der viel besprochenen gläsernen Decke, sondern meist schon ab dem mittleren Management. Das legt nahe, dass es eine Korrelation zwischen der Familienplanung und den mangelnden Aufstiegschancen für Fach- und Führungskräfte in Teilzeit gibt (Abb. 9).[67]

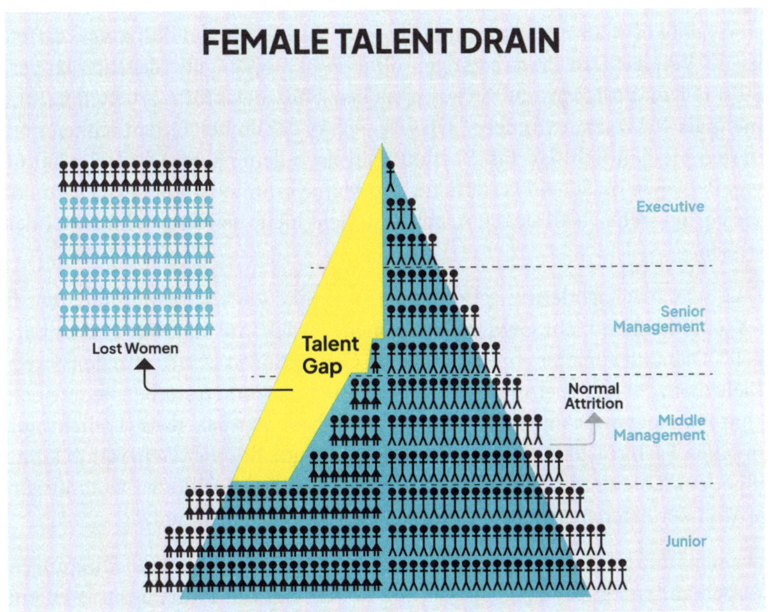

Abb. 9: *Female Talent Drain, Ioannidis und Walther 2010.*

[64] Allmendinger 2013
[65] Flüter-Hoffmann, Solbrig 2003
[66] Statistisches Bundesamt 2020
[67] Ioannidis, Walther 2010

Die Bundesministerin für Familie, Soziales, Senioren und Umwelt Lisa Paus drückt es so aus: „Wenn alle Frauen mit Kindern unter sechs Jahren so viele Stunden im Job arbeiten würden, wie sie Umfragen zufolge gerne möchten, dann hätten wir mit einem Schlag 840.000 mehr Arbeitskräfte in Deutschland.“[68]

Mit einer der niedrigsten Raten von weiblichen Führungskräften (22 %) in Europa haben deutsche Unternehmen also einen großen Hebel, den sie nutzen könnten, um dem aktuellen und zukünftigen Fachkräftemangel im eigenen Unternehmen entgegenzuwirken.[69]

Natürlich wissen wir nicht, welche Berufe diese Frauen ausüben würden, wenn sie dem Arbeitsmarkt zur Verfügung stünden. Trotzdem zeigen diese Zahlen den immensen Potenzialverlust im deutschen Arbeitsmarkt. Hier können und müssen Unternehmen aktiv werden, um ungenutztes Potenzial zu heben und ihre eigene Zukunftsfähigkeit zu sichern.

Attraktivitätsverlust von Führung

Neben den grundsätzlichen Anforderungen an Unternehmen zur Arbeitszeitflexibilisierung und der Nutzung des weiblichen Potenzials in ihrer Organisation ist das derzeitige Image von Führung hinderlich. Führungstätigkeiten sind heute oftmals negativ konnotiert. Die Arbeitszeit von Führungskräften ist im Vergleich zu Erwerbstätigen ohne Führungsaufgabe deutlich länger. 69 % der männlichen und 56 % weiblichen Führungskräfte arbeiteten 2017 mehr als 40 Wochenstunden.[70] Dies ist auch in der breiten Öffentlichkeit und in den Medien sichtbar. Ein Burnout-Fall nach dem nächsten wird bekannt von Personen im Scheinwerferlicht, Top Manager:innen und Politiker:innen, die zurücktreten, weil sie die Arbeitslast nicht mehr bewältigen können oder wollen.

Das, was als Gegenleistung für Führungstätigkeiten wahrgenommen wird, ist „ein bisschen mehr Geld, sehr viel mehr Druck und ständige Erreichbarkeit“. Das sind vor allem für die jüngeren Generationen keine erstrebenswerte Ziele mehr.[71] Gerade einmal 9 % der Arbeitnehmer:innen streben heute noch eine Führungsrolle an.[72] Für Unternehmen bedeutet das, dass sie nicht nur in einen Fachkräftemangel durch die wegfallende Boomer Generation kommen, zusätzlich müssen Unternehmen die Führungspositionen von morgen attraktiver machen, um ihre vakanten Positionen zu besetzen.

Die sich immer schneller verändernden und komplexen Rahmenbedingungen sorgen außerdem für herausfordernde Rollen, die von Führungskräften ein

68 BMFSFJ 2023
69 Holst, Friedrich 2017
70 Holst, Friedrich 2017
71 Beauchene, Cunningham 2020
72 Gentinetta 2019

breites Spektrum an Kompetenzen und Erfahrungen verlangen. Der Blick auf Führung in den vorigen Kapiteln (vgl. Kap. 2) hat die Vielfältigkeit der Aufgabe gezeigt. Führungskräfte brauchen nicht nur Expertise in ihrem jeweiligen Fachgebiet, sie übernehmen darüber hinaus weitreichende Verantwortung in der Personalentwicklung der Mitarbeitenden, sowie der strategischen Ausrichtung ihrer Bereiche. Führungskräfte sollen heute „Leader:in" statt reine „Manager:in" sein, sie sollen als Impulsgeber:in, Visionär:in, Unternehmer:in, Strateg:in, Umsetzer:in bis hin zum Coach wirken. Diese Anforderungen können und wollen nicht mehr alle Personen annehmen.

Auf dieser neuen Ebene des „War for Talents" müssen Unternehmen also umdenken, um wettbewerbsfähig zu bleiben, und Modelle anbieten, die insbesondere Führung attraktiver gestalten.

Take Away: Bedarf der Unternehmen an Co-Leadership

- *Nur noch 9 % der Arbeitnehmer:innen streben heute noch eine Führungsposition an.*
- *Deutsche Unternehmen vergeuden das Potenzial der Frauen für Führungspositionen.*
- *Eine gesunde Work-Life-Balance gehört zu den wichtigsten Kriterien der Generation Y und Z, wenn es um die Wahl des Arbeitgebers geht.*

5.2 Die Vorteile

Co-Leadership bietet den Unternehmen im Vergleich zu Einzel-Führungskräften sowohl allgemeine Vorteile als auch ganz spezifische interne Vorteile.

Allgemeine Vorteile für Unternehmen

Arbeitgeberattraktivität steigern

Mit Co-Leadership können Unternehmen jeder Größe den aktuellen und zukünftigen Herausforderungen entgegentreten. Sie können so Modelle anbieten, die Führung wieder attraktiv machen. Dies ist vor allem in gesellschaftlicher Hinsicht wichtig, denn duale Führungsmodelle tragen zu einer besseren Vereinbarkeit von Familie und Beruf und zu einer besseren Work-Life-Balance bei.

 **Arbeitgeber, die Co-Leadership anbieten, haben deshalb eine um 33 % erhöhte Attraktivität gegenüber anderen Unternehmen.[73]**

[73] Arouri, Aichinger, Baumgartner, Koidl 2022

Außerdem bietet Co-Leadership-Unternehmen die Chance, mehr Frauen für Führungspositionen zu gewinnen. Laut Bundesministerium für Wirtschaft und Energie stünden dem Arbeitsmarkt 1,2 Millionen Frauen zur Verfügung, wenn es eine bessere Vereinbarkeit von Beruf und Familie gäbe.[74]

SDG-Ziel erreichen

Für Unternehmen bedeutet das einen signifikanten Hebel bei der Erreichung des Sustainable Development Goal (SDG) 5 der United Nations Agenda 2023 (Geschlechtergleichheit).[75] Hierbei handelt es sich um das weltweite Ziel, die Selbstbestimmung der Frauen und Mädchen zu stärken und tief verwurzelte strukturelle Diskriminierungen aufzubrechen. Auch die Europäische Kommission hat ihre Maßnahmen in dieser Hinsicht geschärft und in der Strategie zur Gleichstellung der Geschlechter 2020 bis 2025 als drittes Ziel die „gleichberechtigte Führungsverantwortung in der Gesellschaft" in den Fokus gerückt. Damit steht die konkrete Forderung von mehr Frauen in Führungspositionen im Raum.[76]

Wenn Unternehmen also Co-Leadership-Modelle einführen, ist dies ein wichtiger Schritt. Darüber hinaus hat die Erreichung der SDG-Ziele Signalwirkung weit über die Unternehmensgrenzen hinaus.

Leistungsfähigkeit erhalten

Zur nachhaltigen Gestaltung von Führung und Führungsaufgaben gehört auch, dass diese die Leistungsfähigkeit, den Druck und die Gesundheit berücksichtigt. Führungsaufgaben erleben heutzutage eine Erweiterung: Von Impulsgeber:in über Coach:in bis hin zur Umsetzer:in und Steuerer:in, wachsen die Rollenanforderungen. Die Zufriedenheit von Führungskräften am Arbeitsplatz ist in den letzten Jahren global um 15 % gesunken. Damit steigt auch das Risiko für eine Burnout-Erkrankung, denn rund 40 % der befragten Führungskräfte fühlen sich ausgebrannt.[77]

Neue Formen der Arbeit, der Arbeitszeitgestaltung und der Aufgabenverteilung, wie wir sie bei Co-Leadership sehen, können hier auf zwei Ebenen helfen und gegensteuern: Erstens erlauben die Modelle zeitliche Flexibilität und zweitens gibt es durch das Sparring im Jobsharing eine Unterstützung und eine:n Austauschpartner:in. Der Umgang mit Druck, mit schwierigen Entscheidungen oder mit kritischen Situationen wird unterstützt. Der Job der Führungskraft, der sich teilweise „einsam und isoliert" anfühlen kann, wird durch Co-Leadership attraktiver und nachhaltiger gestaltet.

---

[74] Bundesministerium für Wirtschaft und Energie 2015
[75] Uray-Esterer 2023
[76] Gulden und Thomsen 2021
[77] Future Forum Pulse (Hrsg.) 2022

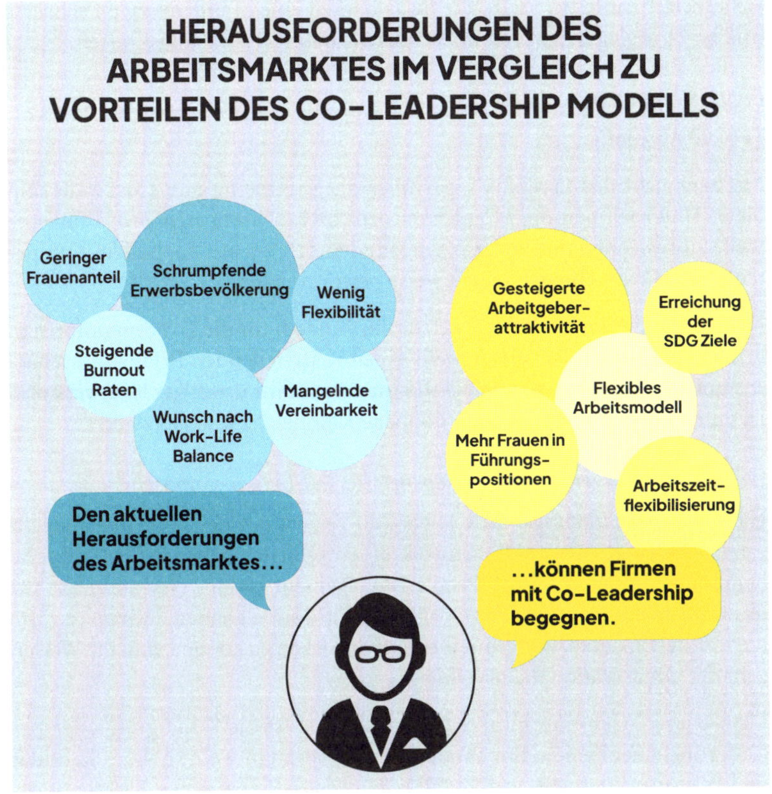

Abb. 10: *Herausforderungen des Arbeitsmarktes im Vergleich zu Vorteilen des Co-Leadership-Modells Junghans/Schönitz 2023.*

Interne Vorteile für Unternehmen

Co-Leadership-Tandems bringen klare Vorteile für Führungspositionen, da sie geringere Fluktuationskosten, ein breiteres Kompetenzportfolio, verbesserte Leistungsergebnisse und höhere Vertretungs- und Ausfallsicherheit bedeuten. Wie diese Vorteile konkret aussehen, schildern wir nachfolgend im Detail.

Stabilität und Risikominimierung

Ein Tandem geht immer mit einer Vertretung ins Rennen. Das Modell ist dafür ausgelegt, sich in jeder Situation optimal vertreten zu können, da von Anfang an Kommunikation und Strukturen dafür geschaffen wurden. Urlaubsvertretungen, Ausfälle durch Krankheit etc. werden somit kompensiert. Dadurch profitieren Unternehmen von höherer Ausfall- und Vertretungssicherheit.[78] Außerdem wird die Belastbarkeit eines Tandems zu 64 % besser und zu 24 % gleich bewertet im Vergleich zu Einzel-Führungskräften.[79]

Breites Kompetenzportfolio

1+1 =2? Absolut!

Meistens geht das Ergebnis sogar über die Summe hinaus. Co-Leadership bietet Unternehmen die Möglichkeit, ein breites Kompetenzprofil für eine Stelle zu gewinnen und zu besetzen. Tandems treten mit doppeltem Kompetenzportfolio an, die sich idealerweise perfekt ergänzen.

Neben dem größeren Skillset, welche ein Tandem für die Position mitbringt, bringen die beiden Parteien jeweils einen weitreichenden Erfahrungsschatz aus unterschiedlichen Karrierelaufbahnen sowie ihr jeweiliges Netzwerk mit. Dadurch bekommt die Position doppelte Kompetenz und Netzwerk.[80]

Weniger Wissensverlust und Wissenstransfer in Übergangsphasen

Häufig waren Führungskräfte lange Zeit Expert:in in einem Thema, bevor sie sich für einen Weg als Führungskraft entschieden haben. Normalerweise beinhaltet der Wechsel ins People Management einen Wissensverlust für das Unternehmen. Durch das Co-Leadership-Modell haben Führungskräfte mehr Möglichkeiten, weiterhin thematisch wirken zu können, d.h. ihr Wissen geht der Organisation nicht verloren.

Ein weiterer Aspekt in Punkto Wissensverlust ist die Kündigung oder Beförderung einer Person. Ein Tandem gewährleistet hier eine höhere Stabilität und Wissensweitergabe, was vor allen Dingen in Zeiten hoher Fluktuationsraten und Herausforderungen bei der Mitarbeiterbindung erstrebenswert ist.

Neben den Vorteilen für die Besetzung von Führungskräftestellen hilft die Co-Besetzung von Fach- und Expertenstellen – auch ohne Führung – ebenfalls bei der Sicherung von Wissen und Fachexpertise. Damit leistet sie einen wichtigen Teil der Risikominimierung für wichtige und kritische Fachthemen im Unternehmen.

Reflektierte Entscheidungen

Da ein Tandem über ein integriertes Sounding-Board verfügt, kann das Unternehmen sichergehen, dass Entscheidungen mit mindestens einer weiteren Person (Vier-Augen-Prinzip) besprochen wurden. Fehler werden so reduziert, Schnellschüsse vermieden und Entscheidungen aus verschiedenen Perspektiven fundierter getroffen.

---

[78] Arouri,Aichinger, Baumgartner, Koidl 2022

[79] Reinfuss 2022

[80] Lurker 2022

Julia Kuark, Organisationsberaterin und Expertin für Topsharing, sagt: „Strategische Entscheide, etwa in der Veränderung der Organisation oder in der Entwicklung, werden gemeinsam gefällt.(...)Wenn solche wichtigen Beschlüsse nicht allein im kleinen Kämmerlein entschieden, sondern zu zweit diskutiert werden, gewinnen sie an Qualität."[81]

Insgesamt zeigen Untersuchungen, dass Tandems im Vergleich zu Einzel-Führungskräfte eine gesteigerte Innovations- und Problemlösungskompetenz besitzen.[82]

Mehr Nachwuchstalente in Führung holen, erfahrene Mitarbeitende länger halten

Durch eine Co-Leadership-Rolle können Unternehmen auch junge Mitarbeiter:innen in Führungspositionen holen und entwickeln. Das Risiko ist minimiert, die junge Führungskraft mit der neuen Aufgabe zu überfordern. Das Tandem stützt sich gegenseitig und wächst gemeinsam an neuen Aufgaben.

Ein Diversity-Tandem ist ebenfalls möglich, zum Beispiel zwischen einer jungen und einer erfahrenen Führungskraft. Im Zuge der Nachfolgeplanung können Tandems dabei helfen, einen reibungslosen Übergang zwischen ausscheidenden Mitarbeitenden und neuen Kolleg:innen herzustellen.

Zwei Konstellationen sind besonders interessant für Unternehmen:

- **Junior-Senior-Tandem:** Ein:e junge:r Kolleg:in wird mit der aktuellen Führungskraft für einen vorher bestimmten Zeitraum gematcht, mit dem Ziel, die Themen und das Team mit dem Ausscheiden der älteren Führungskraft zu übergeben. Dabei kann der/die erfahrenere Tandempartner:in bereits signifikant Zeiten reduzieren, ohne sofort in den Ruhestand gehen zu müssen.
- **Wissen-Retention-Tandem:** Eine weitere Konstellation kann die Einarbeitung eines:r neue:n Kolleg:in sein, die von extern in das Unternehmen geholt wird und für eine bestimmte Zeit in ein Tandem geht, um ein möglichst schnelles Onboarding sicherstellen zu können. Hier ist es möglich, dass das Tandem nach dem Onboarding getrennte Wege geht – das muss aber nicht zwingend der Fall sein. In beiden Fällen wird durch das Tandem eine rasche Einarbeitung in die Firmenkultur und die Themen gleichermaßen gewährleistet.

Beide Use-Cases sind besonders deshalb auch attraktiv für solche Unternehmen, die angesichts einer älteren Belegschaft vor der Herausforderung stehen, ihren Betrieb weiterhin aufrechtzuerhalten, ohne dabei wichtiges Wissen zu verlieren. Co-Leadership kann dabei Führungskräfte weiterhin binden, die in der Theorie bereits das Renteneintrittsalter erreicht haben. Durch die Bil-

[81] Poldervaart 2012
[82] Arouri,Aichinger, Baumgartner, Koidl 2022

dung eines Tandems kann ein fließender Übergang in die Rente geschaffen werden, mit der Möglichkeit, die Zeiten flexibel bereits vor dem Renteneintritt zu reduzieren und jungen Kolleg:innen wichtiges Know-How zu vermitteln. Denn die jetzt in Rente gehende Boomer-Generation ist aktiv, leistungsfähig und hat häufig noch kein Interesse komplett aus der Arbeitswelt auszutreten. Viele haben weiterhin Lust, sich zu engagieren – eine Möglichkeit kann deshalb eine Weiterbeschäftigung im Unternehmen sein, wenn auch nicht mehr in Vollzeit.[83]

Genauso kann das Modell Unternehmen dabei helfen, schnelles Wachstum mit gleichbleibender Firmenkultur und geringerem Produktivitätsverlust zu vereinen.

Mitarbeiterbindung und Mitarbeiterentwicklung

Auch im Hinblick auf die Mitarbeiterentwicklung und -bindung gibt es einige Vorteile für Unternehmen, in ein Co-Leadership zu investieren.

Mitarbeitende haben eine:n Sparringspartner:in und Feedbackgeber:in mehr und können sich in vielen Tandemmodellen aussuchen, mit welchem der beiden Führungskräfte sie beispielsweise ein persönliches Anliegen besprechen möchten. Außerdem können Mitarbeitende Feedback aus unterschiedlichen Perspektiven bekommen und von unterschiedlichen Führungsstilen lernen und profitieren.

Dazu tragen mehrere Aspekte des Co-Leadership-Modells bei:

- Führungskräfte-Tandems investieren meist mehr Zeit in die Entwicklung der Mitarbeitende, selbst wenn die Arbeitszeit des Tandems reduziert ist.
- Zusätzlich sind ihre Perspektiven komplementär zueinander und können damit den Mitarbeitenden ein holistisches Feedback zu Potenzial und Weiterentwicklung geben.
- Außerdem bringt das Tandem gleich zwei Erfahrungswelten und Karrierelaufbahnen mit, die sie in die Potenzialentwicklung einfließen lassen können.
- Bei der Bewertung von Leistung und Potenzial von Mitarbeitenden kommt es in der Tandemarbeit zu einer „Tarierung“ und einer expliziten Auseinandersetzung von „Was bedeutet Minderleistung oder Leistungsträger in unserem Bereich? Wann ist eine Leistung voll erfüllt?“ Trotz definierter Richtlinien und Unternehmensvorgaben sind diese Einschätzungen oft subjektiv. Durch die Arbeit im Tandem und das Vier-Augen-Prinzip werden Bewertungs- und Wahrnehmungsfehler vermieden.

Insgesamt ist Co-Leadership deshalb nicht nur ein Faktor, der die Arbeitgeberattraktivität positiv beeinflusst.

[83] Breuer 2020

 **Co-Leadership sorgt auch dafür, dass Mitarbeitende zufriedener sind.**

Das liegt zu großen Teilen daran, dass die persönliche Weiterentwicklung von einem Führungstandem wesentlich mehr in den Blick genommen wird und Mitarbeitende zwei Führungskräfte haben, die sich um ihre Weiterentwicklung kümmern.

Take Away: Vorteile von Co-Leadership für Unternehmen

Allgemein

- *Erhöhung der Arbeitgeberattraktivität durch bessere Work-Life-Balance*
- *Erreichung des Sustainable Development Goal – SDG 5 (Geschlechtergleichheit) der United Nations Agenda 2023 mit mehr Frauen in Führung als wichtiger Bestandteil der Diversity, Equality & Inclusion (DE&I) Strategie*
- *Steigerung der Attraktivität von Führungslaufbahnen*
- *Wahrung der Leistungsfähigkeit der (dank demographischen Wandels) reduzierten Belegschaft*
- *Ungenutztes Potenzial weiblicher Fach- und Führungskräfte heben*

Interne Vorteile

- *Gesteigertes Kompetenzportfolio bei geringerem Wissensverlust*
- *Stabilität und durch höhere Ausfall- und Vertretungssicherheit*
- *Ideale Mitarbeiterbetreuung und Weiterentwicklung*
- *Wissensbindung der Boomer Generation durch Wissen-Retention-Tandems und nachhaltige Nachfolgeplanung*
- *Verringerung von Beurteilungs- und Wahrnehmungsverzerrung durch Vier-Augen-Prinzip*

5.3 Die Erfolgsfaktoren

Wie auf den vorherigen Seiten dargestellt, bringt Co-Leadership als Erweiterung der angebotenen Arbeitsmodelle in einem Unternehmen viele Vorteile in der Talentgewinnung und Mitarbeiterbindung mit sich. Deshalb sollten Unternehmen dieses zukunftsfähige Arbeitsmodell in ihre Strukturen mit aufnehmen.

Ob sie dabei aber erstmal mit einem internen Testballon starten, mit einem kleinen bis mittleren Pilotprojekt oder direkt eine Big Bang Implementierung vorziehen, liegt ganz bei dem jeweiligen Veränderungsdruck des Unternehmens.

In diesem Kapitel soll es deshalb nicht darum gehen, die idealen Maßnahmen für jedes Unternehmen darzustellen oder einen „one size fits all"-Ansatz anzubieten. Dieses Kapitel soll eine Übersicht geben über die generellen Erfolgsfaktoren bei der Einführung von Co-Leadership-Modellen. Die genannten Maßnahmen können stufenweise oder auf einmal umgesetzt werden, aber nicht jede Maßnahme passt zwingend auf jedes Unternehmen.

Wir besprechen hier deshalb zunächst die Grundlage für eine erfolgreiche Umsetzung (eine wertschätzende Unternehmenskultur), gehen dann auf die drei wichtigsten Handlungsfelder (Personal, Infrastruktur, Controlling) ein, die es bei der Einführung von Co-Leadership gibt, und stellen zum Schluss weiterreichende Ideen vor, sollte eine größere Implementierung in Frage kommen.

Offene Unternehmenskultur

Der Erfolg von Jobsharing im Unternehmen hängt maßgeblich von den kulturellen Voraussetzungen ab, die ein Unternehmen schafft. Denn ob Co-Leadership in einem Unternehmen erfolgreich implementiert und angenommen wird, hat selten etwas mit dem Modell an sich zu tun. Vielmehr ist die Frage, ob Unternehmen Co-Leadership aus den richtigen Gründen einführen möchten und ob sie es schaffen, nicht nur die „harten" Voraussetzungen zu erfüllen (die auch absolut notwendig sind), sondern auch die Kultur des Unternehmens offen für neue Arbeitsmodelle ist.

Eine Signalwirkung zeigt hier insbesondere das Top-Management, indem es ein Führungsverständnis definiert und neue Arbeitsmodelle begrüßt. Eine offene Unternehmenskultur, die Experimente zulässt und positiv gegenüber neuen Führungsmodellen ist, gilt als essentiell.

Bestätigt wird diese Annahmen durch die aktuelle Studie von PwC Österreich und ABZ Austria, die das Commitment der Organisation und des Top-Managements als eine der wichtigsten Rahmen stiftenden Faktoren identifiziert.[84] Auch die Studie von „The JobshareProject" kam 2011 zu den Ergebnissen, dass sowohl Jobsharer als auch Manager die Offenheit des Top Management für „New Work" als wichtiges Signal bei der Einführung von Co-Leadership sehen.[85]

Diese Aufgeschlossenheit und das Commitment in der Unternehmensleitung muss darüber hinaus transparent und klar an die Mitarbeitenden kommuniziert werden. Hier geht es darum, nicht nur einen klaren Informationsfluss zu gewährleisten, es geht insbesondere auch darum, Informationen rund um das Modell zu verbreiten, es bekannt zu machen und zu bewerben. Denn obwohl in der Öffentlichkeit viel über flexiblere Arbeitsformen gesprochen wird, ist das Co-Leadership-Modell noch nicht im allgemeinen Bewusstsein

[84] Arouri,Aichinger, Baumgartner, Koidl 2022
[85] Daniels 2011

angekommen. Laut einer quantitativen Studie von 2019 haben 64 % der Manager in Unternehmen noch nie von einem dualen Führungsmodell gehört.[86]

Neben dieser wichtigen kulturellen Voraussetzung gibt es weitere Faktoren in den Bereichen Personal, Infrastruktur und Controlling, die Unternehmen beachten können, um die Implementierung von Co-Leadership in ihrem Unternehmen erfolgreich zu unterstützen.

Kriterien im Bereich Personal, Infrastruktur und Controlling

Um Co-Leadership-Modelle zu implementieren und neue Arbeitsmodelle in der Organisation zu ermöglichen, können Unternehmen einiges tun. Neben der kulturellen Offenheit besteht für Unternehmen die Möglichkeit, im Personalbereich, mit unterstützender Infrastruktur und im Controlling an wichtigen Stellschrauben zu drehen, um die Hürden für die erfolgreiche Implementierung von Co-Leadership-Modellen zu verringern.

Personalbereich

Der Personalbereich hat neben des Commitments im Top-Management und einer offenen Unternehmenskultur einen wesentlichen Anteil an der erfolgreichen Umsetzung von Co-Leadership im Unternehmen.

Im ersten Schritt können Personalabteilungen schon viel leisten, indem sie über das Thema informieren, gute Beispiele hervorheben und damit Vorbilder schaffen.[87] Das können sie zum Beispiel im Rahmen von Veranstaltungen tun, in Communities oder im Zuge von anderen Marketing-Events, bei denen sie für flexiblere Arbeitsformen werben und so Mitarbeitende motivieren. Es hat sich gezeigt, dass die Aufklärung und ein klarer Informationsfluss vom Unternehmen Interessierte anlocken kann und das Thema somit an Visibilität gewinnt.[88]

Darüber hinaus können viele weitere Faktoren für eine erfolgreiche Umsetzung von Jobsharing von der Personalabteilung beeinflusst werden. Denn über den gesamten Prozess der Pilotierung und Implementierung von Co-Leadership hinweg ist es wichtig, ein Netz an Unterstützungsangeboten entlang des Employee-Lifecycle (Abb. 11) für die Organisation bereitzustellen.

Grundsätzlich sind alle Aspekte entlang dieser Employee-Journey essentiell, um die Umsetzung notwendiger Anpassungen zu organisieren und so Jobsharing-Modelle und insbesondere Co-Leadership in der Organisation zu etablieren: von der Ausschreibung, dem Recruiting, der Vertragsgestaltung über die Personalbetreuung, der Personalentwicklung bis hin zur Nachfolgeplanung oder einem Off-Boarding.

---

86 Himmen 2019
87 Kuark 2014
88 Arouri,Aichinger, Baumgartner, Koidl 2022

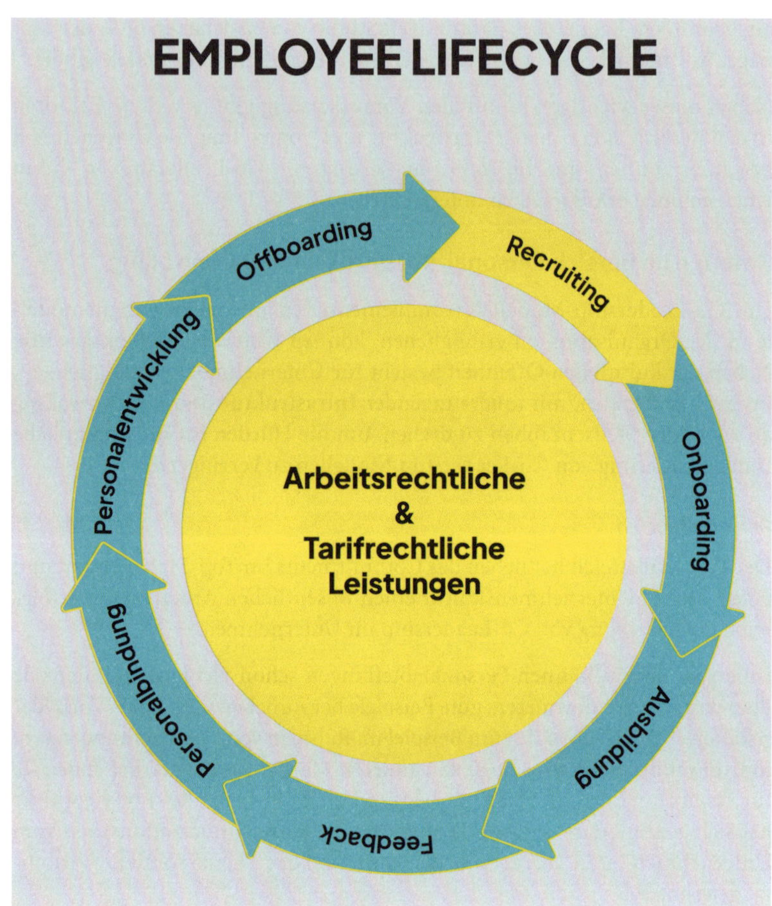

Abb. 11: *Employee-Lifecycle.*

Das **Recruiting** bildet bei den meisten Unternehmen die erste Anlaufstelle, wenn Bewerber:innen sich über eine offene Position informieren möchten. Das gilt sowohl für interne als auch für externe Positionen. Daher stellt die Stellenbeschreibung heute die erste „Hürde" bei der Gewinnung neuer Talente dar: Hier kommuniziert die Organisation, wie eine Stelle zu besetzen ist und ob zum Beispiel flexible Arbeitsmodelle angeboten werden.

Häufig steht in einer Stellenbeschreibung schon, ob diese in Voll- oder Teilzeit besetzt werden kann. Darüber hinaus gibt es aber nur selten weitere Angaben. Hier könnten Unternehmen punkten, indem sie schon im Recruiting Stellen per Default als Co-Leadership ausschreiben. Damit würden sie ihre Bereitschaft signalisieren, die Stelle auch tatsächlich an ein Tandem zu vergeben.

Wenn Unternehmen dann auch noch aktiv mit dieser Option werben, erhöht sich der Erfolg drastisch. Dabei geht es laut Dr. Nina Gillmann vom deutschen

Start-up TWISE vor allem darum, die richtige Incentivierung innerhalb des Unternehmens zu setzen.

Im weiteren Verlauf des Bewerbungsprozesses liegt es außerdem in der Verantwortung des Recruitings, Bewerbungen zu sichten und geeignete Bewerbungen an die Fachabteilungen weiterzuleiten.

Klassischerweise ist diese Bewerbung von einer Person. Da sich aber bei Co-Leadership zwei Personen gemeinsam auf eine Stelle bewerben, gilt es auch hier, eine Bewerbung als Co-Leader:innen möglichst einfach zu gestalten. Hier gibt es zwei Optionen, die Unternehmen umsetzen können:

- Das Unternehmen kann Hilfestellungen und Richtlinien veröffentlichen, wie eine Co-Leadership-Bewerbung aussehen sollte (Beispiel s. Kap. 2.4, Bewerbungsprozess). Da noch die wenigsten HR-Systeme am Markt eine Co-Leadership-Bewerbung technisch abbilden können, kann die Personalabteilung zum Beispiel anführen, dass im System von jeder:m Bewerber:in dasselbe Bewerbungsdokument inklusive einheitlichen Deckblatt, Anschreiben sowie beide Lebensläufe hochgeladen werden sollte. So können die Recruiter das Tandem erkennen und intern die Bewerbung, inklusive des Bewerbungsprozesses, zusammenführen. Für Unternehmen, die sich hier externe Unterstützung holen möchten, gibt es seit Kurzem PairToShare, ein deutsches Start-up, das sich explizit um das Recruiting von Jobsharing-Rollen kümmert (Details s. Kap. „Vertiefende Informationen").
- Sofern verfügbar, sollten Unternehmen bereits in der Stellenbeschreibung transparent formulieren, welche Art von Co-Leadership im Unternehmen möglich ist (wieviel Prozent darf das Tandem maximal arbeiten, welche Vertragsvariante wird bevorzugt, etc.). So können Tandems ihre Bewerbungsunterlagen ideal vorbereiten und die Personalabteilungen verringern die Arbeitslast durch unnötige Abstimmungsschleifen.

Wenn es um die Pilotierung von Co-Leadership im Unternehmen geht, ist ein weiterer kritischer Erfolgsfaktor die **Bereitstellung von Ressourcen und die Begleitung von Führungstandems**. Personalabteilungen können hier unterstützen, indem sie beispielsweise klare Strukturen und Guidelines schaffen, in welchen sich ein Pilot oder ein Co-Leadership-Tandem bewegen darf.[89]

Außerdem hat sich gezeigt, dass Tandems erfolgreicher sind, wenn sie während des **Onboardings**, der gemeinsamen Zeit und des **Offboardings** zusätzlich durch Coaching und Mentoring begleitet werden.

Co-Leadership spielt des Weiteren eine wichtige Rolle sowohl bei der **Personalbindung** als auch bei der **Personalentwicklung** und kann Unternehmen bei verschiedenen Herausforderungen der aktuellen Situation im Arbeitsmarkt von Nutzen sein.

---

[89] Kuark, Wyss 2016

Wie bereits in der Einleitung erwähnt, ist das Angebot von Jobsharing und vor allem von Co-Leadership-Modellen ein großer Hebel im Diversity-Management und eine Antwort auf den demografischen Wandel, inklusive des sich daraus ergebenden Fachkräftemangels.[90] Das Angebot von Co-Leadership als ergänzendes Arbeitsmodell sorgt für eine geringere Fluktuation und einer höheren Talentbindung im Unternehmen.[91] Es ermöglicht sowohl Männern, als auch Frauen, weiterhin ihre beruflichen Karrierewege zu verfolgen und gleichzeitig die Möglichkeit der privaten Entfaltung.[92] Außerdem bietet es alteingesessenen Mitarbeitenden eine Alternative zur Frührente[93] und Unternehmen die Möglichkeit, dem Verlust von Wissen wegen des bevorstehenden Ausscheiden der Boomer Generation entgegenzutreten. Zu guter Letzt sind Co-Leadership-Modelle als Wissen-Retention-Tandem oder im Zuge eines Junior-Senior-Tandems eine gute Möglichkeit für Unternehmen, ihre jungen Talente früh in Führung zu bringen, ohne sie zu überfordern.

An den weitläufigen Anwendungsbereichen in der Personalentwicklung und -bindung sieht man, welche enorme Chancen sich für Unternehmen bieten. Diese Chancen können Personalabteilungen ergreifen, wenn sie duale Führung als Lebensphasenmodell begreifen, das sie an wichtigen Punkten der Employee-Journey unterstützt und tolle Angebote für Vereinbarkeit und zur Förderung von Inklusion und Diversität schaffen kann.[94]

Natürlich muss die Einführung von Co-Leadership unterfüttert werden mit Informationen und Unterstützungsangeboten rund um **arbeits- und tarifrechtliche Leistungen**. Hier sollten Personalabteilungen vor allen Dingen über die verschiedenen Ausgestaltungsmöglichkeiten von Co-Leadership (s. Kap. 2) und über Besonderheiten bei Arbeitsverträgen informieren (Abb. 12 und Exkurs).

☞ **Generell gilt: Es gibt keinen gesetzlichen Anspruch auf Jobsharing in Deutschland, es handelt sich hier um eine rein vertragliche Regelung zwischen Unternehmen und Tandem.[95]**

Jobsharing ist in Deutschland im Gesetz zur Teilzeitarbeit und der befristeten Arbeitsverträge als spezielle Form der Arbeitsplatzteilung geregelt (Gesetz über Teilzeitarbeit und befristete Arbeitsverträge „Teilzeit- und Befristungsgesetz – TzBfG").[96] Aber da Co-Leadership auch von zwei Personen in Vollzeit ausgeübt werden kann, gibt es für Unternehmen hier einen großen Handlungsspielraum. Das am häufigsten genutzte Modell für Co-Leadership ist

90 Süß und Kleiner 2005
91 Daniels 2011
92 Portmann und Stofer 2001
93 Krone-Germann und de Chambrier 2015
94 Arouri,Aichinger, Baumgartner, Koidl 2022
95 Sideri 2023
96 Bundesministerium der Justiz

das Modell des hybriden Jobsharing, in dem die Tandempartner:innen zwei Einzelarbeitsverträge haben.[97] Abbildung 12 zeigt eine Übersicht der Jobsharing-Modelle und der unterschiedlichen Vertragsvarianten.[98]

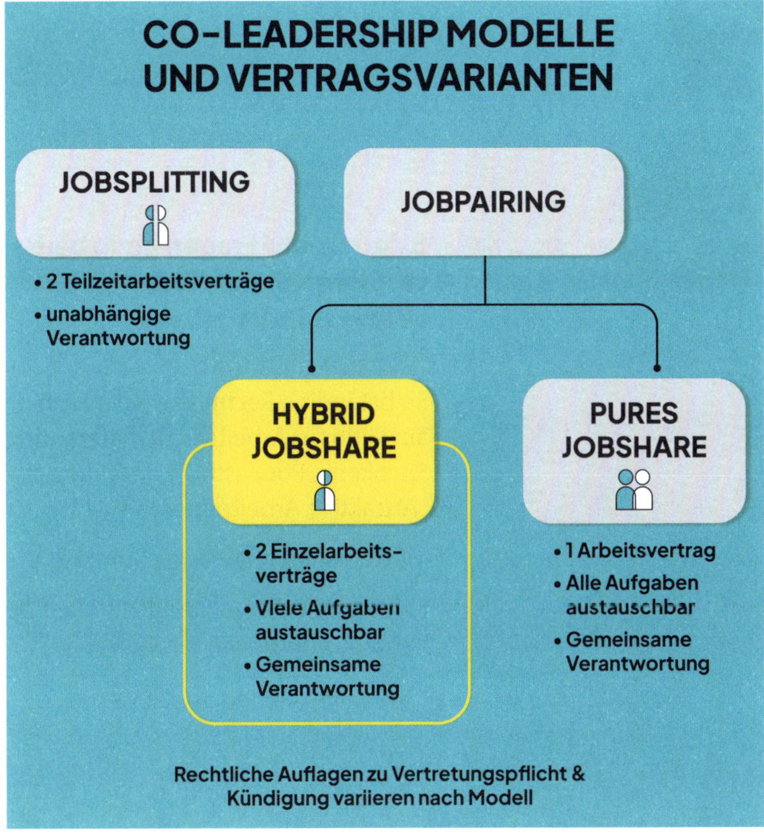

Abb. 12: *Co-Leadership-Modelle und Vertragsvarianten Junghans/Schönitz 2023.*

Je nachdem, welche Co-Leadership-Modelle im Unternehmen zur Anwendung kommen, sollten Personalabteilungen den Führungskräften im Recruiting zur Seite stehen und genaue Vorgaben zur Vertragsgestaltung machen. Darüber hinaus ist es sinnvoll, sich von einer:m Expert:in für Arbeitsrecht Unterstützung einzuholen, um die individuelle Vertragslage zu klären.

Für dieses Buch hatten wir die Möglichkeit, mit der Arbeitsrechtlerin Smaro Sideri zu sprechen und die fünf häufigsten Fragen zu klären (s. Exkurs).

---

[97] Krone-Germann und de Chambrier 2015

[98] Die Abbildung stellt keine Rechtsberatung dar. Sie dient lediglich der Anschaulichkeit und soll einen ersten Überblick über die verschiedenen Ausarbeitungsmöglichkeiten bieten.

Smaro Sideri

Exkurs: Fünf Fragen an Arbeitsrechtlerin Smaro Sideri zu Co-Leadership-Verträgen

Selbständige Rechtsanwältin, Fachanwältin für Arbeitsrecht, Referentin, Speakerin, Podcasthost des Podcasts „Attraktive Arbeitgeber gesucht"

Mutter eines 12-jährigen Sohnes

Ehrenamtliches Vorstandsmitglied des Verbands berufstätiger Mütter

https://teilzeit-anspruch.de/

Frage 1: Welche arbeitsrechtliche Grundlage haben Co-Leadership und Jobsharing?

Die rechtliche Grundlage von Jobsharing findet sich im Teilzeit- und Befristungsgesetz. Es gibt dazu den § 13 TzBfG, der von der Arbeitsplatzteilung spricht und dort geht das Gesetz davon aus, dass zwei Personen sich einen Arbeitsplatz in Teilzeitbeschäftigung teilen. Dort ist auch geregelt, dass das Arbeitsplatzteilungsmodell (Jobsharing) durch eine Vereinbarung mit dem Arbeitgeber möglich ist. D.h. Jobsharing ist nicht als gesetzlicher Anspruch geregelt, dass man als einzelne Person oder zu zweit einen solchen Anspruch geltend machen und den eventuell auch gerichtlich weiterverfolgen kann, sondern es geht eben nur durch eine Vereinbarung mit dem Arbeitgeber.

Frage 2: Worauf sollte man bei einem Arbeitsvertrag für eine Co-Leadership-Position achten?

Wichtig ist, dass jede:r Tandempartner:in einen eigenen Arbeitsvertrag mit dem Arbeitgeber hat. Der Arbeitsvertrag ist eine Individualvereinbarungen, die erstmal auch separat von einem Jobsharing-Modell zu sehen ist. Zusätzlich ist dann zu empfehlen, Zusatzvereinbarungen zu treffen, welche die Tandempartner untereinander verpflichten bzw. ermächtigen, wenn es um bestimmte Aufgaben oder Vertretungen geht. Die gegenseitige Vertretung ist beispielsweise nicht automatisch im Gesetz geregelt. Das Gesetz regelt für die Vertretung, dass eine ausdruckliche Zustimmung erforderlich ist. Aus diesem Grund ist es zu empfehlen, solche Vertretungssituationen zu regeln. Hier kann man entweder im Vorhinein eine Rahmenregelung für generelle Vertretungen vereinbaren oder individuell bei Eintritt einer Vertretungssituation (Sabbatical, längere Abwesenheit durch Krankheit o.ä.).

Frage 3: Was gibt es bei der Vertretungsregelung zu beachten?

Die Vertretung ist aus meiner Sicht im Jobsharing generell anders gesetzlich festgelegt als es viele meinen. Von Seiten des Gesetzgebers ist eine gegenseitige Vertretung in allen Belangen eben nicht automatisch geregelt. Deshalb sollte das Tandem die Vertretungsregelung untereinander besprechen und am besten auch festhalten. Natürlich kann man eine solche Vereinbarung auch mündlich treffen, aber aus meiner Perspektive sollte man eine Regelung in einem kurzen Zweizeiler festhalten: Wie regeln wir reguläre Urlaubs- und Krankheitsvertretungen? Bedeutet Vertretung eine Vertretung in allen Fällen oder schließt man bestimmte Bereiche aus? Solche Regelungen sind nicht unumstößlich und können jederzeit abgeändert oder ergänzt werden.

Frage 4: Gilt das Teilzeit- und Befristungsgesetz nur, wenn jede:r Tandem-Partner:in jeweils weniger als 100 % arbeitet?[99]

Nein, das Gesetz unterscheidet hier nicht. Das Gesetz spricht von der Arbeitsplatzteilung und gibt nicht zwingend vor, dass die Teilung des Arbeitsplatzes in Teilzeit erbracht werden muss. Es handelt sich um einen Arbeitsplatz, der geteilt wird – der zeitliche Umfang spielt keine Rolle.

Frage 5: Welche Auswirkungen hat es, wenn das Tandem sich auflöst, zum Beispiel ein:e Partner:in kündigt?

Grundsätzlich hat eine Kündigung von einer Person im Tandem keine Auswirkung auf die andere Person. Das heißt wenn zum Beispiel einer Person von Seiten des Arbeitgebers aufgrund eines Vertragsverstoßes gekündigt wird, betrifft das auch nur diese Person.

Hier findet sich im Teilzeit- und Befristungsgesetz in § 13 ein ausdrückliches Kündigungsverbot für den/die andere:n Tandempartner:in.

Ein Arbeitgeber kann also nicht sagen: Okay dadurch, dass ich jetzt einer:m Tandempartner:in kündigen musste, platzt jetzt dieses Modell und deshalb muss die andere Person auch gehen. Das ist ausdrücklich verboten. Es ist aber vorgesehen, dass der Arbeitgeber sagen kann, okay, jetzt kannst du die bisherigen Aufgaben, so wie sie waren, nicht mehr machen, jetzt muss ich dir andere Aufgaben zuweisen. Hier spricht man von einer Änderungskündigung, die in diesem Fall möglich wäre. Den bestehenden Vertrag zu den bestehenden Bedingungen zu kündigen, weil die Grundlage weggefallen ist. Und dann aber eben eine andere Aufgabe zuweisen, die auch als Einzelperson möglich ist: Das kann vielleicht nur sein, dass man statt Teilzeit jetzt Vollzeit arbeiten müsste, damit die Rolle voll ausgefüllt wird.

Dieses Risiko der Änderung der Rahmenbedingungen aufgrund einer Kündigung trägt man, wenn man als Tandem arbeitet. Eine solche Änderungskündigung hat ansonsten aber keine Auswirkung auf den bestehenden Arbeitsvertrag – Kündigungsfristen, Betriebszugehörigkeit etc. bleiben bestehen.

Neben den oben genannten Angeboten, mit denen Personalabteilungen entlang des Employee Lifecycle (s. Abb. 11) auf der Prozess- und Mitarbeitenden-Ebene unterstützen können, gibt es weitere Möglichkeiten für Personalabteilungen, die Einführung von Co-Leadership-Modellen erfolgreich zu machen. Diese führen wir im Abschnitt „Weiterreichende technische Lösungen und Beratungsangebote“ am Ende dieses Kapitels auf.

[99] z.B. wenn eine:r oder beide Tandempartner:innen in Vollzeit im Tandem arbeiten

Infrastruktur

Auch technisch können Unternehmen einiges tun, um Jobsharing-Modellen in ihrem Unternehmen erfolgreich zu machen – oder es ihnen zumindest erleichtern.

Hier gibt es zwei Komponenten: Zum einen die internen Infrastrukturen und Systeme, zum anderen die digitale Unterstützung im Recruiting.

Beim Punkt **interne Infrastruktur und Systeme** müssen wir leider mit einer schlechten Nachricht aufwarten: Die meisten IT- und Personal-Systeme am Markt sind noch nicht in der Lage, eine geteilte Führungsposition abzubilden. Langfristig sind Lösungen wünschenswert, die mehr Flexibilität in ihrer Struktur zulassen.

Außerdem gilt es, IT-Systeme anzupassen, so dass zum Beispiel beide Co-Leader auf Daten zugreifen können oder entsprechende Berechtigungen haben. Stand heute ist das in der auf dem Markt zur Verfügung stehende Software noch nicht möglich, sodass Jobsharer:innen und Co-Leader:innen sich mit Vertreterregelungen und Workarounds behelfen müssen.

Unternehmen können ihre Führungstandems allerdings bei der Nutzung digitaler Tools unterstützen, um die Zusammenarbeit effizient zu gestalten. Die Nutzung digitaler Tools ist ein Gamechanger in jeder Art der Zusammenarbeit. Durch Cloud-Technologie, geteilte Dokumente und Kollaborations- und Kommunikations-Tools sind Informationen jederzeit und von überall verfügbar und anpassbar. Für Führungstandems bedeutet das die Möglichkeit maximaler Transparenz und Abgestimmtheit in ihrer Arbeit, da es ihnen erlaubt, eine gemeinsame Dokumentstruktur und Ablage anzulegen, sowie Gedanken und Notizen so abzuspeichern, dass sie immer für den jeweils anderen verfügbar sind (s.a. Kap. 2.5, Feld 5).

Digitale Unterstützung im Recruiting beginnt bereits vor der Einstellung eines Tandems mit der Möglichkeit, sich gemeinsam in einem Jobportal zu bewerben. Neben der Voraussetzung, dass eine Stelle als Co-Leadership-Position ausgeschrieben ist, gibt es ausgezeichnete Optionen am Markt, welche die Einstellung für Personalabteilung und Menschen, die sich auf eine Co-Leadership-Stelle bewerben möchten, erleichtern.

Es besteht zum Beispiel die Möglichkeit, sich durch Unternehmen wie Twise oder PairToShare an verschiedenen Stellen im Recruiting unterstützen zu lassen:

- So bietet PairToShare beispielsweise mit „Tarec“ (Tandem Recruiter) eine Tech-Recruiting-Lösung, mit der Unternehmen gematchte Bewerbungsprofile von Kandidat:innen bekommen, ohne eigene Lösungen dafür entwickeln zu müssen.

- TWISE wiederum kann mit einem Persönlichkeitstest Kandidat:innen-Profile matchen und so eine ideale Ergänzung zwischen zwei Kandidat:innen herstellen.

Weitere Details rund um die aktuellen Angebote am Markt finden sich im Kapitel „Vertiefende Informationen".

Controlling

Einer der größten Hebel bei der Machbarkeit und letztendlich dem Einsatz von Co-Leadership in Unternehmen hat aktuell das Controlling. Denn ein häufiges Argument, das gegen Co-Leadership spricht, sind die erhöhten (Personal-)kosten (s.a. Kap. 5.1, Mythos 5).

Dies liegt vor allem an der Art und Weise, wie Produktivität und Effizienz in Unternehmen gemessen werden. Häufig sind Führungskräfte bereit, ein Tandem einzustellen, scheitern aber an den internen Vorgaben rund um das Budget und den „Planstellen".

Für mehr Co-Leadership und Jobsharing müssen Möglichkeiten geschaffen werden, flexibler auf die Ressourcenplanung zu schauen. Eine Lösung kann sein, alle Stellen, die mit 1 FTE[100] budgetiert sind, für Co-Leadership, zum Beispiel mit 1,25 FTE zu budgetieren, ohne dass dem einstellenden Bereich dadurch ein Nachteil entsteht. Bei Mercedes-Benz oder der Deutschen Bahn gibt es beispielsweise die Regelung, dass eine Vollzeitstelle auf 120 % ausgeweitet werden darf, wenn sie in Co-Leadership besetzt wird.[101] Damit ist es möglich, das Einstellen eines Tandems als Incentive zu platzieren.

Darüber hinaus zeigen Unternehmen wie SAP, Beiersdorf oder Unilever, dass Co-Leadership auch mit zwei Vollzeit- oder vollzeitnahen Stellen möglich ist.

Schulterblick 7 zeigt drei Beispiele, wie eine prozentuale Verteilung in einem Co-Leadership-Modell aussehen kann. Bei Beispiel B, in der sich das Tandem zu 60 % und 80 % einbringt, wird deutlich beschrieben, dass neben der Erfüllung aller Aufgaben der Führungsaufgabe – bemessen mit 1,0 FTE – die weiteren 0,4 FTE in darüber hinaus gehende Projektaufgaben gesteckt werden. Dies macht deutlich, dass Unternehmen eine bezahlte Arbeit nicht verlieren, sondern das Führungsduo ihre Kompetenzen weiterhin für das Unternehmen einsetzt.

Die Planung mit Hilfe von Planstellen, deren Arbeitszeit als Plangröße gilt, wirkt veraltet in Zeiten, in denen es mehr um Qualität und Leistung als um

---

[100] FTE (Full Time Equivalent, zu Deutsch: Vollzeitäquivalent) verbirgt sich eine rechnerische Größe zur Messung von Arbeitszeit. FTE bezieht sich nicht auf die Anzahl realer Mitarbeitender oder Stellen in einem Unternehmen, sondern drückt nur den Zeitwert aus, den eine Vollzeit-Arbeitskraft erbringt.

[101] Versick 2022

Arbeitszeit geht. Es braucht unternehmerische Entscheidungen zur Planung und Gestaltung von Arbeit, Stellen und Aufgaben.

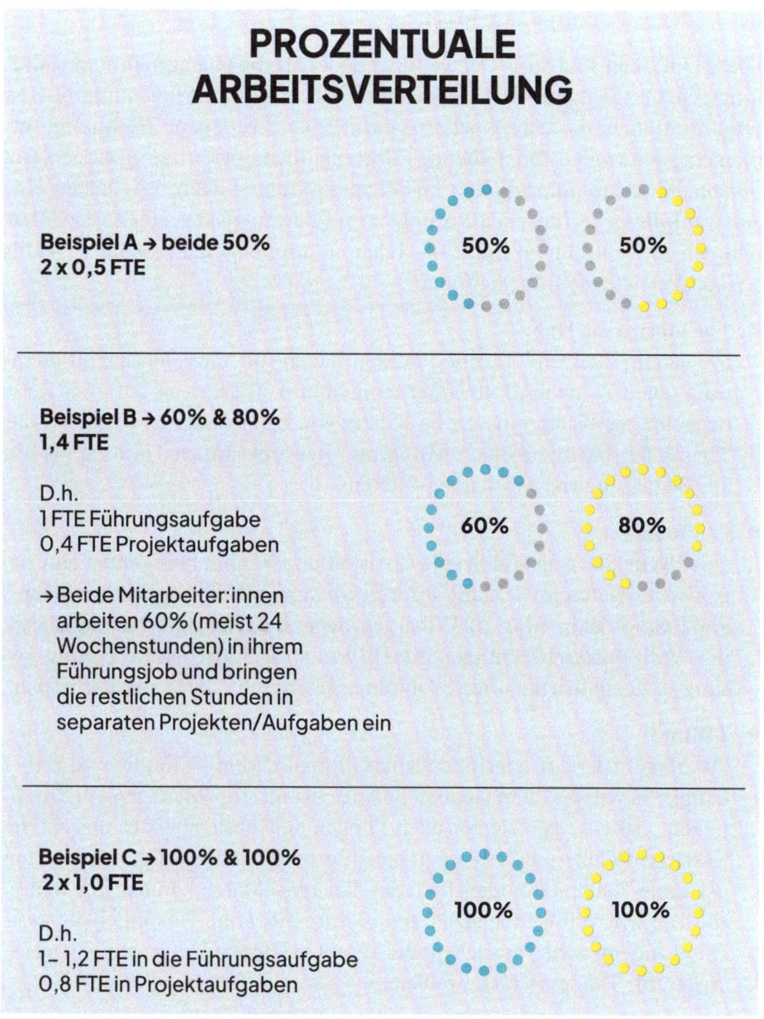

Schulterblick 7: *Beispiele prozentualer Arbeitsverteilung*

Weiterreichende technische Lösungen und Beratungsangebote

Mit dem großen Interesse rund um Co-Leadership und weiteren Jobsharing-Modellen wächst die Zahl an innovativen Ideen, wie das Konzept in die breite Öffentlichkeit gebracht, über die Vorteile von Co-Leadership informiert und in Unternehmen etabliert werden kann. Für Unternehmen bedeutet das nicht nur eine Vielfalt an Angeboten, aus denen sie sich bedienen können, es verringert auch die Einstiegshürde durch geringere Opportunitätskosten und Risikominimierung. Dabei ist das Angebot am Markt vielfältig und Unternehmen können sich verschiedene Lösungsanbieter für unterschiedliche Themenschwerpunkte ins Haus holen.

Diese Optionen sind zum Teil weitreichender als die oben genannten Handlungsschritte. Sie können zum einen interessant sein für Piloten in größeren Organisationen, die bereits wissen, dass sie Co-Leadership nachhaltig implementieren wollen. Oder aber das Unternehmen nutzt diese Optionen, um Personalbereiche mit digitalen Lösungen zu unterstützen. Wir haben eine Auswahl dieser technischen Lösungen und Beratungsangeboten für Unternehmen in Deutschland und Österreich zusammengestellt (weitere Details s. Kap. „Vertiefende Informationen"):

- **The Jobsharing Hub:**
  Svenja Christen und Yannic Franken haben mit ihrer Jobsharing-Beratung seit 2017 mehr als 40 Unternehmen und 60 Tandems auf ihrer Reise begleitet. Sie bieten eine große Palette von Informationen rund um das Thema Jobsharing über Coaching und Bewerber:innen-Training bis hin zur Begleitung von Jobsharing-Piloten.
- **PairToShare:**
  Das zweite Start-up von Svenja Christen und Yannic Franken ist eine organische Weiterentwicklung ihrer Erfahrung mit „The Jobsharing Hub".
  PairToShare ist im März 2023 live gegangen und hilft Unternehmen dabei, ihre Vollzeitausschreibungen mit Hilfe einer technischen Recruiting-Lösung zu flexibilisieren und vollautomatisch im Jobsharing auszuschreiben.
- **TWISE:**
  Das Startup der Gründerinnen Nina Gillmann, Monika Kayser und Esther Langkafel will bis 2030 Gender-Balance bis ins Top-Management durchsetzen. Dabei setzen sie vor allen Dingen auf Jobsharing als alternatives Karrieremodell – und auf einen patentierten Matching-Algorithmus, um passende Tandems zu identifizieren. Bei TwiseMatch können sich weibliche Tandem-Willige registrieren und mit Hilfe eines Persönlichkeitstests eine Tandempartnerin suchen. Bei TwiseUp können Unternehmen gezielt Stellen für Tandems ausschreiben.
- **JOYntLEADING:**
  Esther Himmen und ihr JOYntLEADING®-Team bringen frischen Wind ins Management und zeigen neue Führungsperspektiven auf. Sie beraten, trainieren und coachen in allen Fragen rund um Joint Leadership, sodass es Organisationen gelingt, für alle Hierarchieebenen mehr Talente zu gewinnen.
- **JobTwins** (Österreich):
  JobTwins ist eine Plattform, die über einen dreistufigen Algorithmus mögliche Jobsharing-Partner:innen matcht. Auf Basis von Berufserfahrung,

Persönlichkeitstest Big Five ® und Wertecheck (Twinning Check) werden Menschen zu Twins verbunden. Die digitale Zusammenführung von passenden Partner:innen nimmt den Unternehmen und HR-Abteilungen die Arbeit der Vorselektion möglicher Jobsharing-Kandidat:innen ab.

Checkliste für Unternehmen: Erfolgskriterien für die Etablierung von Co-Leadership-Modellen

Das Unternehmen muss Interesse haben, Co-Leadership anzubieten:

- Dafür braucht es eine wertschätzende Unternehmenskultur. Diese muss grundsätzlich offen für das Modell und vor allem bereit sein, mit einem neuen Modell zu experimentieren. Dazu zählt auch das Modell in und über die Personalabteilung im Unternehmen bekannt zu machen und zu bewerben.

Stellen müssen als Co-Leadership-Positionen ausgeschrieben werden:

- Unternehmen sollten neue Stellen mit der Möglichkeit ausschreiben, diese im Jobsharing anzutreten. Damit können Unternehmen ihre Bereitschaft zeigen, die Stelle auch an ein Tandem zu vergeben. Werben sie auch noch aktiv mit dieser Option, erhöht sich die Erfolgschance drastisch.

Infrastruktur sollte geschaffen werden:

- Soweit möglich, sollten Unternehmen Tandems mit der nötigen IT-Infrastruktur unterstützen, also zum Beispiel eine gemeinsame E-Mail-Adresse einrichten, Vertreterregelungen installieren oder in Kollaborationstools investieren.

Der Budgetprozess für zwei Stellen muss gewährleistet sein:

- Häufig sind Führungskräfte bereit, ein Tandem einzustellen, scheitern aber an internen Vorgaben rund um das Budget und die „Planstellen". Für mehr Co-Leadership müssen Möglichkeiten geschaffen werden, flexibler auf die Ressourcenplanung zu schauen und neben der Zeitdimension eine unternehmerische Dimension, die Leistung, Anforderung und Risiko der Stelle berücksichtigen.
- Im klassischen Setting kann eine Lösung sein, für eine Co-Leadership Stelle 120–140 % statt 100 % zu veranschlagen. In weniger klassischen Settings können relevante Funktionen auch mit zwei Stellen besetzt werden.

Unternehmen können sich immer Unterstützung ins Haus holen:

- Am deutschen Markt gibt es mittlerweile mehrere Beratungsunternehmen und vor allem technische Lösungen, welche die Implementierungshürde verringern und gezielte Angebote entlang des Employee-Lifecycle machen.

Tipps, um Co-Leadership in Unternehmen zu initiieren

Co-Leadership braucht Rahmenbedingungen im Unternehmen – aber auch als Einzelperson, zum Beispiel als Führungskraft, könnt ihr starten, ohne dass bereits „alles geregelt ist".

Chancen nutzen:

- Je niedriger die Hemmschwelle, desto einfacher ist es, das Unternehmen oder die Führungskraft zu überzeugen, etwas Neues auszuprobieren. Interimstellen oder Stellvertretungen sind eine gute Möglichkeit, das Modell auszuprobieren, ohne Risiken für euch und das Unternehmen.

Ähnliche Rollen aktiv zusammenführen

- Habt ihr ähnliche Positionen in der Organisation und seht keinen Grund darin, Teams und Aufgaben getrennt zu halten? Zeit für einen Business Case, der die Vorteile eines gemeinsam geführten Teams oder Themas herausarbeitet.

Initiativbewerbung als Tandem

- Auch wenn eine Stelle nicht als Tandem ausgeschrieben ist, könnt ihr euch proaktiv zu zweit bewerben. Das ist auf jeden Fall eine der mutigsten Vorgehensweisen, die sehr viele Tandems in unseren Interviews gewählt haben und damit erfolgreich waren!

Altersteilzeit ab 50+

- Du bist Führungskraft und spielst mit dem Gedanken, dich langsam aus dem Berufsleben zurückzuziehen? Trotzdem möchtest du nicht von 100 auf 0 in die Rente eintreten, sondern gerne deine:n Nachfolger:in mit deinem Wissen unterstützen? Dann sei proaktiv und schlage deinem Unternehmen ein zeitlich begrenztes Nachfolgetandem vor, indem du dein Wissen weitergibst und damit einen optimalen Wissenstransfer vor deinem Ausscheiden aus dem Unternehmen gewährleistest.

Bei allen genannten Optionen ist es wichtig, dass ihr euch vorher mit eurer:m Tandempartner:in zusammensetzt und einen Plan erstellt, wie ihr die Personalabteilung und die Vorgesetzten überzeugen wollt. Dabei ist es wichtig, auf die Bedenken einzugehen und möglichst schon euer „Operating Model" vorlegen zu können.

Egal, für welche Option ihr euch entscheidet – seid mutig und „macht einfach mal"!

„Mut ist wie Veränderung – nur früher.”

Unbekannt

6 Co-Leadership: Spread the Word

Alles ist in Veränderung. Das ist keine Zukunftsmusik, sondern eine gelebte Wirklichkeit. Dem stetigen Wandel der Gesellschaft folgt die Wandlung der Arbeitswelt. Wir befinden uns in einer unsicheren, sich ständig verändernden, vielschichtigen und komplexen Arbeitsrealität, die keinen linearen Konstrukten mehr folgt.

Es braucht Flexibilisierung und Nachhaltigkeit: Wir benötigen einen flexiblen Umgang mit der Zukunft, mit Komplexität, mit Krisen, mit Technologien und mit Prozessen. Die Auseinandersetzung sollte geprägt sein von einem langfristigen und ganzheitlichen Blick, um Menschen und ihre Arbeit nachhaltig aufzustellen.

In einer Arbeitswelt, die von so dramatischen Veränderungen geprägt ist und gleichzeitig über immer weniger Arbeitende verfügt, sind Unternehmen darauf angewiesen, Arbeit so zu gestalten, dass Menschen diese mit Sinn ausüben wollen, können und dürfen – und zwar in allen Lebensphasen und mit unterschiedlichen Bedürfnissen.

Die steigende Bedeutung und Beliebtheit von Co-Leadership ist ein Zeugnis der Veränderung der Arbeitswelt. Co-Leadership zeigt auf einer großen – fast schon philosophischen – Ebene, dass sich Macht- und Entscheidungsstrukturen ändern. Macht muss nicht in einer Person liegen.

Mary Parker Follet schreibt schon 1924 in ihrem Buch „The Creative Experience" (1924) „Leadership is not defined by the exercise of power but by the capacity to increase the sense of power among those led".[102] Parker Follett kritisierte somit, dass ein komplexes Konzept wie Führung auf eine einzige Person, also die Führungskraft, reduziert wird, anstatt diese partizipativ zu betrachten.

Co-Leadership verändert Machtstrukturen und zeigt, dass Rollen, Entscheidungen und Arbeitsteilung anders funktionieren können. Damit liefert Co-Leadership eine Antwort auf die steigende Komplexität der Führung.

Diese Antwort ist für Organisationen richtig und zukunftsweisend. Diese Antwort ist auch für Menschen, die dank Co-Leadership eine erweiterte Perspektive auf Führung erhalten, wichtig. Diese Perspektive ist geprägt von Kooperation, Partizipation und Gemeinschaft. Damit erhält die Führungsrolle in Unternehmen für viele Menschen eine neue Attraktivität. Viele Jobsharer:innen berichten, dass sie nicht mehr anders arbeiten wollen, dass

[102] Follet 1924

sie die Perspektive des/der Partner:in bereichert, dass Entscheidungen besser und schneller getroffen werden (vgl. Interviews in Kap. 3).

Neben dieser Metaperspektive bietet Co-Leadership Antworten auf praktischer Ebene: Co-Leadership unterstützt die Flexibilisierung von Arbeitsteilung und Arbeitszeit. Es bietet Lösungen für Herausforderungen von Unternehmen, zum Beispiel in der Nachfolgeplanung und der Wissensweitergabe. Co-Leadership bietet ebenfalls Lösungen für die Einzelnen – es erlaubt flexiblere Arbeitszeit, stärkenbasiertes Arbeiten und gegenseitiges Lernen.

Wenn die Arbeitswelt uns mit steigenden Anforderungen und Herausforderungen konfrontiert und sich stetig verändert, dann müssen wir es auch tun.

Deshalb laden wir euch ein, die Arbeit, wie wir sie bisher kennen, zu hinterfragen.

Deshalb appellieren wir an euch, neue Wege zu gehen und neue Formen der Führung auszuprobieren.

Deshalb fordern wir, dass menschenzentrierte und flexible Arbeitsmodelle Einzug halten.

Denn so gestalten wir die Arbeitswelt zukunftsweisend und nachhaltig.

Was es dazu braucht? Mut. Denn Mut ist wie Veränderung – nur früher.

Seid mutig, ihr Unternehmen und Menschen, neue Modelle zu gestalten.

☞ Spread the Word!

Unsere Bitte an euch ist: Wenn euch dieses Buch gefallen hat, empfehlt es weiter, verleiht es, teilt es!

Denn klar ist: Im Teilen liegt die Zukunft der Welt.

„If not us, who? If not now, when?“

John F. Kennedy
US-amerikanischer Präsident

Danksagungen

Dank von Stefanie

Dieses Buchprojekt war ein großes Abenteuer, in das wir uns gestürzt haben. Gott sei Dank war Janina so verrückt und hat mitgemacht. Deshalb geht der Dank an allererste Stelle an sie!

Dann möchte ich mich bei meiner Familie und meinem Partner bedanken, die mich alle bei diesem Projekt unterstützt und mir zugesprochen haben. Danke, dass ihr mich darin bestärkt habt, auch mit einem Neugeborenen diesen Traum zu verfolgen.

Und nicht zuletzt möchte ich mich bei meiner Tandempartnerin Stephanie bedanken, durch die ich erst in den Genuss gekommen bin, Co-Leadership kennen und lieben zu lernen – danke, dass du mich damals angerufen hast!

Dank von Janina

Mit diesem Buch ist ein Traum von mir in Erfüllung gegangen – als Autorin zu schreiben und ein Buch zu veröffentlichen. Das stand gefühlt schon immer auf meiner „Bucket-List", aber ohne Stefanie wäre ich vermutlich nie den Weg gegangen. Danke für deine Energie, Begeisterungsfähigkeit und für deinen „einfach machen"-Spirit.

Ich danke allen, die mir auf dieser Achterbahnfahrt den Rücken freigehalten haben – insbesondere meinem Mann Chris, meiner Familie und meiner Tandempartnerin Miriam. Ich bin sehr froh euch an meiner Seite zu wissen – egal, was kommt.

Gemeinsamer Dank von Stefanie und Janina

Wir danken Inge Baurmann, die uns durch ihre Einladung zur „Brave New Work"-Konferenz zusammengebracht hat.

Außerdem danken wir allen tollen Menschen, die wir auf dieser Reise kennenlernen durften: durch Interviews und durch Empfehlungen, die uns alle bereitwillig ihre Zeit, ihre Gedanken und Erfahrungen geschenkt haben und die wir hier teilen dürfen – danke für eure Zeit und dass ihr uns Rede und Antwort gestanden habt.

Darüber hinaus geht ein großes Dankeschön an alle Freunde, Probe-Leser:innen und Feedbackgeber:innen.

Vertiefende Informationen zu Plattformen und Unterstützungsangeboten

PairToShare

PairToShare bietet eine Tech-Recruiting-Lösung für Menschen, die Jobs im Jobsharing suchen und Unternehmen, die ihre Vollzeitstellen flexibilisieren möchten.

PairToShare hat eine Schnittstelle zu allen gängigen Bewerbermanagementsystemen. „Unser Tool‚TaRec‘ (Tandem Recruiter) bindet sich automatisiert an alle gewünschten Vollzeitausschreibungen auf der Karriereseite des Unternehmens und führt Interessenten mit einem Klick ins Tandembewerbungsverfahren auf unsere Plattform PairToShare“, erläutert Gründerin Svenja Christen. Ein forschungsbasierter Matching-Algorithmus schlägt passende Tandempartner vor, die sich ebenfalls für die Stelle interessieren. Die Interessenten können sich untereinander vernetzen, ausloten, ob sie sich vorstellen können, die Stelle gemeinsam zu übernehmen und sich dann über das Tool als „fertiges“ Tandem bewerben. Die Tandembewerbung, inklusive Matchingquote und Tandemprofil, landet direkt im Bewerbermanagementsystem des Unternehmens. Ebenso sind Pendantausschreibungen (Suche nach einem Tandempartner für die eigene Stelle), sowie Matching und Bewerbung interner Mitarbeitender möglich. Das Ganze läuft voll automatisiert und ohne Integrationsaufwand

PairToShare bietet für Jobsharing-Jobsuchende Folgendes:

- Auf der Plattform PairToShare Jobs im Jobsharing und eure:n Tandempartner:in gleich dazu finden!
- Ein forschungsbasierter Matchingalgorithmus schlägt passende Tandempartner:innen vor.
- Eure potenziellen Tandempartner:innen könnt ihr nicht nur allgemein finden, sondern auch pro ausgeschriebener Stelle. Seid ihr also als Einzelperson an der Stelle interessiert, lernt ihr Menschen kennen, die das ebenfalls sind und könnt euch matchen!
- Ihr könnt euch direkt von der Plattform beim Unternehmen bewerben! Das Tool generiert automatisiert eine schicke Tandembewerbung auf Basis eurer Profile und Angaben im Bewerbungsverfahren.

PairToShare bietet für Unternehmen:

- Unser Tandem Recruiter (TaRec) bindet sich an alle Stellenausschreibungen, die ihr durch Jobsharing flexibilisieren wollt und spielt sie automatisiert auf unser Jobboard.
- Ihr erreicht so deutlich mehr top qualifizierte Bewerber:innen auf dem Markt und platziert euch als attraktive:r Arbeitgeber:in.
- Ihr erhaltet spannende, High-End Tandembewerbungen inkl. Matching Quote und zeitlichen Verfügbarkeiten des Tandems direkt in euer ATS!
- Ein:e intern:e Mitarbeiter:in will seine/Ihre Stelle öffnen und sucht eine:n Tandempartner:in? Auch Pendantausschreibungen sind technisch kein Problem!
- Auch interne Mitarbeiter:innen können sich matchen und bewerben!
- Ihr habt keinen Integrationsaufwand und alles läuft unter höchsten IT-Sicherheitsstandards und natürlich DSGVO-konform.
  http://www.pairtoshare.com

Genderbalance 2030 – let's twise it!

Eine Bewegung mit Vision

TWISE GmbH wurde 2020 in Frankfurt gegründet. Gemeinsam mit ihrem Team treiben die Gründerinnen Nina Gillmann, Monika Kayser und Esther Langkafel eine Bewegung voran mit der Vision, bis 2030 Genderparität in den Führungsetagen aller Unternehmen zu erreichen. Zu dieser Vision gehört auch, dass Unternehmen Jobsharing flächendeckend als DIE Alternative zum Vollzeit-Karriere-Modell etablieren und Deutschland im europäischen Vergleich, bezüglich der Frauenquote in Führungspositionen, in die Top 5 aufsteigt.

- Das Problem: Trotz Genderparität bei den Uni-Absolvent:innen und Berufsanfänger:innen, finden sich nur ca. 15 % Frauen in deutschen C-Suites wieder.
- Die Ursache: Fast drei Viertel aller Frauen geben ihren Vollzeit-Job auf, sobald sie das erste Mal Mutter werden (vs. 8 % der Erstväter). Das kollidiert mit den traditionellen Erwartungen von Unternehmen an das Vollzeit-Commitment ihrer Führungskräfte.
- Die Folge: Mit der Familiengründung ziehen Männer in Vollzeit an den Frauen, bzw. vor allem an den Müttern, vorbei – bis in den Vorstand. TWISE nennt dieses Phänomen auch den „Blindspot Mutter".

TWISE Lösung(en): Be TWice WISE!

Um das Problem nachhaltig zu lösen, braucht es ein alternatives Karrieremodell, in dem Menschen auch in Teilzeit einem Vollzeit-Karriere-Job gerecht werden können und sich dadurch für den nächsten Karriereschritt in der Top-Management Pipeline positionieren können. TWISE macht dies vor allem mit Jobsharing im Tandem möglich. Dafür ist TWISE:

- Jobsharing-Enablerin und unterstützt Unternehmen Jobsharing zu pilotieren und zu skalieren. Dies umfasst zum Beispiel die Auswahl und die Vermittlung passender Tandempartner:innen, das Onboarding von Tandems, sowie die umfassende Beratung zu Best Practices.
- Headhunterin für weibliche (Führungs-)Talente für Voll- oder Teilzeit- oder Tandemstellen
- Gender Diversity Strategin mit einem holistischen Talente-Pipeline Ansatz.

Um diese Angebote zu skalieren, hat TWISE die erste intelligente (Reverse-) Recruiting- und Jobsharing-Plattform entwickelt – TWISEmatch. Hier finden Tandempartnerinnen zueinander und Unternehmen rekrutieren passende weibliche Talente aus dem proprietären TWISE-Talent-Pool. Der TWISE Matching-Algorithmus, der auf dem HEXACO Persönlichkeitstest basiert, sorgt dafür, dass nicht nur der fachliche Fit im Tandem oder Team stimmt, sondern auch der menschliche Fit. Dies ist der entscheidende Faktor für eine erfolgreiche enge Zusammenarbeit.

JOYntLEADING® | Esther Himmen

Esther Himmen und ihr JOYntLEADING®-Team bringen frischen Wind ins Management und zeigen neue Führungsperspektiven auf. Sie beraten, trainieren und coachen Führungskräfte und Expert:innen in allen Fragen rund um

Joint Leadership, sodass es Organisationen gelingt, für alle Hierarchieebenen mehr Talente zu gewinnen.

„Mit Freude gemeinsam führen" ist die Team-Mission, mit der sie ihre Kunden branchen-unabhängig begeistern – am liebsten im Tandem, um das Potenzial des Modells direkt vorzuleben. Sie arbeiten wissenschaftlich fundiert und forschen seit 2016 intensiv zu dem Thema.

JOYntLEADING® begleitet dabei Unternehmen rund um Joint Leadership mit folgendem Angebot:

- Vorträge, die inspirieren und überzeugen.
- Organisationsspezifische Workshops, in denen (Top-) Management und HR Joint Leadership näher kennenlernen und die Benefits des Modells für das eigene Unternehmen entwickeln.
- Training und beratender Support, damit das Tandemrecruiting und -matching gelingt.
- Fundierte und vielfach erprobte Onboarding-Programme für Führungs- und Expert:innen-Tandems. Diese werden dadurch befähigt, die gemeinsame (Führungs-)Rolle in der Praxis viel besser auszufüllen, als es eine einzelne Person könnte.
- Begleiten von Vorgesetzten und Teams der Tandems, damit die Jobsharing Idee für alle Beteiligten ein Win-Win wird.
- Workshops, um die Pilotphase zu evaluieren.
- Begleiten eines organisationsweiten Jobsharing-Rollouts.
- Unternehmensinterne sowie unternehmensübergreifende Trainings
- Joint Leadership Community-Angebote
  https://joyntleading.com

Jobtwins: Gemeinsam mehr erreichen

Die Jobsharing-Plattform für Karriere in Teilzeit

Wir sind Sigrid Uray-Esterer und Katharina Miller von JobTwins – DER Plattform für Jobsharing Matching.

Wir sind beide Mütter von jeweils zwei (kleinen) Kindern. Im Zuge der Karenzen und des Wiedereinstiegs in Teilzeit haben wir festgestellt, dass wir in Teilzeit im Arbeitsmarkt deutlich weniger Karrierechancen vorfinden – unabhängig von unseren langjährigen Erfahrungen und unseren Qualifikationen.

Deshalb haben wir JobTwins ins Leben gerufen, um Teilzeit Talenten die Möglichkeit zu bieten mittels Jobsharing ihren Berufsweg weiterhin – und ohne Abstriche – zu verfolgen.

Wir bieten über unsere Plattform die digitale Lösung für die Zusammenführung der passenden Jobsharing-Partner:innen. Unser Fokus liegt darauf, Teilzeitarbeit effektiver und produktiver zu machen, indem man erfahrene Fachkräfte auch in Teilzeit richtig einsetzt und fördert.

Wir zeigen Unternehmen die Potenziale von Jobsharing im internen und externen Kontext auf. Unser Algorithmus zeigt Zeit und Kosten sparend die möglichen JobTwins auf.

Teilzeit-Talente können sich auf unserer Plattform registrieren und sich auch aktiv mit möglichen JobTwins matchen lassen. Gemeinsam können sich die Twins auf alle Vollzeitstellen im Markt bewerben und können von Unternehmen auch als Teilzeit-Fachkräfte gefunden werden.

So möchten wir auch den Teilzeitarbeitenden die Möglichkeit bieten, ihre Karrierewege pro-aktiv zu gestalten und den Unternehmen einen neuen Talente-Pool aufzeigen.

Bei JobTwins setzen wir uns für neue, flexible Arbeitsmodelle ein. Wir glauben an „new work", dass Menschen Freiheit und Flexibilität in der Arbeit benötigen, um (mental wie auch physisch) gesund produktive Arbeit zu leisten. Wir sind überzeugt, dass Jobsharing einer der möglichen Lösungsansätzen gegen den Fachkräftemangel ist. Wir richten uns nicht allein an Führungskräfte, sondern an alle qualifizierten Fachkräfte, die unabhängig von der Arbeitszeit in Stunden die Möglichkeit erhalten sollen, ihre Fähigkeiten bestmöglich einzusetzen.

https://www.jobtwins.work/

Janina Schönitz

 Janina.schoenitz@
knallkrebsundgrundel.de

 www.knallkrebs-grundel.de

Janina ist ausgebildete systemische Coach und Beraterin. Neben der Konzernkarriere hat sie ein zweites selbständiges Standbein und ist Gründerin von Knallkrebs & Grundel.

Knallkrebs & Grundel bietet Menschen, Teams und Unternehmen auf dem Weg zu neuer Arbeit konkrete Unterstützung und Begleitung. Co-Leadership und Jobsharing sind ausgewählte Schwerpunkte der Arbeit.

Knallkrebs & Grundel
Coaching und Consulting

Über die Autorin:

Janina Schönitz arbeitet als Leiterin Strategie und Reporting Nachhaltigkeit & Umwelt bei der Deutschen Bahn AG im Jobsharing mit Miriam Kotte. Zuvor waren beide als Tandem für die Leitung des Bereichs Digitale Transformation im Digitalbereich verantwortlich.

Nach Abschluss ihres betriebswirtschaftlichen Studiums an der Freien Universität Berlin und der Copenhagen Business School ist Janina Schönitz seit 2008 im DB-Konzern tätig und wirkte dabei im Zuge verschiedener Stationen vom operativen Geschäftsfeld DB Cargo bis zur strategischen Konzernleitung.

Im Zentrum standen dabei immer Veränderungs- und Transformationsvorhaben.

Die Arbeit von Janina ist gekennzeichnet von einer menschenzentrierten Perspektive auf Unternehmen, Prozesse, Strukturen und Technologie.

Leiterin Strategie und Reporting
Nachhaltigkeit & Umwelt, DB

Stefanie Junghans

stefanie.junghans.
coaching@gmail.com

www.junghans.consulting

Junghans Consulting bietet Unternehmen und Individuen Unterstützung rund um die Themen Future Leadership, ganzheitliche Transformation und Co-Leadership.

Vor allem in Punkto Co-Leadership möchte Stefanie Junghans zum einen Unternehmen bei ihrer Entscheidung unterstützen, Co-Leadership anzubieten und informiert dafür in Workshops und als Speakerin. Außerdem bietet sie Begleitung und Coaching von Führungstandems an.

Über die Autorin:

Stefanie Junghans ist Head of Talent beim nachhaltigen Portfoliounternehmen Haniel in Co-Leadership mit Meike Groters. Ihre Mission ist es, Haniels Transformation durch den Aufbau von starken und vielfältigen Führungsteams in allen Portfoliounternehmen zu fördern, um gemeinsam zukunftsfähige und diverse Organisationen zu schaffen.

Stefanie hat einen Master of Science in International Business Management und einen B.A. in Pädagogik und Soziologie. Vor ihrer Zeit bei Haniel war sie sieben Jahre beim Softwarekonzern SAP tätig: vom Bereich IT Enterprise Architecture über Tätigkeiten im Projektmanagement sowie als Chief of Staff kam sie in die zentrale Organisationsentwicklung für den Bereich SAP S/4HANA. Ihre letzte Rolle bei SAP nahm sie ebenfalls im Co-Leadership wahr und war für die Organisationsentwicklung des SAP Cloud ERP Bereichs verantwortlich.

Seit 2019 ist Stefanie außerdem als zertifizierte Organisationsberaterin und Coach selbstständig.

Head of Talent, Haniel

Im Interview

Wie seid ihr auf die Idee gekommen, zusammen ein Buch über Co-Leadership zu schreiben?

Janina:

Wir haben uns 2022 auf einer Konferenz zum Thema New Work kennengelernt, bei der wir beide über das Thema Co-Leadership in einem Panel saßen und dazu gesprochen haben. Dabei haben wir schnell gemerkt, dass uns die Begeisterung zu dem Thema eint und wir Jobsharing als flexibles Arbeitsmodell gern noch mehr fördern und verbreiten möchten.

Stefanie:

Dabei kam die Idee für ein Buch erst Stück für Stück. Es ging los mit unserem Austausch untereinander. Ich war damals froh, eine weitere „Verbündete" zum Thema geteilte Führung gefunden zu haben. Schließlich entschieden wir uns gemeinsam zu unseren Co-Leadership-Erfahrungen auf der Social-Media-Plattform LinkedIn zu schreiben. Unter dem Hashtag #weloveloleadership teilten wir Erkenntnisse, Tipps und sind in den Austausch mit Interessierten gekommen. Schließlich folgte die Idee zum Buch.

Wie habt ihr die Arbeit als Co-Autorinnen im Vergleich zu eurer Arbeit als Co-Leader empfunden? Was war gleich, was anders?

Janina:

Ich konnte mir von Anfang an sicher sein, dass Stefanie gewohnt und bereit ist, Themen, Gedanken und Aufgaben zu teilen, Dinge gemeinsam zu entwickeln und Kompromisse zu finden. Dieses Grundvertrauen hat unsere Arbeit sehr schnell geprägt. Ich hatte das Gefühl, dass wir sehr schnell ein Modell für uns gefunden haben, wie wir uns abstimmen und welche Informationen wir über welche Kanäle teilen. Da hat unsere Jobsharing-Erfahrung aus unseren Konzernjobs und unsere intensive Auseinandersetzung mit geteilter Führung geholfen. Ich sehe hier viele Parallelen: Das Fundament muss stimmen in einer Tandemarbeit – egal ob als selbstständige Autorinnen oder angestellt in einer Organisation.

Stefanie:

Zu Beginn stand für uns im Vordergrund: Was wollen wir gemeinsam erreichen? Was motiviert uns, dieses Buch zu schreiben? Was ist uns dabei wichtig und welche Rahmenbedingungen können wir anbieten (zum Beispiel zeitlicher Spielraum)? Als wir uns dazu einig waren, haben wir operative Fragen geklärt, zum Beispiel digitale und geteilte Dokumente in einem Google Drive angelegt. Hier sammelten wir alles: von Aufgabenlisten über Exposée bis hin zu unserem Manuskript.

Ein Unterschied, den ich im Vergleich zu meiner geteilten Position mit meinem Co-Lead festgestellt habe, ist, dass Janina und ich mit wenigen direkten Kontakten eine gemeinsame Basis herstellen mussten und uns auch via Sprachnachrichten, Texten usw. ausgetauscht haben. Ich habe das Gefühl, so mussten wir uns noch mehr vertrauen und wir haben das fantastisch gemacht. Ich glaube, das lag an unserer Vorerfahrung, in einem solchen Modell zu arbeiten und zu wissen, worauf es ankommt.

Die Zukunft des Co-Leadership – wie seht ihr diese?

Stefanie:

Ich war bereits vor diesem Buchprojekt überzeugt, dass Co-Leadership und Jobsharing einen wesentlichen Beitrag zur Flexibilisierung der Arbeit liefern. Mit der tieferen Auseinandersetzung, zum Beispiel auch mit empirischen Untersuchungen und Studien, ist aus diesem Bauchgefühl auch eine faktenbasierte Überzeugung geworden. Die Zahlen sprechen dabei eine klare Sprache: Mit Co-Leadership können Unternehmen Menschen für Positionen gewinnen, für die dies einzeln nicht in Frage käme, das macht einen großen Unterschied für Personalgewinnung und -bindung. Die Zufriedenheit der Tandempartner:innen mit dieser Art der Arbeit bestätigt die Vorteile auch auf der anderen Seite. Letztlich zeigen auch die Arbeitsergebnisse, dass Tandems innovativer und leistungsstark unterwegs sind. Also eine klare Win-Win-Situation.

Janina:

Ich sehe in Zukunft ebenfalls eine noch weitere Verbreitung von Co-Leadership in unserer Arbeitswelt. Mir haben insbesondere die Interviews, die wir führen konnten, gezeigt, wie bunt diese Zukunft ist. Kaum ein Modell gleicht dem anderen. Ich sehe darin eine große Chance für Gestaltungsspielräume, Individualisierung und Anpassungsfähigkeit an Bedürfnisse und Anforderungen. Dabei geht es um die Bedürfnisse und Lebensphasen der Menschen, genauso wie um die Anforderungen und Rahmenbedingungen der Unternehmen. Co-Leadership bietet ein Modell, dessen Vorteile überzeugen. Es bietet auch Freiraum für individuelle und phasenbedingte Anpassungen.

Und wie geht es für euch persönlich nach dem Buchprojekt weiter?

Stefanie:

Auf jeden Fall in Co-Leadership! Ich habe erst kürzlich das Unternehmen gewechselt und kann auch beim Portfolioinvestor Haniel mit meiner neuen

Kollegin Meike Groters die Zukunft der Arbeitsmodelle leben. Daneben habe ich mit Junghans Consulting eine Nebentätigkeit aufgebaut, die sich darauf fokussiert, über zukunftsfähige Führung zu informieren und sowohl Unternehmen als auch Führungskräfte bei dieser Transformation zu begleiten. Schwerpunkte liegen hier natürlich explizit auf geteilter Führung und ganzheitlicher Transformation hin zu einer neuen Arbeitswelt. Last but not least wollen Janina und ich weiter zusammenarbeiten und Unternehmen und Individuen auf ihrem Weg mit Co-Leadership begleiten.

Janina:

Das Thema Co-Leadership ist und bleibt auch für mich zentral, und zwar in drei Facetten. Es beschäftigt mich erstens als Anwenderin und Praktikerin, denn ich bin und bleibe in geteilter Führung im Deutsche Bahn Konzern und bin mit meiner Kollegin Miriam Kotte als MiJa (für Miriam und Janina) im Einsatz. Zweitens bin ich freiberuflich tätig und habe „Knallkrebs & Grundel" gegründet. Ich begleite Menschen auf dem Weg in Neues Arbeiten und habe hier einen Schwerpunkt auf Führung und Jobsharing. Es ist toll zu sehen, wie Co-Leadership umgesetzt wird und ich begleite Tandems sowie Unternehmen gern auf dieser Reise. Drittens werden Stefanie und ich auch zukünftig zu den Themen Co-Leadership gemeinsame Sache machen. Wir werden das Thema weiter fördern, verbreiten und uns zum Beispiel mit weiteren Studien beschäftigen, die es zu dem Thema gibt. Der Transfer von Theorie in die Praxis und umgekehrt liegt mir sehr am Herzen.

„Jobsharing bedeutet für uns ..."

„... die Antwort auf eine veränderte Arbeitswelt."

Quellenverzeichnis

Allmendinger, J., Haarbrücker, J., & Fliegner, F. (2013). Lebensentwürfe heute – Wie junge Frauen und Männer in Deutschland leben wollen – Kommentierte Ergebnisse der Befragung 2012. *WZB Discussion Paper*, 002, 1–76.

Amstutz, N. & Jochem, A. (2014). Teilzeitarbeit und Jobsharing in der Schweiz: Ergebnisbericht. *FHNW Hochschule für Wirtschaft.*

Beauchene, V. & Cunningham, M. (2021). The End of Management as We Know It. *BCG Global.* https://www.bcg.com/publications/2020/end-management-as-we-know-it

Bergmann, F. (2019). *New Work, New Culture.* John Hunt Publishing.

Begriffsverständnis Schlüsselkompetenzen und -qualifikationen – Zentrum für Schlüsselqualifikationen. (2023). https://www.zfs.uni-freiburg.de/de/ueber-das-zfs/ls-ueber-uns/begriffsverstaendnis-schluesselkompetenzen-und-qualifikationen#:~:text=Vier%20Kompetenzfelder%20k%C3%B6nnen%20differenziert%20werden,Fertigkeiten%20und%20Einstellungen%20einer%20Person

Beste-Fopma, N. (2022). *Mit Familienbewusstsein gegen den Fachkräftemangel.* iob magazin für Vereinbarkeit. https://www.lob-magazin.de/artikel/mit-familienbewusstsein-gegen-den-fachkraftemangel

BIBB. (Mai 2023) – *Definition Kompetenzbegriff.* https://www.bibb.de/de/8570.php#:~:text=Unter%20Kompetenz%20wird%20in%20der,gefordertes%20Handeln%20neu%20generieren%20k%C3%B6nnen.

BMFSFJ (März 2023). *Ohne Frauen geht es nicht.* https://www.bmfsfj.de/bmfsfj/mediathek/ohne-frauen-geht-es-nicht-202626

Boltshauser, I. (2005). Weniger ist mehr. Immer mehr Männer reduzieren ihr Arbeitspensum. *Context Magazin des KV Schweiz, 1/05*, S. 6–11.

Bundesamt für Statistik (2012). Hohe Beteiligung am Arbeitsmarkt, jedoch viele Teilzeitpensen. *Schweizerische Arbeitskräfteerhebung: Beteiligung am Arbeitsmarkt 2001– 2011.*

Bundesministerium für Wirtschaft und Energie (BMWi) (Mai 2023). *Frauen in der Wirtschaft, Wettbewerbsvorteil Familienfreundlichkeit.* http://www.bmwi.de/DE/Themen/Wirtschaft/frauen-in-derwirtschaft,did=580382.html

Bundesministerium der Justiz (April 2023). *TzBfG – Gesetz über Teilzeitarbeit und befristete Arbeitsverträge.* https://www.gesetze-im-internet.de/tzbfg/BJNR196610000.html

Cooiman, F., Krzywdzinski, M., & Christen, S. (2019). Ich arbeite ganz anders und besser als früher. *Praxis und Potenziale von Jobsharing in Unternehmen.* Discussion Paper, 1–58.

Daniels, L. (2011). *Jobsharing at senior level. making it work.* https://thejobshareproject.com/3434hjkv97fgb378fbv/jobsharefullreport.pdf

Deloitte. (2020). The Deloitte Global 2022 Gen Z & Millenial Survey: Striving for balance, advocating for change.

Deutschlandfunk.de. (2020). *Neue Ruheständler – Baby-Boomer gehen in Rente.* https://www.deutschlandfunk.de/neue-ruhestaendler-baby-boomer-gehen-in-rente-100.html

Dimitri, I. (2014). *Topsharing als Form von Teilzeitarbeit in Führungsposition.* ZHAW.

https://www.go-for-jobsharing.ch/js/kcfinder/upload/files/Diplomarbeit%20Irina%20Dimitri%2C%20Topsharing.pdf

Fall, K. A., & Menendez, M. (2002). Seventy years of co-leadership: Where do we go from here?. *TCA Journal*, 30(2), 24–33. https://doi.org/10.1080/15564223.2002.12034614

Flüter-Hoffmann, C., Solbrig, J. (2003). Wie familienfreundlich ist die deutsche Wirtschaft?. *IW-Trends* 30(4): p. 37–46.

Frauen in Führungspositionen: Statistiken, Quoten – und Hindernisse. (Dezember 2022). https://www.personio.de/hr-lexikon/frauen-in-fuehrungspositionen/

Futterknecht, J. (1985). *Job Sharing.* Bern

Future Forum. (Februar 2023). *Executives feel the strain of leading in the 'new normal'.* https://futureforum.com/research/pulse-report-fall-2022-executives-feel-strain-leading-in-new-normal/

Gallup, Inc. (April 2023). *StrengthsFinder 2.0 | DE – Gallup.* Gallup.com. https://www.gallup.com/cliftonstrengths/de/254030/strengthsfinder.aspx

Gentinetta, K. (2019). Keiner oder zwei: So lautet die Devise für die Chefetage von morgen. *NZZ am Sonntag*, Wirtschaft, 2019, Dez. 1, S. 35.

Gulden, V. & Thomsen, L. (2021). Frauen in Führungspositionen: Chancen und Risiken durch die COVID-19-Pandemie. *Wirtschaftsdienst* 101: 305–310.

Hegetschweiler, M. (2021). Topsharing im Familienbetrieb. *Zürcher Wirtschaft*, Im Brennpunkt, 2021, März, S. 6.

Himmen, E. (2018). Einleitung. In *BesMasters* (S. 1–3). https://doi.org/10.1007/978-3-658-24413-2_1

Himmen, E. (2022). Das Wichtigste zu Joint Leadership | JobSharing für Führungskräfte & Expert:Innen. *joyntleading.com*. https://joyntleading.com/2021/08/30/jobsharing-joint-leadership-topsharing-das-wichtigste-zu-jobsharing-auf-fuehrungs-expertenebene/

Holst, E., & Friedrich, M. (2017). Führungskräfte-Monitor 2017: Update 1995–2015 (37.2016; DIW Wochenbericht). *DIW – Deutsches Institut für Wirtschaftsforschung*. http://hdl.handle.net/10419/167683

Ioannidis, C. & Walther, N. (2010). *Your loss: How to win back your female talent*

Jobsharing: Modelle, Vorteile, Umsetzung. (April 2022). https://www.personio.de/hr-lexikon/jobsharing/#4

WEshare1. (März 2022). *Jobsharing und Topsharing – was ist das? Definitionen und Begriffe.* https://www.weshare1.com/begriffe

Robert Half. (März 2023). *Jobsharing: Deutschland in Europa Schlusslicht.* https://www.roberthalf.de/presse/jobsharing-deutschland-europa-schlusslicht

Keller, G. *(2022).* Geteilte Führung: Das Chefärztinnen-Trio. *ÄRZTESTELLEN.* https://aerztestellen.aerzteblatt.de/de/redaktion/geteilte-fuehrung-das-chefaerztinnen-trio

Klein, S. & Hughes, B. (2020). *The Loop Approach: How to Transform Your Organization from the Inside Out, Plus E-Book Inside (ePub, Mobi Oder Pdf).* Campus Verlag.

konzeptwerk Neue Ökonomie e.V.; Fairbindung e.V. (Hrsg.) (2016). https://www.endlich-wachstum.de/wp-content/uploads/2016/02/Grundlagen_Konkurrenz_oder_Kooperation_B_Arbeitsmaterial.pdf

Krone-Germann, I. & de Chambrier, A. (2015). *Jobsharing: zwei Kompetenzen zum Preis von einer.* http://www.go-forjobsharing.ch/de/publikationen.html

Kuark, J.K. (März 2023). *Checkliste Jobsharing für HR-Verantwortliche.*

http//www.hrtoday.ch/article/jobsharing-f-r-hr-verantwortliche

Kuark, J.K. (2003). Das Modell *TopSharing.* Gemeinsam an der Spitze. Mit rechtlichen Hinweisen von Zollinger, K. Hrsg.: *Netzwerk Arbeitsgesellschaft*, August 2003.

Kuark, J.K. & Wyss, M. (2016). Erfolgsfaktoren für TopSharing.

Voraussetzungen für partnerschaftliche Führung im organisationalen Kontext. *Zeitschrift für Führung und Organisation zfo*, 1/2016, S. 37–43. JKK Consulting Lenzburg

McKinsey & Company (April 2023). *Answering society's call: A new leadership imperative.* https://www.mckinsey.com/capabilities/people-and-organizational-performance/our-insights/answering-societys-call-a-new-leadership-imperative?linkId=78879324

Neue Narrative. (April 2023). *Wie Spannungen dazu beitragen, dass sich etwas verändert.* https://www.neuenarrative.de/magazin/spannungsbasiertes-arbeiten-wie-spannungen-dazu-beitragen-dass-sich-etwas-verandert

Nicolai, C. (2009). *Personalmanagement*, 2. Auflage, Stuttgart

Olmsted, B. (1977). Job Sharing – A New Way to Work. *Personnel Journal*, 56, 2, 78–81.

Parker, M. (1924). *The creative experience*. Isha.

Pearce, Craig L. & Conger, Jay A. (2003), All those years ago: The historical underpinning of shared leadership, Sage publications

Pearce, C., Manz, C. & Sims, H. P. (2009). Where Do We Go From Here? Is Shared Leadership the Key to Team Success? *Organizational Dynamics*, 38 (3), 234–238.

Poldervaart, P. (2012). Mehr Kompetenzen in der Chefetage. *TopSharing* bringt der Firma Know-how und Stabilität. *Context Magazin des KV Schweiz*, 6/12, S. 28–29.

Portmann, N. & Stofer, C. (2001). Topsharing in Schweizer Institutionen. In: Eberhard, U. (Hrsg.) *Beschäftigungswirksame Arbeitszeitmodelle*. vdf Hochschulverlag an der ETH Zürich, Zürich, S. 353–376.

Redaktion, H. O. & Redaktion, H. O. (Dezember 2022). *Jobsharing: So funktioniert der Trend zum Teilen*. https://www.haufe.de/personal/hr-management/welche-jobsharing-modelle-es-gibt_80_445460.html

Roloff, J. (2012). Wissenschaftsladen Bonn e.V. (Hrsg.): *Job-sharing: Teilzeitmodell mit Potenzial.* https://wilaarbeitsmarkt.de/files/biku_2012_32_jobsharing.pdf

Schallert, S., Vollmann, M., Arouri, N. & Prieller, N. (2022). *Einführung von Dualer Führung & Shared Leadership Modellen: Erfolgsfaktoren und Auswirkungen auf Organisationen*. ABZ Austria und PwC Österreich. https://www.pwc.at/de/nwns/studie_duale_fuehrung.pdf

Schludi, M. (September 2022). *Warum Jobsharing mehr Chancen als Risiken bietet.* IAB-Forum. https://www.iab-forum.de/warum-jobsharing-mehr-chancen-als-risiken-bietet/

Seliger, R. (2010). *Das Dschungelbuch der Führung: ein Navigationssystem für Führungskräfte.*

Sinek, S. (2011). *Start With Why: The Inspiring Million-Copy Bestseller That Will Help You Find Your Purpose.* Penguin UK.

Sinek, S., Mead, D. & Docker, P. (2018). *Finde dein Warum: Der praktische Wegweiser zu deiner wahren Bestimmung.*

Statistik Austria, Mikrozensus Arbeitsmarkt 2021 (Juni 2022) https://www.statistik.at/fileadmin/publications/Mikrozensus-Arbeitsmarkt-2021.pdf

Statistisches Bundesamt. (2022). Pressemitteilung Nr. 330: *12,9 Millionen Erwerbspersonen erreichen in den nächsten 15 Jahren das gesetzliche Rentenalter.* https://www.destatis.de/DE/Presse/Pressemitteilungen/2022/08/PD22_330_13.html

Süß, S. und Kleiner, M. (2005). *Diversity-Management in Deutschland: Ergebnisse einer Unternehmensbefragung.* Arbeitsbericht Nr. 15, Hagen.

Tölle, A. (2021). Arbeitsrecht. Grundlagen für Arbeitsrecht. https://www.zeitakademie.de/wp-content//uploads/2021/01/Leseprobe-Arbeitsrecht.pdf

Uray-Esterer, S. (2023). *Jobsharing. Ein Lösungsansatz gegen den Fachkräftemangel.* https://persoblogger.de/2023/01/30/jobsharing-ein-loesungsansatz-gegen-den-fachkraeftemangel

Versick, D. (2022). *Co-leadership as middle management in large companies – an implementation guide.*

Westfälische Wilhelms-Universität Münster (April 2023). *Innere Antreiber – der Selbsttest.* https://www.uni-muenster.de/ZSB/material/Gruppencoaching_Anleitung_Test_innere_Antreiber.pdf

Wörwag, S. & Cloots, A. (2019). Gut zu wissen: Was uns in der New Work erwartet. In Wörwag, S. & Cloots, A. (Eds.), *Zukunft der Arbeit – Perspektive Mensch: Aktuelle Forschungserkenntnisse und Good Practices*, 23–50, Springer Fachmedien Wiesbaden.

Zukunftsinstitut (April 2023). Wie Unternehmen Fachkräfte anziehen und halten. https://www.zukunftsinstitut.de/artikel/wie-unternehmen-fachkraefte-anziehen-und-halten/

Zukunftsinstitut. (April 2023). *Megatrend New Work.* https://www.zukunftsinstitut.de/dossier/megatrend-new-work/

Zukunftsinstitut (April 2023) New Work und der Aufbruch in die neue Arbeitszeit. https://www.zukunftsinstitut.de/artikel/aufbruch-in-die-neue-arbeitszeit/

ZEIT ONLINE (März 2023). *Deutsche wollen so wenig arbeiten wie noch nie.* https://www.zeit.de/arbeit/2023-03/arbeitszeit-wunsch-tiefstwert?utm_referrer=https%3 A%2F%2Fwww.linkedin.com%2F